纪念钱伟长诞辰110周年丛书

成旦红 刘昌胜 主编

钱伟长与上海大学

曾文彪 著

上海大学出版社
·上海·

图书在版编目(CIP)数据

钱伟长与上海大学/曾文彪著.—上海：上海大学出版社，2023.9
（纪念钱伟长诞辰110周年丛书）
ISBN 978-7-5671-4797-3

Ⅰ.①钱… Ⅱ.①曾… Ⅲ.①钱伟长（1912—2010）—生平事迹②上海大学—校史—史料 Ⅳ.①K826.11-49②G649.285.1

中国国家版本馆CIP数据核字（2023）第164719号

责任编辑　盛国营
封面设计　柯国富
技术编辑　金　鑫　钱宇坤

钱伟长与上海大学

曾文彪　著

上海大学出版社出版发行
（上海市上大路99号　邮政编码200444）
（https://www.shupress.cn　发行热线021-66135112）
出版人　戴骏豪

*

南京展望文化发展有限公司排版
江阴市机关印刷服务有限公司印刷　各地新华书店经销
开本710mm×1000mm　1/16　印张14　字数188千
2023年10月第1版　2023年10月第1次印刷
ISBN 978-7-5671-4797-3/K·278　定价 68.00元

版权所有　侵权必究
如发现本书有印装质量问题请与印刷厂质量科联系
联系电话：0510-86688678

总 序

成旦红　刘昌胜

　　钱伟长先生是我国近代力学奠基人之一,著名的科学家、教育家、社会活动家,上海大学"永远的校长"。

　　1913年,钱伟长先生出生于江苏无锡一个诗书家庭。在国学大师、四叔钱穆的教导下,18岁的他以优异的中文和历史成绩考入清华大学中文系。入学后不久,九一八事变爆发,他决定舍文从理,学造飞机大炮以报效祖国。他先后在清华大学、加拿大多伦多大学、美国加利福尼亚理工学院喷射推进研究所进行学习和研究,攻克了多个世界性难题,成为蜚声中外的固体力学和流体力学大师。

　　钱伟长先生的成长受益于中外最优秀的思想文化。钱穆、吕叔湘、杨荫浏、叶企孙、顾颉刚、吴有训、马约翰、辛格、爱因斯坦、英费尔德、冯·卡门这些在20世纪熠熠生辉的名字都与他的成长联系在一起。在与世界顶尖人才的交往学习和中外精粹文化的共同熏陶下,钱伟长先生很早就形成了深刻而独特的思想。他的身上汇聚着传统的坚忍、仁爱与责任感以及现代化的开放、平等与创新特质,这些贯穿了他的科学研究、办学思想、社会活动等方方面面。

　　一生之中,钱伟长先生始终把个人的命运与国家、民族的命运联系在一起。他满怀深情地说:"回顾我这一辈子,归根到底,我是一个爱国者。"

在国家的危难时刻,已经声名远扬的他放弃国外优越的生活条件,冲破阻力只身回国,承担起科学救国的重任;在社会快速发展的年代,他认为教育是国家和民族发展的基础,投身教育振兴,始终坚定地站在科学教育的前沿,在教育和教学实践中汲取中西文化之长,积极探索符合中国国情的教育理论,并尽其所能付诸实践。他的丰满人生、科学精神、爱国情怀永远被大家铭记!

大任于斯,伟业流长。钱伟长先生的一生,从义理到物理,从固体到流体,顺逆交替,委屈不曲,荣辱数变,老而弥坚。他的名言"我没有专业,国家需要就是我的专业"永远激励一批又一批后学晚辈以此为人生信条,为国家和民族的振兴而奋发有为。通过终身的学习奋斗和不辍的研究探索,钱伟长先生获得了丰富的科研及学术成就,形成了深刻而独特的教育思想和学术思想,留下了无数动人心弦的故事,这一切不仅是上海大学的宝贵财富,也是上海人民乃至全国人民的财富。我们研究钱伟长先生,要研究他所处的时代,研究他不平凡的经历,更要面向未来,以钱伟长先生之思想,为无数来者指明前行的方向。

在纪念钱伟长诞辰110周年之际,学校推出"纪念钱伟长诞辰110周年丛书",包括《钱伟长治学理念与教育思想》《钱伟长与上海大学》《钱伟长学术思想、科学精神及其影响》《钱伟长家世、家庭、家教和家风》《钱伟长爱国主义教育思想》《和钱伟长一起成长》六种。通过对钱伟长先生的生平经历和思想理念进行细致全面的梳理和研究,我们才能深入了解钱伟长先生的深邃思想和传奇人生,我们才能真正理解他的理念和实践,继承和发扬他所开创的事业,在他的热爱国家、情系人民的崇高品德和刻苦钻研、勇于创新的科学精神感召下,以饱满的热情为实现中华民族伟大复兴贡献力量!

自　序

今年是钱伟长老校长诞辰110周年，上海大学出版社策划出版"纪念钱伟长诞辰110周年丛书"以志纪念，真的是很有意义。谨此，再版我于2009年出版的《钱伟长与上海大学》，本人感到十分荣幸。

《钱伟长与上海大学》是一本兼顾学术性和传记性的著作，以论述钱老教育思想为主，以记述他在上海27年的教育活动为辅，概括地描述了钱老教育思想的核心内容及对上海大学发展的指导意义。这本书本是作为教育部和上海市教育科学研究课题的研究成果之一的，未曾想到，此书出版刚过半年，老校长溘然离世，为撰写各种追思性文章，这本书里的内容被国内新闻媒体大量引用，为弘扬钱老伟业及其教育思想起到了积极作用，让我感到十分的欣慰。这本书问世以后我也没有停止过对钱老生平及其教育思想的研究，经年累月，获得了一些新的资料，研究心得也有提升。

这次再版，虽然保留了原有章节结构，但我经过一字一句地反复斟酌，除了做好文字上的修订以外，主要的是在内容上进行了多处增删，补充了一些原来没有说清楚的情节，修正了一些原本不够完整的提法。比如，钱老究竟是什么时候与上海工业大学（下文简称上海工大）的校领导开始正式接触的？当年有不同说法，只是当时没有得到任何一位直接当事人的正面回应，所以在本书2009年版中就略过了这些情节。就在两年前我采访了一位直接当事人,他把这件事情的来龙去脉说得非常清晰,从他述说的时间节点来看,与当年学校上报的正式行文相吻合,所以这一次再版,我认可了他的说法并将有关情节增加了进去。又比如,究竟从什么时候起有了"钱伟长教育思想"这个提法?或者说钱伟长教育思想是什么时候"确立"的?学校里有人认为是2007年,因为这一年校党委书记于信汇在上海大学首次党代会上所作的工作报告中,第一次出现了"钱伟长教育思想"的提法;也有人认为应该还要早几年,因为在2007年前,上海大学已经有组织地整理、出版了多种钱老有关教育和教学问题的论著,如《教育和教学问题的思考》《论教育》《钱伟长文选(一至五卷)》。现在有了新说法,去年在上海大学离退休处微信公众号网页上登载了一篇由原上海工大高教研究所所长王再愚写的文章,文章披露,早在1992年上海工大就开始有组织地研究"钱伟长教育思想",当时还得到上海高等教育研究学界的认同。文章还披露,这方面工作得到时任上海市教卫办副主任兼高教局局长徐匡迪的指导。本书这次再版在有关章节加上了王再愚老师的这些回忆。还比如,这次再版增加了有关钱老回国以后至20世纪50年代,作为一名教授,在人才培养方面所作的具体贡献,从中让我们了解到,他不仅是一位好校长,而且也是一位好老师,是一位教书育人的"大先生"。另外,这次再版还对书中若干提法进行了修正,其中有一处明显的修正可以看第三部分第二节,原来写的是"拆除学科之间的墙:论大学的综合性",这次再版改成"拆除学院专业之间的墙:论大学的综合性"。回顾钱老多次关于办大学要"拆四堵墙"的讲话,当他讲到要拆这堵"墙"时,前后有三种说法,有时说要拆除校内各部门、各学科之间的墙,有时说要拆除学科专业之间的墙,有时说要拆除学院专业之间的墙,三种说法虽从字面上看有差异,但是他在展开论述这堵"墙"的时候,说的都是关于如何打破学科之间的"墙"。后来有位老领导跟我说,2003年上海大学接受教育部本科工作水平评估,学校在提交的汇报稿中把这堵"墙"明确写为"学院专业之间的墙",并说这是经过当时党委常委会讨论的。我尊重这位老领导的意见,这次再版就采用了这种说法。

　　这次再版我还特意增加了第六部分"他是一位心系祖国的'斗士'"。习近平总书记在党的二十大报告中把"坚持发扬斗争精神"作为前进道路上必须牢牢把握的重大原则之一。他号召:"增强全党全国各族人民的志气、骨气、底气,不信邪、不怕鬼、不怕压,知难而进、迎难而上,统筹发展和安全,全力战胜前进道路上各种困难和挑战,依靠顽强斗争打开事业发展新天地。"每当我重温习近平总书记的这些讲话时,脑海里就会出现钱老的形象——志坚行苦,宠辱不惊,生命不息,斗争不止。当前,我国正处于实现中华民族伟大复兴的关键时期,来自国际、国内的风险考验也会越来越复杂,要应对这越来越复杂的局面,就必须遵循党的二十大所提出的"坚持发扬斗争精神",在这方面,钱老确实是我们学习的榜样!再版增加这一部分,既是对本书第一部分"他是一位爱国主义者"在内容上的呼应,也是我为纪念钱伟长老校长诞辰110周年而献上的一支新菊。

曾文彪
二〇二三年九月

目 录

一、他是一位爱国主义者 / 1
    安贫乐学　浸染华夏文化 / 3
    尊闻行知　立志科学救国 / 10
    负笈北美　探索科学真谛 / 21
    日月经天　为国操守不变 / 25

二、改革开放,他选择了上海 / 39
    扬鞭奋蹄　为了四化奔走 / 41
    选择上海　重燃理想之火 / 46
    终身校长　独领杏坛风骚 / 54
    师生共识　确立教育思想 / 60

三、他的核心思想是"拆四堵墙" / 67
  拆除学校与社会之间的墙:论办能兴国的教育 / 70
  拆除学院专业之间的墙:论大学的综合性 / 78
  拆除教学与科研之间的墙:论教学、科研两个中心一支队伍 / 92
  拆除教与学之间的墙:论自学 / 109

四、他锐意改革,创设办学新制 / 117
    学分制、选课制和短学期制 / 120
    自主招生改革 / 134
    学生管理体制改革 / 139
    人事与分配制度改革 / 145

五、他创导培养"全面的人" / 153
    爱国主义教育 / 156
    辩证唯物主义教育 / 167
    科学与人文相结合的教育 / 176
    体育和艺术教育 / 183
    校训:自强不息 / 191

六、他是一位心系祖国的"斗士" / 197

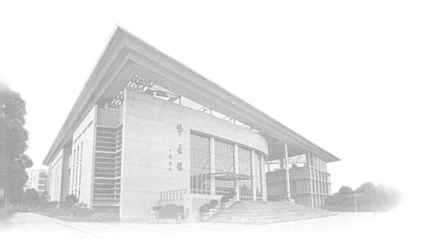

一、他是一位爱国主义者

2002年,在祝贺钱伟长90岁生日时,他的学生、上海大学常务副校长周哲玮教授问他:"您能用怎样一句话概括您的一生?"老人略作沉思,然后用不容置疑的口吻回答:"回顾我这一辈子,归根到底,我是一个爱国主义者。"[1]他的助理徐旭博士也曾问过他:"您的学术思想和教育思想的核心是什么?"他的回答很干脆:"就是爱国主义。"早在1987年,他在接受《瞭望》杂志记者专访谈及自己的人生时就说过:"积几十年的经验、教训,我越来越坚定一个信念,就是每一个炎黄子孙都要做中华民族补天的女娲。"[2]追踪他的一生足迹,其炽热、深沉的爱国主义情怀并不是一时一事的冲动,而是根植于华夏大地,养育于尊闻行知[3],升华于磨难劫后。

安贫乐学　浸染华夏文化

钱伟长于1913年10月9日出生于江苏无锡鸿声里七房桥村(今属江

---

[1] 周哲玮:《教育家钱伟长》,载《力学进展》2003年第1期。
[2] 何砚平:《作补天的女娲——访政协新任副主席钱伟长教授》,载《瞭望》1987年第15期。
[3] 《汉书·董仲舒传》:"曾子曰:'尊其所闻,则高明矣;行其所知,则光大矣。'"

苏省无锡市新吴区鸿山街道)的一个书香门第。

江南钱氏尊五代十国时期(907—960年)的吴越王钱镠(谥号武肃王)为始祖。钱氏是无锡的一大望族,按《钱氏宗谱》载,无锡钱氏之先祖有两支,均原居浙江。钱镠六世孙钱进无意仕途,于宋真宗大中祥符年间(1008—1016年),由浙江秀州崇德(今嘉兴石门)迁隐于无锡沙头村,辟田置地,而占籍于彼,是为无锡钱氏一支——湖头钱氏之始祖,钱伟长就是这一支的后裔。鸿声里原称啸傲泾,因河得名,啸傲泾是无锡钱氏湖头支家族的一个重要聚居地。无锡钱氏另一支——堠山钱氏,其始祖钱镠的十一世孙钱迪于宋理宗宝庆元年(1225年),从浙江湖州吴兴迁至无锡堠山之西。著名文学家钱锺书就是堠山钱氏后裔,虽与钱伟长同属无锡钱氏,但同宗不同支。① 关于鸿声里七房桥钱氏来历,按照钱镠三十四代孙钱穆的说法,其十八世祖某公,乃一巨富,拥有啸傲泾两岸良田十万亩,育有七子,沿啸傲泾分建七宅,七房骈连,宅弟皆极壮大。泾东千步许有一桥,即名七房桥。又据钱穆所述,七房中人丁衰旺不一,数传后,七房贫富日益悬殊。大房人丁最旺,自其父辈上溯至六世祖钱邵霖,乃得五世同堂。人丁虽旺,但各家分得住房甚少,田亩亦寡。传至其父辈,家道中落,已沦为赤贫,然而七房全族书香未断,则仅在五世同堂之大房。②

尚文重儒,"读经传则根底深,看史鉴则议论伟。能文章则称述多,蓄道德则富报厚",是为钱氏家族馨香诗礼家风。在史册,湖头钱氏家族在教育方面目光远大,家族聚居之处,多有义庄义学,科举时有课试补助,民国后有升学津贴,因此该族氏书香悠长,为文立德,人才荟萃。在中国近现代教育、科技领域,从鸿声里走出的名士大家就包括享誉中外的"钱氏六院士",他们是:我国台湾"中央研究院"院士、历史学家、教育家钱穆,

---

① 钱志仁、钱国平:《无锡鸿声钱氏六院士(上卷)》(内部资料),无锡市历史学会,第1页。
② 钱志仁、钱国平:《无锡鸿声钱氏六院士(下卷)》(内部资料),无锡市历史学会,第117—118页。

中国科学院院士、力学家、教育家钱伟长,中国科学院院士、经济学家、教育部原副部长钱俊瑞,中国科学院院士、金属物理学家、中国科学技术大学原副校长钱临照,中国科学院院士、工程力学家、大连工学院原院长钱令希,中国工程院院士、环境工程专家、清华大学教授钱易。很耐人寻味的是,这六人间关系密切。钱伟长是钱穆的侄子,钱易是钱穆的长女,钱临照、钱令希是兄弟俩,并和钱俊瑞一样都曾是钱穆在家乡小学任教时的学生,而钱临照、钱令希的父亲钱伯圭又是钱穆在家乡小学就读时最敬重的老师。开启钱伟长人生的两位最重要的启蒙老师就是他的父亲钱挚和他的叔叔钱穆。

钱挚,字声一,生于1889年。其曾祖父钱绣屏为国学生,祖父钱鞠如为邑庠生,父钱承沛16岁参加县试,以案首头名入泮,然而其体质虚弱,故三赴南京乡试,皆因病倒考场而中途退出,遂绝意功名,从此在七房桥设馆授徒教读。1906年,钱承沛因病去世,时年四十,遗子钱挚、钱穆、钱艺、钱文。钱穆说,他家四兄弟与伯父家兄弟联合排行,生而未育者亦计在内,钱挚最长,钱穆行四,钱艺、钱文分别行六、行八。对此排行,钱伟长另有一说:他祖父生了八个子女,不管是儿是女,逐个排行,钱挚为长,钱穆、钱艺、钱文分别行四、行六、行八,故而他一直称钱穆为四叔。钱挚幼年家贫,由父亲启蒙读书,1905年,钱挚与钱穆一起进入乡贤华鸿模创办的荡口镇果育学校(小学)就读。其父病逝后,家庭经济愈益拮据,族人欲介绍钱挚外出谋生,但遭其母蔡老太太坚拒,她说:"先夫教读两儿,用心甚至。今长儿学业未成,我当遵守先夫遗志,为钱家保留几颗读书种子,不忍令遽尔弃学。"1908年,钱挚、钱穆小学毕业,双双考取了常州府中学堂。两年后,钱挚从师范班毕业,回乡在七房桥创办了第一所"洋学堂"——私立又新小学,并任校长。1910年钱挚结婚后,与母亲、三个弟弟生活在一起,为全家生计而辛勤工作。钱挚办教育声名鹊起,除创办又新小学外,还曾先后被聘为无锡县第四高小、公益学校和无锡县中的学监(教务主任)。1928年,钱挚因病去世,年仅39岁,留下妻子和两儿两女,家中除一大书柜外,别无长物。无锡教育界人士念及钱挚一生热心办学、敬业善教,特为此举行"教育家钱声一先生追悼大会",《新无锡》报也专此刊发了消息。

钱穆,字宾四,1895年生于七房桥,1911年从常州府中学堂停学回乡后初登杏坛,从此开始了他一辈子辗转各地的教书生涯,先在苏南一带做了十八年的中小学教师,然后走上大学讲台。1930年以后,先后在燕京大学、北京大学、西南联大、齐鲁大学、华西大学、四川大学、昆明五华书院、江南大学、华侨大学任教。1949年,随华侨大学迁移香港办学。1967年,移居台湾,担任台湾文化学院历史研究所博士班主任兼台湾"故宫博物院"研究员。1990年8月,逝于台北寓所。钱穆一生以学术为志业,广涉诸子之学,并扩及中华学术诸多领域,他认定加强中国传统文化教育是唯一的救国之道,因此他的一生都致力于中华传统和中国文化的传扬。1940年,以他中国通史的研究结累,其一生最著名的《国史大纲》出版,这是一部被中国史学界认为"足以唤醒国魂"的力作。这部书酝酿于20世纪30年代日寇蹂躏下的中国,他以强烈的民族意识阐述中国历史主流,坚持国人应对国史具有温情和敬意,以激发对本国历史文化爱惜保护的热情与诚意,阐扬民族文化史观。当时抗战处于极端困难时期,国民党军队溃败,大好河山沦丧,一些人对此失去了信心,而他在西南联大给学生上"中国通史"课时则告诉学生:"以几千年的中国历史的动态波荡中可以仔细观察思考,今日的中国是绝对不会灭亡的,是绝对有希望的、有前途的。"[①]1950年,他在香港创立新亚书院,其用心诚如他在给老友吕思勉的信中所言,他要效仿明末朱舜水流寓日本传播中国文化之举,"希望在南国传播中国文化之一脉"[②]。1963年,他力主新亚书院加盟新成立的香港中文大学。他说:"香港是……中国社会,四百万居民绝大多数是

---

① 陈勇:《国学宗师钱穆》,北京大学出版社2007年版,第150页。
② 陈勇:《国学宗师钱穆》,北京大学出版社2007年版,第221页。

中国人。五十年来,这里只有一间香港大学,她所造就的人才和学问都有限,而且中国青年学问事业也该贡献给中国社会。因此不论从哪一角度看,香港办一间中文大学,实在应该。"①1987年,他以92岁高龄在台北寓所"素书楼"为博士生讲授一生中最后一堂课——中国文化思想史。在讲课中,他殷殷叮嘱学生:"你是中国人,不要忘了中国,不要抹杀自己的文化,做人要从历史里探求本源,在大时代的变化里肩负维护历史文化的责任。"1986年3月,他以一位历史学家高远深邃的识见,发表了对时局的看法,提出了两岸和平统一的主张。他说:"就中国民族文化前途之大原则大理想而论,则大陆和台湾终必统一,更应是——和平的统一。"他对"台独"一贯持批评的态度,认为"台独"主张者对中国历史毫无所知,必无出路。此文在台湾《联合月刊》刊出后,备受关注。《人民日报》也摘录刊出,这是钱穆离开大陆后几十年来文章首次在内地报纸上刊出。②1992年,钱穆归葬于苏州西山太湖之滨。

钱伟长与钱穆的感情很深。1913年,钱伟长出生,由钱穆取名"伟长",希冀侄儿如"建安七子"之一徐干(字伟长)般文采出众。钱伟长五岁入学,小小年纪就跟在叔父身边住读。叔父在练字时,他也跟着练字、画画。"小成若天性,习惯成自然",钱伟长晚年说过:"我对文史方面的兴趣得益于四叔的熏陶和影响。"他在十五岁那年,父亲早逝,是在钱穆全力资助下读完中学的。在苏州中学,钱穆任国文课首席教师,他与吕叔湘等教师合作,推出了一本《国文选》,作为高中一年级语文教材,并由钱穆担任主讲。这本教材上起三代(夏商周),下至南宋,每一历史阶段选取两三篇有代表性的古代文献,重点讲述这些文章是在什么背景下写的、在当时的历史作用以及文章所阐述的问题实质。钱穆通过这些篇章,向学生讲解民族文化脉络,传达了对中国文化的自信。钱伟长作为听讲的学生,

---

① 陈勇:《国学宗师钱穆》,北京大学出版社2007年版,第246页。
② 陈勇:《国学宗师钱穆》,北京大学出版社2007年版,第334页。

直到耄耋之年仍然对其中的篇目记忆犹新。1931年,钱伟长同时考中了清华大学、唐山交通大学、中央大学、武汉大学和浙江大学,后来还是听从了钱穆的指点,踏上赴清华大学的求学之路。1939年,钱伟长在西南联大考取了中英庚款公费留学。在出国前,由钱穆主婚,与孔祥瑛结成夫妻,至此,钱穆如慈父般呵护少年丧父的钱伟长完成了立业、成家这两件人生大事。1940年,钱伟长出国,在上海登船前,钱穆特地从苏州赶来,为他送行并合影留念,钱伟长则带着钱穆的叮咛和希望走上一条探索科学救国的道路。1949年以后,钱穆与钱伟长叔侄云水相隔,直至1981年5月,在香港中文大学的特意安排下,钱穆夫妇由台赴港,见到了由大陆来港的长侄钱伟长。此次见面,叔侄俩感慨万千。钱穆向侄子讲述了兄长钱挚生前圈注的《资治通鉴》失而复得的故事:钱穆赴北平任教时,将兄长的圈注本带在身边,视为珍藏。抗战胜利后,他未返北平,所藏五万册书流散坊间,这其中就有钱挚的《资治通鉴》圈注本。他客居香港时,新亚书院在当地旧书店购书,竟购得这本圈注本,顿感喜从天降(作者注:几年后,这本钱穆失而复得并珍藏了多年的圈注本由钱穆夫人转交给了钱伟长)。钱穆在台北去世后,钱伟长送挽联及祭文痛悼四叔的教养之恩:"生我者父母,幼吾者贤叔,旧事数从头,感慨深恩宁有尽;于公为老师,在家为尊长,今朝俱往矣,缅怀遗范不胜悲。""燕山苍苍,东海茫茫。呜呼吾叔,思之断肠。幼失父怙,多赖提携。养育深恩,无时或忘。"① 钱穆逝世十周年,钱伟长再次撰文追悼四叔养育之恩:"四叔是一个有浓厚中国文化修养的人,他深爱着祖国,只是种种经历,使他成为游子。"② 2010年7月30日,钱伟长辞世,这一天,恰恰是钱穆的生日。

　　钱伟长在自传体专著《八十自述》中说:"幼年平时生活虽然清苦,但每逢寒暑假,父亲和叔父们相继回家,就在琴棋书画的文化环境中受尽了

---

① 钱伟长:《隔岸悼四叔》,载《群言》1990年第11期。
② 钱伟长:《怀念钱穆先叔——钱穆宾四先叔逝世十周年忆养育之恩》,载《钱伟长文集(下卷)》,上海大学出版社2013年版,第1269页。

华夏文化的陶冶。父亲和四叔陶醉于中国文化和历史,用薪资节省下来的钱购藏了《四部备要》和二十四史,以及欧美名著译本,夏天每年三天晒书和收书活动,我是最积极的参与者,从这些活动中,增长了我对祖国浩瀚文化的崇仰。"[1]钱伟长自幼成长在中国传统的氛围里,虽然家庭清寒,但和谐的生活给予他文化的熏染、美育的涵养和人格的培育,不仅培养了他对中国文学和历史的好奇和热爱,更主要的是融乐的家庭及长辈的楷模,无形地启迪了他幼小的淳朴心灵,让他从小就"懂得要洁身自好,刻苦自励,胸怀坦荡,积极求知,安贫正派"[2]。

钱伟长在小学、中学期间,除了得到父亲、叔父的悉心教养以外,还曾到无锡国学专修科跟随国学大师唐文治就读一年,尤其是在苏州中学念高中的三年,更是得到诸位名师的教诲。钱伟长对这些老师一直怀着深切的感激之情,他在《八十自述》中追忆说:"老师们钻研学术的精神和丰富的知识,循循善诱的教育,精湛的讲课,吸引着我积极探索和涉猎追求各种知识。""在苏州高中老师们的引导下,使我走出了为解决个人生活而学习的小径,启迪了我追求真理,追求学术探索的无尽向往。"[3]回想往事,这些老师"爱护学生的音容,犹历历在目"[4]。

苏州中学是一所历史悠久的江南名校,据该校不完全统计,迄今已为新中国培养省部级及以上领导七十多名,大学校长四十多名,中国科学院院士、中国工程院院士三十多名。钱伟长在该校就读期间,由爱国教育家、美国教育家杜威的学生汪懋祖担任校长,他广延人才,聘请了一批名师任教,其中有国文教师钱穆、西洋史教师杨人楩、中国史教师吕叔湘、音乐教师杨荫浏,还有曾主编我国第一本全国分省地图的地理教师陆侃舆、曾编著我国第一本高中生物学教科书的生物教师吴元迪、新中国成立后

---

[1] 钱伟长:《八十自述》,载《钱伟长文集(下卷)》,上海大学出版社2013年版,第968页。
[2] 钱伟长:《八十自述》,载《钱伟长文集(下卷)》,上海大学出版社2013年版,第969页。
[3] 钱伟长:《八十自述》,载《钱伟长文集(下卷)》,上海大学出版社2013年版,第970页。
[4] 钱伟长:《八十自述》,载《钱伟长文集(下卷)》,上海大学出版社2013年版,第970页。

担任南京大学西语系主任的英文教师沈同洽。杨人楩（1903—1973），湖南醴陵人，著名历史学家，1926年毕业于北京师范大学英语系，次年参加北伐军，北伐战争结束后，在长沙、上海、苏州等地中学任教，1934年留学英国牛津大学攻读法国史，1937年回国，先后在四川大学、西北联合大学和武汉大学任教，1946年起在北京大学历史系任教授，直至1973年病逝。吕叔湘（1904—1998），江苏丹阳人，当代著名语言学家、语文教育家，1926年毕业于东南大学外国语文系，后曾在丹阳县中、苏州高中任教，1936年赴英留学，先后在牛津大学、伦敦大学学习，1938年回国后曾先后在云南大学、金陵大学、中央大学任教，新中国成立后在清华大学任中国语文系教授，1952年起先后任中国社会科学院语言研究所研究员、副所长、所长、名誉所长，1955年当选为中国科学院哲学社会科学学部委员。杨荫浏（1899—1984），江苏无锡人，著名音乐理论家，自幼酷爱音乐，曾跟民间音乐家华彦俊（"瞎子阿炳"）学过琵琶，1923年考入上海圣约翰大学，1925年"五卅惨案"发生后，积极参加反帝爱国运动，遭校方压制，愤而离校，转入光华大学学习，1926年因家贫辍学，回乡后相继在多所中学任教，1929年后辗转南京、杭州、北平、重庆等地，从事音乐研究与教学工作，新中国成立后历任中央音乐学院教授、音乐研究所所长、中国艺术研究院顾问等职。

先祖的嘉言懿行，严明的家规家训，对钱氏后人的教化和激励作用是不容忽视的。长辈的爱国爱民、知书达理的思想，让钱伟长从小耳濡目染，深受熏陶，而小学、中学的名师教诲也为他日后的成长起到了重要的启迪作用。

尊闻行知　立志科学救国

1931年，钱伟长从苏州中学毕业，当年夏考入清华大学。1935年，大

一、他是一位爱国主义者

学毕业以后,又考取了清华大学的研究生,得以继续在清华深造,1937年七七事变,打断了他在清华大学的学生生涯。关于在清华大学的学生生涯,他是这样说的:"在大学四年和研究院二年中,大大提高了我对科学技术的认识,如饥似渴地追求着科学发展的国际轨迹,培养了阅读国际科技文献的爱好,对于数学、物理、化学各方面的新发展都精神奋发地去理解,去搜索。和同学彭桓武、张宗燧、傅承义等经常为一个新问题争辩到半夜两三点钟,这样的条件可惜一辈子只有六年,这是最不能忘怀的六年。"①

据清华大学出版社1998年出版的《清华大学志》记载,1928—1937年是清华大学迅速跻身国内著名大学行列的重要发展时期,也是清华大学百年历史上发展最快的时期之一。清华大学的前身是成立于1911年的清华学堂,是清政府用美国"退还"的一部分"庚子赔款"办起来的,原为一所留美预备学校。1912年10月,清华学堂改名为清华学校。1925年5月,清华学校成立大学部,并增设国学研究院。清华学校改组为留美预备部、大学部和国学研究院。1926年,大学部已成立了17个系。1928年8月,国民政府接管清华学校,将其正式命名为国立清华大学,留美预备部结束,国学研究院停办。1931年10月,曾是清华学堂留美生监督的梅贻琦出任清华大学校长。他广聘名师,加强对外交流,积极引入世界最新科学技术,又由于有庚款基金,办学经费充裕,仪器设备先进,为提高教学质量与学术水平、促进学校发展提供了有利条件,清华大学因此迅速成为全国一流的综合性高等学府。截至1932年,清华大学建有文学院、理学院、法学院和工学院,共16个系:文学院有中国文学、外国语文学、哲学、历史学和社会学5个系;理学院有算学、物理学、化学、生物学、心理学和地学6个系;法学院有政治学和经济学2个系;工学院有土木工程、机械工程和电机工程3个系。此外,清华大学还设有理科、文科和法科3个研究所。尤其重要的是,梅贻琦就任校长时阐发的精辟见解:"所谓大学者,非谓有大

---

① 钱伟长:《八十自述》,载《钱伟长文集(下卷)》,上海大学出版社2013年版,第972页。

楼之谓也,有大师之谓也。"此办学理念在清华大学师生中达成了共识。这一时期,清华大学可谓名师云集、群星灿烂。在自然科学与工程学科领域,在数学(算学)系有熊庆来、杨武之、华罗庚等,在物理学系有叶企孙、吴有训、萨本栋、周培源、赵忠尧、任之恭等,在化学系有张子高、萨本铁、高崇熙、黄子卿等,在土木工程系有梁思成,在机械工程系有刘仙洲,在电机工程系有顾毓琇、章名涛,在地学系有翁文灏,还有生物学系的李继侗、陈桢……个个是蜚声中外的大师、我国近代相关学科的先驱。在人文社会科学领域,清华国学研究院的四大导师王国维、梁启超、陈寅恪、赵元任学贯中西、博古通今,为国学的继往开来独树一帜,还有著名学者朱自清、闻一多、钱基博、杨树达、吴宓、王力、郑振铎、俞平伯,政治学家张奚若,历史学家雷海宗、蒋廷黻,考古学家夏鼐,社会学家陈达、潘光旦,哲学家金岳霖、冯友兰、张申府,经济学家马寅初、钱瑞升、陈岱孙,还有在新中国成立后被誉为"我国体育界的一面旗帜"的体育教育家马约翰。

这一时期,梅贻琦等人把培养学生"为国家社会服务之健全品格"作为教育的目标,提出"通识为本""专职为末",要求学生对自然、社会与人文三方面都具有广泛的综合的知识,而"不贵乎有专技之长"。清华大学招生严格,新生录取率低、水平高,以1931年为例,当年报考清华大学的有1 463人,最后录取184人,录取率仅为12.6%。入学后,实行学分制与选课制,考试频繁,要求严格,淘汰率高,由叶企孙、吴有训主政的理学院及物理学系更是如此,以物理学系1932年级为例,入学时学生有95人,到1936年毕业时,只剩下38人,淘汰率竟高达60%。

名师出高徒,清华大学人才辈出。新中国成立后,在1955年中国科学院第一批当选的数理化学部委员中,清华大学的毕业生占55%,与钱伟长同批当选的既有他的老师叶企孙、吴有训、周培源、赵忠尧、王竹溪,又有他的同窗彭桓武、葛庭燧、王大珩、钱三强等人。1999年,中共中央、国务院、中央军委表彰的23位"两弹一星"元勋(为研制原子弹、氢弹和卫星作出突出贡献的科学家)中,从清华大学(以及西南联大)毕业的就有10位,

一、他是一位爱国主义者

加上一位曾在清华大学工作的,共计11位,其中9位是清华大学物理系的毕业生,他们是核物理专家王淦昌(1929届)、地球物理专家赵九章(1933届)、固体物理专家彭桓武(1935届)、核物理专家钱三强(1936届)、光学专家王大珩(1936届)、无线电电子学专家陈芳允(1938届)、核物理专家朱光亚(西南联大1945届)、核物理专家邓稼先(西南联大1945届)、理论物理专家周光召(1951届)。

钱伟长在清华大学求学的六年中,不但学习了先进的科学知识,打下了扎实的数学、物理学、化学基础,学到了一整套自学的科学方法和严肃的科学学风,为他一辈子的科研、教学工作打下了坚实的基础,尤为重要的是,他从众位老师的言传身教中学到了中国优秀知识分子忧国忧民、恪守操行、不畏强权、自强不息的品质。在他以后几十年中,虽亦为人师,亦居高位,但凡忆及叶企孙、吴有训、马约翰等清华大学师长的高风亮节以及对他的影响,他极尽敬仰之词。

1995年,钱伟长撰文《怀念我的老师叶企孙教授》,文章中写道:"我有很多老师,而叶企孙教授是对我影响最深的老师之一。""那时的清华理学院,尤其是物理系可以说是盛极一时,我就是在这样的环境下,得到了终生难忘的良好教育,而这种教育的缔造者应该说是叶企孙老师。"[①]他在文章最后概括道:"叶企孙教授也是一位伟大的爱国者,他的一生是一个解放前出生的现代中国知识分子为爱国事业尽了应尽的责任的一生。"[②]

叶企孙(1898—1977),上海人,我国近代物理学的奠基人,才学兼备、品格高尚,得到物理学界的极大尊重,被称为"大师中的大师"。1913—1918年在清华学校学习。1918年赴美留学,先后入读芝加哥大学、哈佛大学,1923年在哈佛大学获博士学位。其科学贡献是多方面的:其一,他是

---

① 钱伟长:《怀念我的老师叶企孙教授》,载《钱伟长文集(下卷)》,上海大学出版社2013年版,第1102页。
② 钱伟长:《怀念我的老师叶企孙教授》,载《钱伟长文集(下卷)》,上海大学出版社2013年版,第1106页。

国际上用X射线衍射实验正确测定量子力学中的基础数据——普朗克常数的科学家;其二,他开创性地研究了流体静压力对铁磁性金属的磁导率的影响;其三,他在科学史研究方面卓有建树。他1924年回国,先在东南大学任教,于1926年应聘进入清华大学任教授,同年创建物理系,担任系主任达十年之久。他广纳人才,聘请吴有训、萨本栋、周培源、赵忠尧、任之恭等来物理学系执教。在教学上,他强调"授学生以基本知识,使能于毕业后,或从事研究,或从事应用,或从事于中等教育,各得门径,以求上进。科目之分配,则理论与实践并重,重质而不重量"。他主讲多门课程,他讲课,基本概念讲得非常清楚,并吸收国外最新研究成果和发挥自己的见解。他的学生钱三强说:"至今我们这些老学生谈起来,仍觉得叶先生独创性的讲课给我们留下的印象很深刻。"他非常重视实验课,规定"学生选修实验课的学分,不得少于理论课的二分之一"。他任系主任期间,组建了7个实验室和金木工厂及图书室,还从德国请到一位技术精湛的技工来校制作实验仪器。他还组建了理科研究所物理学部,他明确提出,以研究科学为中心,以求中国学术独立。1929年清华大学理学院成立,他被教授会推选为院长。他不仅是一位科学家、教育家,而且是一位爱国者。五四运动以后,叶企孙的家就常常是进步青年聚会、讨论时事的场所。在抗日战争时期,他提出,理学院的研究要配合时代需要,物理系学生研究的多项成果都可用于军事需要。1937年七七事变后,他还劝导一些学生和技术人员到冀中抗日根据地参加工作,并借用清华大学的经费万余元购买医药、医疗器械、电台元器件、炸药原料运送到根据地。他在任西南联大常委会主席时,伸张正义,保护学生。1948年北平解放前夕,他拒绝国民党当局的南下邀请,毅然留在北平迎接解放。1949年5月,他受命担任清华大学首届校务委员会主席,主持校务(作者注:这时候清华大学还没有任命新的校长)。1952年调入北京大学物理系,1955年当选为中国科学院学部委员。他终生独身,一向视学生如儿女,倍加爱护,诺贝尔物理学奖得主、美籍华人李政道在西南联大学习时,就曾亲身感受到叶企孙的关爱之情,他深情回忆起那时的经历:"当时我只是二年级学生,按说是没有资格赴美读研究生的,但叶先生破格选拔我赴美留学,使我走上了研究物理的终生之路。叶先生因材施教的教育理念和不拘一格降人才的大师风范,让我难以忘怀。"

钱伟长在物理系学习的四年中,听过叶企孙讲的热学、热力学、光学、声学及近代物理学等5门课程,还在西南联大替叶企孙代过课,为物理系二年级学生讲授"热力学",讲课笔记是叶企孙提供的。他回忆说:"叶老师这份不到10页的讲稿,对我教育很深,体会到一个大学教授很不容易,每年虽然讲同一门课,但应该随着时代改变其基本理论的应用范围,使一门基础课一定要跟上科学发展的时代步伐,经常阅读大量有关科技的国际期刊,消化吸收到教材中去,才算尽了教授的讲课责任。这使我一辈子有了讲课的指导原则。我在后来讲过十年的'理论力学'和'材料力学',经常结合各门工程的最新发展,讲许多新的实际问题,就是继承了叶老师的这一精神。"他接着说:"使我更加深信,做好一个大学教授的基本条件,不仅是写出一本教材,而是在于能不断吸收国际上的科技新发展来更新和丰富讲课内容,基础课要如此,专业课更需如此,进一步使我渐渐鄙视那种一本教科书讲了三十年不变的那种教学方式。"[1]叶企孙这10页讲稿已经深深刻录在钱伟长的心目中,成为他一辈子治学、治教、治校的一个样本、一杆标尺。

钱伟长在清华大学求学期间,对他的学业进步帮助最直接和最重要的老师是吴有训。当他跨入清华园时,执意要就读物理系,主要是出于科学救国的誓愿,内心也包含着对吴有训的仰慕。1990年他在《怀念我的老师吴有训教授》一文中这样说:"当1931年我从中学毕业考入清华大学时,吴有训教授在全校师生的心目中,是一位声望很高的青年教授。"[2]钱

---

[1] 钱伟长:《怀念我的老师叶企孙教授》,载《钱伟长文集(下卷)》,上海大学出版社2013年版,第1105页。
[2] 钱伟长:《怀念我的老师吴有训教授》,载《钱伟长文集(下卷)》,上海大学出版社2013年版,第859页。

伟长要入物理系,时任物理系主任的吴有训一开始并没有同意他的请求,一则认为他的物理学和数学基础太差,二则担心其体格瘦弱承受不了物理系繁重的课业,后来终因钱伟长的执着才答应了的。钱伟长进了物理系后,吴有训对他格外关心,教他怎么听课、怎么记笔记、怎么自学、怎么查资料、怎么做实验。1935年,钱伟长以优异成绩从物理系毕业,并考上了清华大学物理学研究生。在吴有训的谆谆教导下,钱伟长"逐步理解了什么是科学工作,什么是一个现代中国青年对民族和祖国的责任,也更理解到从事科学工作对一个人的一生将要付出的代价是无法想象的。接触得越多,向他学习的心意越坚定。是鼓励、是诱导,没有说教,没有训斥,而吴老师自己的言行品德,却在起着教育作用,深刻地影响着青年们"[①]。

吴有训(1897—1977),江西高安人,物理学家,教育家。1920年毕业于南京高等师范学校,1921年留学美国芝加哥大学物理系,1926年获博士学位,同年秋回国,参与筹办江西大学,后在中央大学任教。1928年受聘担任清华大学物理系教授,1934年任物理系主任,1937年任理学院院长,1945年任中央大学校长,1948年赴交通大学(上海)任教。新中国成立后,任交通大学校务委员会主任,兼任华东军政委员会教育部长,1950年12月起,调任中国科学院副院长,1955年当选为中国科学院学部委员。20世纪20年代,吴有训与美国著名物理学家康普顿教授合作,用实验证实了近代物理学中有名的康普顿效应(亦称康普顿-吴有训效应)。1927年,康普顿因发现康普顿效应而获得诺贝尔物理学奖。吴有训在教学中,一贯以严谨而著称。他认真贯彻"理论与实验并重"和"重质不重量"的原则,强调"本系自最浅至最深之课程,均注重于解决问题及实验工作,力矫现时高调及虚空之弊。"他一贯积极倡导把学校办成教育中心和科学研究中心,他强调:"理学院之目的,除造就科学致用人才外,尚欲谋树立研

---

① 钱伟长:《怀念我的老师吴有训教授》,载《钱伟长文集(下卷)》,上海大学出版社2013年版,第860页。

究科学之中心,以求国家学术之独立。"在这一思想的指导和影响下,清华大学理学院重视科学研究工作,并且做出了不少成绩,得到国内外科学界的称誉。吴有训执教数十年,学而不厌,诲人不倦,培养了一批又一批高水平的科技人才,他的弟子遍布海内外。吴有训不仅是位杰出的科学家、教育家,而且是位不畏强暴、一生正气的爱国者。在清华大学的学生中曾流传着他的一个故事:1930年3月,校长罗家伦因专断作风引起了清华大学师生的不满,被迫辞职,教授会公推吴有训为代表到南京向蒋介石据理力争梅贻琦为新任校长。据说在争论中,蒋介石因词穷理缺,恼羞成怒,打了吴有训一手杖(也有说是踢了吴有训一脚),但吴有训仍据理力争,最终获得胜利。吴有训任中央大学校长时,正是国民党当局疯狂迫害进步力量的时期,他坚决拒绝国民党军警进入校园抓捕师生,他声称若军警进入校园,就辞去校长之职,所以在他担任校长的近三年内,国民党当局的军警始终未能进入中央大学。还有一件令人难忘的事,发生在"文革"刚刚结束的1977年1月,在叶企孙教授追悼会上,悼词中虽然推翻了"文革"期间强加在叶企孙头上的诬陷之词,但仍有"按人民内部矛盾处理"这样荒唐的结论,当时以领导身份出席的吴有训(时任中国科学院第一副院长)愤然中途退场,以示抗议,表现了他一贯的凛然正气。

1998年10月,为纪念马约翰诞辰115周年,钱伟长撰文《深切怀念我的老师马约翰教授》,文章第一句就是:"马约翰教授是一位使学生终生难忘的长者。"钱伟长一踏入清华园,就与马约翰结下"不解之缘"。他到清华大学报到的第一天,按规定到体育馆接受马约翰掌管的体格检测。他因家境清寒,小时多病缺医,身体瘦弱,身高只有1.49米,体重太轻、肺活量不足、篮球投不进筐子、跑步也达不到标准,可是马约翰却当即鼓励他:"没关系,可以锻炼嘛!"当钱伟长转学到物理系后,马约翰还专门托吴有训带话给他:要重视锻炼,不要退缩,退缩救不了国,没有健康的体格,科学也是学不好的。马约翰担任物理系一年级的体育课老师,课余时间还带领着学生参加各种体育活动。在马老师"师傅带徒弟"式的训练下,钱伟长进校一年后，其体质有了明显好转。1932年10月，清华大学举行全校越野跑比赛，钱伟长作为班级代表队成员之一，和队友一道拿到了团体冠军。后来，他被马约翰挑中成为校越野跑队员，代表清华大学参加由马约翰发起的北平市五大学（清华、辅仁、燕京、北师大、北大）运动会，连续五年夺得团体冠军。在马约翰的指导下，钱伟长练过400米跑，练过100米高栏，在四年级时，又对足球产生了兴趣，成为清华大学足球队的队员，这时他的身高也长到了1.66米。

马约翰（1882—1966），福建厦门人，体育教育家。1904—1911年，在上海圣约翰大学学习并获理学学士学位；1914年秋，应聘到清华学校任教；1926—1937年，任清华学校和清华大学教授、体育部主任。1936年，以中国田径总教练身份参加了第十一届世界奥林匹克运动会，1938—1946年，任西南联大体育部主任，以后再任清华大学体育部主任，直到1966年去世。新中国成立后，他于1949年、1952年两度当选为全国体育总会副主席，1956年当选为全国体育总会主席。马约翰怀有强烈的爱国心，誓雪被西洋人蔑称我中华民族为"东亚病夫"之耻，在他从教的几十年间，一贯主张加强体育教育，增强学生体质。在他的主持下，清华大学一向把体育列为学生的必修课，规定"体育不及格不得毕业"。他大力提倡体育的普及，在普及中特别强调体育精神，即"普遍的、活跃的、自动的、勇敢的精神，奋斗到底、绝不松劲的精神"。他在清华大学叮嘱那些即将出国留学的学生："你们将来出国，在国外念书都是好样的，在体育方面也要不落人后。你们要勇敢，不要怕，要有劲儿，要去干。"他说："不要出去给中国人丢脸，不要人家一推你，你就倒；别人一发狠，你就怕；别人一瞪眼，你就哆嗦。"人们常常见到他在操场的跑道边，对着正在努力奔跑的学生，紧握拳头，举臂高呼："快！快！Do your best!"国际应用数学家、流体力学家林家翘在清华大学读书时，门门功课都很优秀，但身体不好，跑步总落在后面。在马约翰的督促和指导下，他坚持锻炼，身体好了很多，期末体育成绩马约翰给了他"优"，大家觉得不公平，而马约翰说，身体素质的锻炼很重要,但更重要的是意志和品质的锻炼,林家翘在这方面是无愧于"优"的。

马约翰通过体育不仅锻炼了钱伟长的体格,更重要的是锤炼了他的意志品质。钱伟长在《深切怀念我的老师马约翰教授》一文中写道:"马老师不断教导我们:体育运动不仅锻炼体力,更重要的是锻炼意志;要带着脑袋锻炼,正视自己的缺点,不断努力克服缺点,就战胜了自己得到进步。每个人也都有特点,发挥所长就是提高了成绩,不论做什么工作,都要遵循这个原则,就是'自强不息'。要记住'不息',一辈子都要克服自己的缺点,坚持战胜自我就能成功。他是这样说的,也是帮助我们每个人这样做的。"[①]马约翰的这些教导成为钱伟长坚守一生的箴言。

除了叶企孙、吴有训、马约翰以外,还有一位虽然不是清华大学的老师但对钱伟长的学业和人生导向同样有着重要影响的师长,他就是著名历史学家、时任燕京大学历史学系主任顾颉刚。

顾颉刚(1893—1980),出生于苏州一个有名的书香世家,清康熙皇帝下江南时曾手书"江南第一读书人家"赠予其祖上。他在1920年出版了专著《古史辨》第一册,延续到1941年,共出版了7册,计325万字,奠定了他作为中国史学研究古史辨派创始人的地位。新中国成立后在中国科学院历史研究所任研究员。

顾颉刚作为一代学人,爱才惜才是有口皆碑的,钱穆与钱伟长叔侄两人都曾得益于他的举荐。顾颉刚之子顾潮在1997年出过一本记述顾颉刚一生的书[②],书中讲到了顾颉刚和钱穆叔侄俩结缘的故事。1929年,顾颉刚回苏州养病,偶然读到钱穆的《先秦诸子系年》书稿,大为欣赏,对正在苏州中学任教的钱穆说:你不合适在中学读书,你应该到大学教历史。旋即举荐只有中学学历的钱穆到燕京大学任教,不久又力荐钱代替他到北京大

---

① 钱伟长:《深切怀念我的老师马约翰教授》,载《钱伟长文集(下卷)》,上海大学出版社2013年版,第1240页。
② 顾潮:《历劫终教志不灰——我的父亲顾颉刚》,华东师范大学出版社1997年版。

学任教，他在写给北京大学文学院院长胡适的信中说："我想，他如到北大则我即可不来，因为我所能教之功课他无不能也，且他为学比我笃实，我们虽方向有所不同，但我尊重他，希望他常对我补偏救弊。"钱穆就是因为他最先的力荐，从此驰骋在20世纪中国的学术舞台上，终成一代宗师。钱穆晚年回忆起顾颉刚对他的帮助，仍然充满感激之情，他说："颉刚不介意，既刊余文，又特推荐余至燕京任教。此种胸怀，尤为余所欣赏。"钱伟长进入清华大学，欲弃文学理，然而钱穆和吴有训开始都不同意。无奈之下，钱伟长在叶企孙的指点下，找到顾颉刚，请他帮忙去做钱穆和吴有训的工作，顾对钱、吴说："我们国家站不起来受人欺侮，就因为科学落后。青年人有志于科学，我们应该大力支持。"他还说："青年有选择志向的权力，他愿意为国家民族学科学，尽管困难，但他愿意学，坚持要学，他就能克服困难。他清楚自己的条件，比别人学得晚，是很吃亏的。但他有坚定的志向，我们对年轻人的志向只能引导，不能堵。"这一番话说服了钱穆和吴有训，促成了钱伟长转学物理的愿望。钱伟长在1994年纪念顾颉刚诞辰一百周年大会上，特别提到了顾颉刚当年对他的支持，他说："我与顾先生的关系是很深的，今天我之所以能从事科学工作，顾先生是帮了很大的忙的。"

钱伟长作为清华学子，有幸师从叶企孙、吴有训、马约翰，并得到顾颉刚等师长的关怀，从他们身上学到了中国优秀知识分子所具备的最宝贵的东西。在学期间，他就以这些老师为榜样。1935年，一二·九运动在北平爆发，正在读研的他读书不忘救国，参加了由中国共产党领导的中华民族解放先锋队，并参加平津学生南下宣传团。1937年，七七事变爆发，清华大学南迁昆明，他滞留京津期间，一边为远赴昆明筹措旅费，一边在老师叶企孙的带领下，协助同学熊大缜、汪德熙等人为八路军冀中抗日根据地秘密提供帮助。他用实际行动践行着他在本科毕业纪念册上的留言："在国难严重的时候我们进了清华，现在我们快要离开这里了，可是国家的耻辱还是依旧。伟长！我在热烈地希望来振兴这残喘的民族。"1946年他从美国回到清华大学任教，仍然以这些老师为榜样，立场鲜明地站在进步力量这边,反对蒋介石独裁政权,反对美国政府的扶日政策。1948年年底北平解放前夕,他和清华大学的绝大部分教师一样出于对解放的共同认识,反对南迁,坚持上课,并和清华大学的党的地下组织站在一起,成为护校队的负责人之一。1949年1月北平解放,翌月,清华大学成立校务委员会,他也成为校务委员会的常委和副教务长,辅助他的老师叶企孙(校务委员会主任),满怀热情地投入了新清华大学的建设。

负笈北美 探索科学真谛

1939年9月,钱伟长与林家翘、郭永怀等青年才俊考取了第七届中英庚款留英公费生,于1940年8月初成行,赴加拿大留学。钱伟长和林家翘、郭永怀一起师从多伦多大学应用数学系辛格(J. L. Synge)教授,他是英国著名的应用数学家、英国皇家学会会员,在1939年德军大规模轰炸英国伦敦时,从英国移居到加拿大,在多伦多大学创建了北美第一个应用数学系。多伦多大学创立于1827年,是加拿大最古老的大学之一,具有很高的研究水平,钱伟长他们是这所大学有史以来招收的第一批来自中国的留学生。

钱伟长和辛格教授第一次面谈时,发现两人都在研究弹性板壳的统一内禀理论,前者研究的是微观理论,后者研究的是宏观理论。钱伟长详细汇报了他在西南联大的研究成果,辛格听了连声叫好,他说:"你的博士论文的主要内容已经完成,不必介绍了,去详细完成具体计算任务吧!你已经是一个合格的应用数学家,已经懂得重视物理观念的深化认识,同时也懂运用现代的数学工具简洁地描绘物理观念的认识。"一个多月后,两人将已取得的研究成果分两段写成一篇论文,论文题目是"弹性板壳的内禀理论",投送美国加利福尼亚理工学院航空系系主任冯·卡门(Theodore von Kármán)教授六十岁祝寿论文集。该论文集于1941年夏出版,刊出了24篇论文,作者都是第二次世界大战时集聚在北美的知名学者,包括20世纪科坛巨匠爱因斯坦。在论文集作者中，钱伟长是唯一一位还在读研的学生，且是唯一一位来自中国的青年。钱伟长和林家翘、郭永怀到加拿大一年不到，就都获得了硕士学位，然后林、郭两人赴美国深造，钱伟长则留在加拿大，继续师从辛格教授，攻读博士学位，他以"弹性板壳的内禀理论"作为博士论文提要，对理论开展了更深入的研究。1942年10月，钱伟长通过了博士论文答辩，可是按照校方规定，研究生必须学满三年以后方能得到博士学位，故而钱伟长延至1943年6月才拿到博士学位证书。这篇博士论文于1944年在美国《应用数学季刊》上分三次连载发表，并从此成为有关薄板薄壳理论的经典文献，文中提出的关于浅壳的非线性方程组（又称为浅壳大挠度方程）于1958年在美国斯坦福大学举行的海军结构力学研讨会上被与会学者称为"钱伟长方程"。这篇论文发表以后一直深受学界推崇，1977年美国出版的力学专著《板壳渐近解》一书中，认为钱伟长的这项工作"是划时代的工作"。1982年5月，在中国合肥举行的国际有限元学术研讨会上，主持会议的美国著名有限元专家噶拉克哈（R. H. Gallagher）教授在会上还特别提道："钱教授关于板壳统一内禀理论的博士论文，曾经是美国应用力学研究生（包括他本人在内）在四五十年代必读的文献，他的贡献对以后的工作很有影响。"

经辛格教授的推荐，1943年元旦钱伟长到了美国加利福尼亚理工学院由冯·卡门教授主持的喷射推进实验室，担任研究工程师。冯·卡门（1881—1963）是一位出生于匈牙利的犹太人，是20世纪最伟大的科学家之一。1906年，他进入德国格丁根大学机械研究所，跟随应用力学的创始人、空气动力学的先驱普朗特教授攻读博士学位。1911年，冯·卡门在普朗特的指导下，完成了著名的"卡门涡街"等多项气体动力学的研究，这些成果成为飞机、轮船、赛车设计的理论基础。1930年，德国反犹太人的风声日紧，冯·卡门预感不祥，便应加利福尼亚理工学院的聘请移居美国。他把格丁根大学民主自由的学风以及德国先进的航空理论与技术带到了美国，由于他的贡献，喷气式飞机、导弹、星际火箭才在20世纪成为现实,他也因此被世人誉为20世纪"航空航天时代的科学奇才"和"世界航空航天之父"。他在创造一系列科学奇迹的同时,也培育出大批杰出的人才,他的学生遍及世界五大洲,人们称之为"卡门科班",在"卡门科班"里,就有来自中国的钱学森、郭永怀、钱伟长和林家翘。钱学森、郭永怀、林家翘都是在加利福尼亚理工学院获得博士学位的,中国著名物理学家周培源也在加利福尼亚理工学院获得博士学位,只是要比他们早上十多年。冯·卡门自然非常欢迎钱伟长加入他的团队,他实在想知道这个小个子的年轻人身上究竟蕴藏着多大的能量,就像他一直想了解已在他团队内的钱学森、郭永怀、林家翘一样。钱伟长在研究所主要从事弹道计算和各种飞弹的空气动力学设计,曾为美国早期的人造卫星轨道的计算以及火箭、飞弹的设计试制作过贡献。在这个时期,他也从事一些纯学术的理论研究,发表了两篇重要的论文。这两篇论文中,一篇被认为是世界上第一篇有关奇异摄动理论的论文,还有一篇是在冯·卡门指导下完成的《变扭的扭转》,后者发表时,署名是冯·卡门和钱伟长,对于这篇论文,冯·卡门很是感慨,他说:"自从喷射推进实验室成立以来,我已经顾不上基础理论方面的工作了。这篇论文,也许是我一生中最后一篇关于固体力学的文章了。"他又说:"这是一篇经典式的力学论文。"①

1946年钱伟长回国以后,在清华大学继续从事的一项有影响的研究工作是圆薄板大挠度问题的摄动解法。这个问题的非线性微分方程由冯·卡门在1910年提出,但长期没有找到求解的方法。钱伟长在1947年用解析法手算做到了这一点,所达到的精度以及计算方法的巧妙令人赞叹,因此引起了国际力学界的重视,苏联学者曾经广泛地加以引用,并称之为"钱氏摄动法",该法也被称为"钱伟长法"。毋庸置疑,钱伟长在20世纪40年代已奠定了他在国际应用数学和力学界的权威地位。

---

① 周大斌、孔祥瑛:《钱伟长传略》,载《钱伟长文集(下卷)》,上海大学出版社2013年版,第1469页。

钱伟长在加拿大和美国待了六年,在这六年中,他在科学世界里登上了大多数人无法企及的高峰,这固然是因为他有着从不服输、锲而不舍的精神,当然也有名师指点,但按照他自己的说法,是因为"在北美的六年里,我逐渐融入欧洲格丁根学派并深得其精髓"①。

格丁根学派于20世纪初发源于德国的格丁根大学,从高斯时代起,格丁根大学就有将数学应用于天文学和物理学的传统。19世纪末,格丁根大学出了一位知名的数学家菲利克斯·克莱因(Felix Klein),他除了在纯粹数学上取得很大成就外,还大力提倡应用数学,成为格丁根学派(包括格丁根数学学派和格丁根应用力学学派)的领袖。在19世纪末20世纪初,格丁根大学创建了应用力学系、应用数学系、技术物理系以及相应的研究所。克莱因认为,工科大学生不仅要有坚实的理论基础,而且要真正懂得科学研究的方法,另一方面,数学家也要具备一些工程技术基础知识。他还仿照美国人的先例,在格丁根大学建立由工业界私人资助的、独立的研究机构与团队。1904年,普朗特发表了著名的边界层理论,克莱因把他聘请到格丁根大学任工程力学教授,由此而创建了应用力学学派。同年,又把欧洲大陆上第一位应用数学教授卡尔·龙格从汉诺威请到格丁根。从此,在格丁根形成了一个纯粹数学和应用数学、应用力学协调发展的时代,一向以理论科学基地著称的格丁根大学又成了应用科学的摇篮。1930年,普朗特的高足、格丁根学派的传人冯·卡门把格丁根学派的"真经"从德国带到了美国。

理论与实际、科学与技术、数学与应用科学密切结合是格丁根学派极具代表性的治学理念和学术风格,克莱因、普朗特、冯·卡门和辛格都有很深的数学根底,他们主张从复杂的、扑朔迷离的问题中找出最基本的物理过程,然后再运用简化了的数学方法加以分析,从而把理论与实际结合起来,辛格和冯·卡门把这些理念推至极致。格丁根学派崇尚学术民主与自

---

① 钱志仁、钱国平:《无锡鸿声钱氏六院士(下卷)》(内部资料),无锡市历史学会,第187页。

由,倡导营造良好的学术交流氛围。克莱因善于讲课,但他也热衷于组织学术讨论会,冯·卡门曾经回忆道:"克莱因组织的学术讨论会使我非常入迷,像爱因斯坦、希尔伯特、闵可夫斯基、劳伦兹和龙格那样的大学者经常到会,这是高水平的科学聚会,才华横溢,想象新奇,令人振奋。事实上,这种学术讨论会是德国最新的科学思想的传送带,它吸引了所有青年的注意力。"他还回忆说:"在学术讨论会上,我不仅结识了许多物理学家和数学家,而且对各个科学分支——从初露头角的原子理论到沙漠的沙粒运动都怀有浓厚的兴趣,日后我不独钻一门,能从事空间技术多方面的研究工作,还是靠在格丁根打下的基础。"冯·卡门也把这种学术风气带到了美国,他在研究所每周必定要主持一次工作会议和一次学术研讨会。

钱伟长、郭永怀曾师承辛格,钱学森则是冯·卡门的高足,后来这三人又一起在冯·卡门身边学习与工作了好几年,周培源也从加利福尼亚理工学院"出道"。有学者认为,这四位我国近代力学的奠基人,在他们的科学与教育生涯中也是一贯地实践与推崇格丁根学派的学术风格和治学理念,所以说,他们这四位是格丁根学派思想在中国的传播者和实践者。①

1946年5月,钱伟长离开美国,当年8月,受聘为清华大学教授。

钱伟长在加拿大和美国所待的六年中,和一批20世纪最杰出的应用数学和力学家或师或友,朝夕相处,逐渐融入欧洲格丁根学派并深得其精髓,更重要的是,中外文化的比较与交融,教会他"开眼看世界",养成他理性世界与感性世界的开放包容以及他不断寻求变革的性格。

日月经天　为国操守不变

新中国成立初期,中国共产党对知识分子采取"团结、教育、改造"的

---

① 戴世强、冯秀芳:《哥廷根应用力学学派及其对我国近代力学发展的影响》,载《科技中国报》2017年第5期。

政策,这是根据当时知识分子的实际状况,主要是针对从旧社会过来的资产阶级和小资产阶级知识分子而提出来的。团结、教育、改造这些知识分子,是社会主义时期一定阶段的一个特定的历史任务。后来,随着这些知识分子以及整个知识分子队伍发生的根本变化,党对知识分子的政策作了相应的调整和改变。在我国生产资料私有制的社会主义改造基本完成以后,绝大多数知识分子已不是那种团结、教育、改造的对象,而转变成为从事脑力劳动的工人阶级的一部分,是党的依靠力量。党的知识分子政策的这一重大转变,在1956年1月党中央召开的"知识分子问题会议"上得到了充分肯定。国务院总理周恩来在这次会议上所作的《关于知识分子问题的报告》强调,进行社会主义革命和建设需要依靠体力劳动和脑力劳动的密切合作,依靠工人、农民、知识分子的兄弟联盟。报告阐述了社会主义条件下知识分子的阶级属性、地位和作用。报告也指出,当时党内外存在着对待知识分子的宗派主义和不承认知识分子是工人阶级的一部分的错误倾向和思想。大会闭幕那天,毛泽东主席出现在会场,他说:"要革愚昧无知的命,单靠大老粗,没有知识分子是不行的,中国应该有大批知识分子。"也是因为这次会议,许多人把1956年称为新中国成立后知识分子的春天,在这个春天里,知识分子焕发出巨大的热情,全国掀起了向科学进军的热潮。一年后,中国科学院颁发了1956年度科学奖金(自然科学部分),这是新中国成立后首次颁发科学奖。奖项共34项,一等奖获得者3名,他们是数学家华罗庚、力学家钱学森、数学家吴文俊;二等奖获得者5名,他们是力学家钱伟长、数学家苏步青、金属物理学家葛庭燧、动力学家吴仲华和中国科学院植物研究所的钟补求。一等奖奖金一万元,二等奖五千元,三等奖两千元。1956年全国职工年平均收入是610元,由此可见,奖金额在当时是很高的。党对知识分子的政策成了当时人们谈论最多的话题,科学成为人们心中最神圣的字眼。

这时候的钱伟长,就像绝大多数从资本主义国家回来的高级知识分子一样,怀着报国之心,急切地希望把他们所掌握的世界科技发展动向、

一、他是一位爱国主义者

最新的知识、先进的学术思想和教育理念奉献给周围的同事、所在的单位和自己的国家。1949—1957年,他在清华大学、学术界、社会事务方面,都很忙碌而且显得非常自信。在清华大学,他于1949年成为首届校务委员会常委、副教务长(教务长是周培源),1952年升任教务长,1956年升任副校长(校长是蒋南翔)。在学术界,他是全国力学学会的负责人之一(还有周培源、钱学森、郭永怀等人),是中国科学院力学研究所的创办者之一并任副所长(所长是钱学森),是中国科学院自动化研究所的创办者,是中国科学院1955年首批学部委员之一;在社会事务方面,他是北京市第一届人民代表大会代表、全国第一届人民代表大会代表(江苏代表团)、国务院学科规划委员会委员、全国青年联合会常委兼副秘书长、中华科学工作者联合会常委兼组织部副部长;另外,他还是中国民主同盟中央常务委员。

新中国成立至1957年短短几年间,钱伟长为我国科学事业的发展作出了两项影响深远的贡献。一项贡献是作为主要执笔者之一,参与制定我国《1956—1967年科学技术发展远景规划》(简称"十二年科技规划");另一项贡献是他和周培源、钱学森、郭永怀一起,为确定我国力学发展方向及力学人才培养发挥了奠基性的作用。

"十二年科技规划"是新中国成立后由党中央、国务院决策、制定的第一个科技发展规划。规划工作由周恩来总理直接领导,副总理陈毅、李富春、聂荣臻主持,召集了来自全国的700多位专家、学者,集中住在北京西郊宾馆,费时半年有余(1955年秋至1956年春),最终确定了57项任务。当规划工作领导小组向国务院汇报的时候,周总理提出要从这57项任务中找出特别紧迫的需要国务院支持的项目。规划工作领导小组又另外组织了一个"紧急措施小组",这个小组成员包括钱学森、钱三强、钱伟长、黄昆、罗沛霖、王大珩、马大猷等人,"他们都是中国科技界精英中的精英"[①]。经过讨论,紧急措施小组提出了六项内容,即原子弹、导弹、计算机、半导

[①] 孙英兰:《中国科技史上的第一个规划》,载《瞭望》2009年第27期。

体、自动化技术、无线电电子学，因为前两项作为国防尖端项目，由国家另行安排，因此，就写出了一个"四大紧急措施"的文件，文件中包括需要重点发展的四项任务，即计算机、半导体、自动化技术、无线电电子学。这个文件引起国务院的高度重视，随即决定在中国科学院系统新建了计算机、自动化、无线电电子学三个研究所，在物理研究所内新建半导体研究室，并从各个大学的应届毕业生中抽调了一批优秀学生进入研究所、研究室，钱伟长也受命筹建自动化所。这四大紧急措施不仅由当时世界科技发展形势所决定，也是代表世界技术革命的标志性领域，而且和当时中央决策的原子弹、导弹的"两弹"计划相一致。1960年中苏关系恶化，在华的苏联专家全部撤离中国以后，更显示出这个"四大紧急措施"的前瞻性、紧迫性。在"十二年科技规划"制定工作结束后，周总理特别提到了钱学森、钱三强和钱伟长的重要贡献，亲切地称他们为"三钱"。从此，"三钱"之名享誉九州，成为国人仰慕的科学界"偶像"。

我国力学界认可一种说法，即周培源、钱学森、郭永怀和钱伟长是中国近代力学的奠基人。周培源（1902—1993），江苏宜兴人，流体力学家、理论物理学家，1924年清华学校毕业，1928年获美国加利福尼亚理工学院博士学位，1929年回国，在清华大学和西南联大任教授，新中国成立后，先后任清华大学教授、校务委员会副主任，北京大学教授、校长，中国科学院副院长，中国科协主席，曾任第五至七届全国政协副主席。钱学森（1911—2009），浙江杭州人，被誉为"中国导弹之父""火箭之父"，1934年毕业于上海交通大学，1938年在美国加利福尼亚理工学院获博士学位，1955年回国，曾任中国科学院力学研究所所长、第七机械工业部副部长、国防科委副主任、中国科协主席、全国政协副主席，1999年获"两弹一星"功勋奖章。郭永怀（1909—1968），山东荣成人，应用数学家、力学家，1935年北京大学毕业，1940年赴加拿大多伦多大学就读硕士，1945年在美国加利福尼亚理工学院获博士学位，1956年回国后，历任中国科学院力学研究所副所长、第二机械工业部第九研究院副院长，1985年获国家科技进步特等奖,1999年获"两弹一星"功勋奖章。在郭永怀身上,发生了一个惊天动地、泣鬼神的故事。1968年12月5日,他从青海实验基地乘飞机回北京汇报工作,飞机降落时发生坠毁事故,在失事现场,人们发现他和警卫员的遗体相向拥抱在一起,他们用身体夹住了装有宝贵科研资料的公文包,在令人心碎的遗骸中居然完整无损地保住了资料。同年12月,国家内务部追认郭永怀为革命烈士,他是"两弹一星"元勋中唯一的一名烈士。

钱伟长和周培源、钱学森、郭永怀,在学术见解和个人关系上都很亲近。1955年10月8日,钱学森冲破美国政府设置的重重障碍,毅然回国。随后20天,钱学森参观访问了广州、上海、杭州等地,于10月28日上午乘火车抵达北京,在北京站受到中国科学院副院长吴有训和华罗庚、周培源、赵忠尧、钱伟长等20多人的热烈欢迎。从国家发展战略考虑,钱学森一回国,中国科学院安排他担任中国科学院力学研究所所长。力学研究所是以钱伟长于1953年在中国科学院数学研究所建立的力学研究室为基础,再加一些研究人员建立起来的。郑哲敏[①]于1955年从美国留学回来后就在这个力学研究室工作,成为钱伟长的得力助手。据他的回忆,当钱学森即将回国的消息传来后,钱伟长便布置他撰写报告,上报中国科学院申请成立力学研究所。所以钱学森一回来,就和钱伟长、郑哲敏等人共同筹划成立力学研究所。1956年1月16日,陈毅副总理亲笔签署批复了中国科学院《关于成立力学研究所的报告》。随后,中国科学院发文,任命钱学森任力学研究所所长,钱伟长任力学研究所副所长。钱学森、钱伟长,加上1956年9月从美国归来加盟的郭永怀,使力学研究所成立伊始就秉持格丁根学派应用数学和应用力学的观点,致力于科学与技术相结合,为我

---

① 郑哲敏(1924—2021),浙江鄞县(今宁波)人。中国科学院学部委员、中国工程院院士、中国爆炸力学的奠基人和开拓者之一。1947年毕业于清华大学机械系,毕业后留校做钱伟长教授的助教。1948年赴美国加利福尼亚理工学院留学,成为钱学森的博士研究生,1952年获博士学位。1955年回国,加入了钱伟长在中国科学院创立的力学研究室,同年10月,钱学森返回中国,他随即跟随钱学森、钱伟长创建中国科学院力学研究所。以后一直在中国科学院力学研究所工作,历任室主任、副所长、所长等职。

国的生产建设和国防建设发挥了重要作用,并培养了大批拔尖人才。

1957年2月5日,中国力学学会成立暨首次全国力学学术报告会在钱学森、钱伟长、周培源、郭永怀的倡导下在北京召开。钱学森、钱伟长在大会上讲话。钱学森在他的"论技术科学"的报告中,对技术科学的特点作了详尽的说明。他阐述了技术科学和自然科学以及工程技术的相互作用,并且讲了对于技术科学工作方法的具体意见,强调指出了理论联系实际对力学开展的重要意义。钱伟长在讲话中,当讲到当前我国力学工作者的任务时,强调只要有生产建设和国防建设,就有力学问题,就需要力学工作者的劳动。他详细地介绍了力学中如流体力学、固体力学、一般力学、化学流体力学、物理力学等研究的内容、应用和它们的发展方向。他希望全国力学工作者更好地团结起来为祖国社会主义建设服务。钱学森、钱伟长的讲话异曲同工,都十分注重理论与实践相结合、科学与技术相结合。这次大会选举产生了中国力学学会第一届理事会,钱学森当选为理事长,周培源、钱伟长、钱令希、李国豪、李树诚、沈元当选为副理事长。

曾任"十二年科技规划"规划工作领导小组秘书的郑哲敏在2006年4月举行的中国科学院"纪念'十二年科技规划'制定50周年座谈会"上,谈到那一年参加力学科学规划的历史时说:"力学学科以钱学森的'技术科学思想'为核心,为国防和经济建设服务,引导工程的发展。当时力学人才非常少,力学知识非常浅,与航空、航天需求形成巨大缺口。钱学森、钱伟长紧急筹办力学研究班,希望在短期内培养有工科背景的复合型力学人才。"1957年,高等教育部和中国科学院力学研究所联合在清华大学创办工程力学研究班,先是钱伟长、后来是郭永怀担任班主任,钱伟长、郭永怀和钱学森都到这个班授课,截至1962年,共办了三届,招收了逾300人,从这个研究班出来的研究生,日后大多成为高等学校、研究所在力学方面的领军人物。郑哲敏在这次座谈会上特别强调,中国科学院力学研究所和工程力学研究班为了我国"两弹一星"事业的起步与发展,在人才

一、他是一位爱国主义者

与技术储备方面作出了很大贡献。

因为钱伟长在科学上取得的成功和快乐,都是从敢想、敢做开始的,所以他不但在科学问题上,而且在教育问题上及其他社会问题上也常常标新立异,发表与众不同的见解,加上他个性中有个最鲜明的特征,就是喜欢讲话,无论是大庭广众之下发表演讲,还是小型场合作非正式谈话,只见他思绪或如滔滔长河,或如涓涓细流,对话题作慷慨淋漓的发挥。他讲话的特点是从无讲稿或提纲,娓娓道来,观点鲜明,脉络清楚,言之有物,记录下来,就是一篇极好的文章。他的职务多,社会影响大,又喜欢讲话,尤其在他所熟悉的科学领域、教育领域,他总是直抒己见,因此很容易引起争论。1957年在高等教育界、科学界与钱伟长直接有关系的最大的争论,也是后来演变为对他批判得最厉害的,一是有关他发表的《高等工业学校的培养目标问题》一文,二是有关他参与执笔的《对于有关我国科学体制问题的几点意见》。

关于《高等工业学校的培养目标问题》,要从1957年1月7日说起。那日,《光明日报》刊登了一篇报道——《钱伟长谈高等工业学校的培养目标问题》。报道说,清华大学部分专业正在修订典型教学计划,记者为此访问了该校副校长钱伟长先生,请他发表一些意见。钱伟长的意见主要是,高等工业学校的培养目标不应当按照苏联教学计划的规定,不切实际地把清华大学的培养目标确定为"某某工程师",他认为,由于培养目标定得过高过死、专业分得过细过专,就造成专业课过于庞大复杂、基础理论课和基础技术课过分削弱、课堂教学时数过满、学生独立自学时间过少等弊端。在20世纪50年代初期,钱伟长并不反对高等教育要进行改革,也不反对学习苏联,他原本就是一个积极的参与者和组织者,并作为清华大学的教务长,带领校内人员学习俄语,主持翻译了大量的俄语教材,但是随着高等教育改革的深入,他认为脱离中国实际、不加分析地全盘照搬苏联那一套,并不利于中国的社会主义建设。然而,他的这些观念、观点与当时的政策发生了冲突,也与当时清华大学主要领导人的主张相悖。因此,他的不同意见顿时引发清华园内很大反响,1月23日,清华大学校刊《新清华》全文转载1月7日《光明日报》的报道,并加了编者按,组织全校展开讨论。1月30日,《光明日报》发表追踪报道,报道说:"钱伟长副校长关于高等工业学校培养目标问题的谈话发表以后,引起了清华大学校内外各个方面的反应,有些人赞同,也有些人不同意。"1月31日,经过钱伟长审定过的文章《高等工业学校的培养目标问题》在《人民日报》上再次发表。对此,他说明原先在《光明日报》上发表的报道稿未经本人审阅,有些地方记者表述不够全面、准确。然而,清华经过"百日大讨论"后,这篇文章被批判为"诋毁清华大学教育改革成果""企图把清华大学拉回到解放前通才教育的老路上去""反对学习苏联",本属学术范畴的争论,最终以政治上的结论画上了句号。

《对于有关我国科学体制问题的几点意见》(下文简称《意见》)是怎么一回事呢? 1957年4月27日,中共中央发出《关于整风运动的指示》。5月17日中国民主同盟中央和北京市委根据这一指示精神,决定举行一系列座谈会,并准备提出多份具体方案,其中一个方案就是关于我国科学体制问题的。6月,国务院科学规划委员会将召开会议讨论我国科学体制问题,民盟的这个方案将作为书面意见提交这次会议。民盟中央确定"科学规划问题"临时研究组负责人为曾昭抡、千家驹、华罗庚、童第周和钱伟长。曾昭抡,1899年生,湖南湘乡人,化学家,中国科学院学部委员,时任高等教育部副部长和北京大学教授。千家驹,1909年生,浙江武义人,经济学家,中国科学院学部委员,时任中央社会主义学院副院长。华罗庚,1910年生,江苏金坛(今常州市金坛区)人,数学家,中国科学院学部委员,时任中国科学院数学研究所所长。童第周,1902年生,浙江鄞县(今宁波)人,实验胚胎学家,中国科学院学部委员,时任中国科学院动物研究所所长。这个临时研究组和民盟北京市委曾邀请北京的盟内外科学家和参加中国科学院学部会议的全体民盟盟员进行座谈,民盟江苏、湖南、云南、广东、河南、上海、重庆、沈阳、长沙、甘肃等地方组织,曾收集了盟内科学家的意见。《意见》就五个问题提出建议,即"关于保护科学家的问题""关于科学院、高等学校、业务部门研究机构之间的分工协作问题""关于社会科学的问题""关于科学研究的领导问题"和"关于培养新生力量的问题"。6月初,《意见》提交国务院科学规划委员会,在提交前又请费孝通进行了最后修改。因为新中国成立初期,受苏联模式的影响,我国将大学系统与科学院系统分立设置,大学里的研究机构及其人员被剥离出来,从而人为地将科研职能从高等学校中分离出来。所以,《意见》在起草过程中,引发最多讨论的就是关于科学院、高等学校在科学研究方面的分工协作问题。一种观点认为高等学校必须搞科研,另一种观点认为高等学校是培养学生的,从事的是教育工作,而科学院专管科学研究,意思是说高等学校用不着做很多科学研究,可以做一些教学研究。1957年6月8日,中共中央发出《关于组织力量准备反击右派分子进攻的指示》,同日,《人民日报》发表社论《这是为什么?》。6月9日,《光明日报》未经同意而以上述五人的名义刊登了《意见》全文并加了编者按,造成了使人误解的舆论。7月初,该《意见》被批判为"反社会主义的科学纲领""否定党和政府对科学研究的统一领导""不要火车头"。

1957年6月下旬开始,清华大学校园内已贴出了一大批批驳钱伟长言论的大字报。在6月下旬至7月上旬,《人民日报》《光明日报》接连刊登批判他的文章和报道,言词也日益严厉。7月13号,清华大学召开"批判资产阶级右派分子、清华大学副校长钱伟长大会"。1958年1月,清华大学党委正式宣布钱伟长为"右派分子"。随之,开除了他除教授以外的其他所有职务。

1966年6月,"文化大革命"骤起,强加于钱伟长身上的旧账未清,又添新账,他和梁思成(建筑学家,时任清华大学副校长)、刘仙洲(机械工程专家,时任清华大学副校长)成了清华大学三个"影响最大的资产阶级反动学术权威"。后来，这三人又成为"四人帮"炮制的"六厂二校经验"①中被点名的"典型人物"。

1958年钱伟长被扣上"右派分子"帽子以后，因为毛主席说过，钱伟长是个好教师，要保留教授职位②，因此，他没有被遣送到北大荒去改造，尽管清华大学把钱伟长从一级教授降为三级教授，不过他还可以继续上讲台。1957—1966年，他继续为高等教育部和中国科学院合办的工程力学研究班讲授"空气弹性力学""颤振理论""工程流体力学"等。在清华大学，他为材料力学教研室师资培训班讲授"应用数学""微分方程的理论和解法""弹塑性力学基础"，为电机系开设"电机强度设计理论"课程，为机械系讲授"应用弹塑性力学"。为讲好这些课程，他总共编写了600万字的教材。

1968年10月，他被下放到首钢特钢厂劳动，接受工人阶级"再教育"。在厂里，他一边劳动一边发挥自己的才智进行技术革新，设计新的车间、制造新的设备，帮助工人师傅减轻劳动强度，提高生产效率，得到工人的敬重，亲切地称呼他"老钱"。1970年，周恩来总理指定要钱伟长在家里接待来访的境外记者、作家，"要合情合理照实讲""要用外国人听得懂的逻辑讲得合情合理。"清华大学忙不迭地把收回去的"照澜院"（钱伟长的住所）又加粉刷后归还给他。他在家里接待了多批来访者，很好地完成了周总理直接交付的任务。

1972年，毛主席、周总理点名钱伟长参加"文革"开始后的我国第一个科学家代表团出访欧美四国，当时还有人提出异议，担心钱伟长逾期不归，遭到周总理的严厉批评。1975年，钱伟长作为北京市的人民代表，出

---

① 1968年，派驻北京新华印刷厂、二七机车车辆厂、南口机车车辆机械厂、北京针织总厂、北京北郊木材厂、北京化工三厂等六个工厂和清华大学、北京大学两所学校（六厂二校）的工宣队、军宣队分别炮制所谓"斗、批、改"的总结报告，并转发给全国，用以指导全国的"文化大革命"。清华大学工宣队的《清华大学贯彻执行对知识分子"再教育""给出路"的政策报告》提出所谓为"资产阶级反动学术权威梁思成、刘仙洲、钱伟长""给以出路"的报告。

② 祁淑英:《钱伟长传》，山西人民出版社2010年版，第93页。

席了第四届全国人民代表大会。1957—1976年,钱伟长除了讲课和参加重要的外事活动以外,按他自己的话讲,还要坚持进行"地下科研"。他不遗余力地无偿接受外单位的技术咨询和研究课题达百余项,包括多项重大工程中的科学问题和原创性的基础理论研究。

1978年夏,关于真理标准问题的讨论在全国展开。同年9月,中共中央向全党发出"55号文件",即以中共中央组织部、宣传部、统战部和公安部、民政部的名义起草的《贯彻中央关于全部摘掉右派分子帽子决定的实施方案》,新华社和《人民日报》都刊发了相关的消息。到1979年,全国已有几十万"右派"得到改正,获得政治新生。1980年1月,邓小平在一次中央会议上总结反右斗争时说:"反右本身没有错,问题出在哪里呢?问题是随着运动的发展,扩大化了,打击面宽了,打击的分量也太重。大批的人确实处理不适当,太重。他们多年受了委屈,不能为人民发挥他们的聪明才智。这不但是他们的损失,也是国家的损失。"[1]

中共中央在1980年6月11日批转中央统战部《关于爱国人士中的右派复查问题的请示报告》中,对反右运动中被错划的"六教授"曾昭抡、费孝通、黄药眠、陶大镛、吴景超和钱伟长直接予以改正。8月16日,新华社也报道了这一消息。清华大学虽然也对数百名被错误处理的教职工和学生给予改正,但最后一个"改正"的却是钱伟长[2],直到1983年1月,清华大学党委给他"改正"的通知书才迟迟送达他手中,这时候,中央组织部关于同意钱伟长担任上海工业大学校长的批复下达已近4个月了。

钱伟长志存高远、成就卓然,当然可以算得上是一位大人物,但他也和普通人一样,有着喜怒哀乐,只是他这一代知识分子的人生沉浮、喜怒哀乐与民族存亡、国家兴衰联系得实在密切。对于个人遭遇,他是这样认为的:"为了我们的民族,我们个人吃点亏不要后悔,不值得后悔。我们历

---

[1] 《邓小平文选第二卷》,人民出版社1993年版,第243—244页。
[2] 赵诚:《长河孤旅——黄万里九十年人生沧桑》,长江文艺出版社2004年版,第189页。

史上有很多英雄人物靠这么点精神,为我们中华民族立了大功绩!"① 他一直认为,中国的知识分子大多数是爱国的,"因为知识分子比较敏感,他不但接触国内,而且接触到国外,他对于世界各个社会制度、各个民族之间的斗争有所认识,一般人是很少有这种知识的,而他有。他看到我们祖国那么落后,他们是着急的,都想为祖国多尽点力。他们懂得一个人的生存的目的和价值。他们懂得只有跟人民联系起来,只有跟我们的父老兄弟联系起来,跟祖国的命运联系起来,才有自己的前途。"②

他的这番话源自深切体会,体会之深来自他所崇仰的老师,如叶企孙、吴有训、马约翰等,来自他的同学或同事,如郭永怀、钱学森、钱三强等,同样也来自他自身的经历。现在的好多文章,把他们这一批在新中国成立前后至20世纪50年代初期留学归国的知识分子称为中国近代史上"第二代学成归国人员"。"第一代学成归国人员"时间跨度大些,是从清朝末期至民国初期,其代表人物中有容闳、严复、梁启超、邹容等人,也有孙中山、蔡元培、周恩来、邓小平等人。有史料记载,"第二代学成归国人员"对新中国科技、教育、文化事业的贡献是奠基性的。《瞭望》周刊2009年第27期有一篇由记者孙英兰撰写的专题报道《中国科技史上的第一个规划》,在这篇报道中,记者详细记录了1956年我国制定"十二年科技规划"的亲历者和参与者——吴明瑜的回忆。

吴明瑜在1956年是中国科学院政策研究室主任(作者注:后来曾任国家科委副主任、国务院发展研究中心副主任,是邓小平1978年在全国科技大会上的重要讲话的起草人)。吴明瑜在回忆当年制定"十二年科技规划"时说,当初有两个有利条件,一个是得到苏联的帮助,还有一个条件,是更重要的,"是我们有人才基础,国民党退往台湾时有一批优秀

---

① 钱伟长:《谈教书育人》,载《钱伟长文集(下卷)》,上海大学出版社2013年版,第739页。
② 钱伟长:《我国科学技术发展的展望》,载《钱伟长文集(上卷)》,上海大学出版社2013年版,第454页。

的科学家自愿留在大陆,同时从1949年到规划前,先后从海外回来的科学家超过3 000人,具有高水平的科学家有几百人,其中大部分人都参加了规划工作和执行工作,如钱三强、华罗庚、李四光、赵忠尧、赵九章、葛庭燧、殷宏章、吴文俊、钱学森、罗沛霖、钱伟长、邓稼先、马大猷、王大珩、陈芳允等,他们中不少人当时都年富力强,大都是世界知名的科学家,这对我们当时能掌握世界科学技术发展最新动向、填补国内空白学科和加强薄弱学科的建设起到至关重要的作用。这也是'十二年科技规划'之所以比较成功的重要原因。"吴明瑜作为一位历史见证人,他说的这些话是很客观的,也佐证了上文钱伟长关于中国的知识分子大多数是爱国的这一论断。

钱伟长关于中国的知识分子大多数是爱国的这一论断的真实思想不在于为自己辩明什么,而在于强调知识分子在国家发展与民族振兴中的作用和应承担的责任。不管时事如何,个人境遇如何,他的忧国忧民的情结总是难以释怀。凡是涉及国家利益、民族利益、百姓利益的,他对什么问题都感兴趣,什么样的事都要过问,什么样的话都敢说,而且总是显得很是急切,这是因为他是"本着其居安思危的辩证理性精神,通过对潜在危机的洞见,提出预防措施或主张,从而表达主体关心民族、国家生存发展的忧虑心理"。"历史发展到近代,面对国家民族空前的危机,这种忧患意识则发展为救亡图存的思潮,爱国志士们对民族和国家的种种危机,纷纷追求变革弊政以求祖国独立富强。钱伟长就是这些把对祖国的深切忧患之情付于为国家民族谋利益的行动中的爱国者的杰出代表之一。"①

著名作家韦君宜(1934年考入清华大学哲学系,1936年加入中国共产党,1939年到延安,新中国成立后曾任作家出版社总编辑、人民文学出版

---

① 张丹华:《钱伟长爱国主义政治教育思想研究》,载《2007年度教育部规划课题专题研究报告》(内部资料)。

社社长)在她晚年的著作《思痛录》中写道,"钱伟长在国民党时期曾偷偷在自己家里组织读书会,偷读马列主义的书。刚一解放,我们几个党员回校,他立刻自动跑出来接待"。在她的印象中,钱伟长本就是一个追求光明、热爱新中国的知识分子。

二、改革开放,他选择了上海

扬鞭奋蹄　为了四化奔走

1978年3月全国科学大会胜利召开,预示着我国科学春天的到来。当年年底召开的党的十一届三中全会,实现了新中国成立以来党的历史性的伟大转折。钱伟长奋起之情油然而生,他以空前高涨的热情拥护党中央关于"改革开放"和"实现四个现代化"的号召。他摆脱羁绊,不顾车马劳顿,走遍祖国山河,深入少数民族、边远地区,广泛地作调查研究,写了许多视察报告,还作了几百场"关于实现四个现代化问题"的报告,受到听众极大的欢迎。首次报告是1978年7月在河南安阳市做的,当时他正在那儿主持一个磁疗机鉴定会,遂接受安阳市委的邀请,作了这个报告。以后则一发不可收拾,当即受到郑州铁路局、邯郸市、石家庄市委、保定市委的邀请,作同样的报告。听讲人数一次比一次多。此后,自1978到1983年,他分别在全国各省、市、自治区的180个城市作了内容大体相同的报告,听讲人数累计达30余万之众,虽然报告并无写就的文章,有些省市在会后按录音整理成稿分发,广为宣传。在北京,他曾在中共中央党校、新华社、人民日报社、中共中央对外联络部、中国社会科学院、中国人民大学、全国政协机关等单位讲过十几次。在新疆,他曾利用考察水资源的机会,在乌鲁木齐等八个地区作了这个报告,报告时通常用两个会场,一个用普通话,由他讲,另一个会场由四位少数民族语言翻译轮流分段传达。所到最偏僻的城市是地处陕甘川边界上的四川小县南屏县,他在县委礼堂作了这一报告。1980年10月,他率团参加香港国际中文计算机学术会议,受新华社香港分社社长邀请在该社作了这个报告,听众也有800人之多。在讲解实现四个现代化问题的过程中,他和基层干部、群众进行了广泛的接触,深感11亿人口大国实现现代化是多么巨大而艰辛的组织和管理工作,需要各种科学技术以及经济工作的全面综合运用和融合,如何引进合乎客观规律、把科学技术和经济社会工作融为一体的现代化管理和组织科学成为极其重要的问题。基于这一需要和理解,他于1979年3月在全国政协的科学技术组作了"关于组织和管理的近代科学——系统工程"的报告,这一报告讲了系统工程的重要性、什么叫系统工程、系统工程的六个要素、系统工程的理论背景和它的使用工具等四方面问题。从此以后,他在全国各地讲"实现四个现代化"时,也同时讲"系统工程",所以,这个报告也在全国各地讲过约200次,听众达30万人,使不少领导干部认识了管理科学的重要性。2007年,时任上海市委书记的习近平同志看望钱伟长,说起当年他还是河北省正定县委书记时就到现场听过钱伟长的报告,给他留下非常深刻的印象,他亲切地对钱伟长说:"您老也是我国要实现四个现代化的创导者。"

1978年以后,钱伟长在为祖国四化建设四处奔波的同时,不忘他作为一个力学家的责任。首先,他带着一帮年轻人,从1978年开始,奋斗了两年,于1980年正式出版了中英文两种版本的《应用数学和力学》杂志,中文版由重庆交通学院(重庆交通大学前身)主办、重庆出版社出版,英文版在1984年前由华中工学院(华中科技大学前身)主办并出版,1985年改由上海工业大学主办并出版,他要求中文、英文同时刊发,这是我国最早的以中英文同时发行的学术期刊。杂志一问世,就引起国内外同行的注目,投稿纷至,仅用五年就从季刊扩容至双月刊,再扩至月刊。其学术影响力日益扩大,截至2009年,该杂志以中文、英文两个版本发行至全球50多个国家和地区,已有21种国内外权威文摘刊物及其数据库收录《应用数学和力学》杂志的全文、题录和文摘,还被美国力学科学院评为17种最具国际影响的力学刊物之一。

作为杂志主编的钱伟长将冯·卡门写的一篇文章——《用数学武装工程科学》作为创刊词,他为杂志确定的办刊宗旨是:百家争鸣,百花齐放,提倡学术民主,大力推动科学发展。他在为杂志中文版撰写的发刊词中为这个办刊宗旨作了这样的解释:"自然科学的发展离不开学术民主。现代力学的开创时期,像伽利略等人,都是为自然科学的真理,争取学术民主,在遭受反动宗教封建势力的迫害中成长起来的。三百多年来国际上力学科学的发展中,也时时刻刻显示着百家争鸣、百花齐放的生命力。傅立叶和爱因斯坦的创造性工作,都是对科学上某些习惯性思想的大胆突破。如果用清规戒律来束缚这些突破性工作的公布,则他们的创造性思想,至少将延缓若干年才能成为科学界所共有的财富,甚至将长期不能和科学家见面,从而延缓或阻滞了科学的发展。"

钱伟长通过办杂志、组织编委会迅速集聚起一批中国力学界的中青年精英。同时因为稿件是采用编辑推荐制,所以通过这些编辑,一大批不为人知的力学、物理学和数学研究者得以发表论文,从而发现和培育了新一代应用数学和力学人才。第一届编委会成员都是钱伟长逐个选聘的学术骨干,年轻而富有朝气,在应用数学和力学的各个研究领域取得了令人瞩目的成果。

为了扩大《应用数学和力学》的影响,积攒人气,钱伟长想出了一个奇招,他考虑既然编委会成员中不少人已在应用数学和力学领域取得不俗成果且颇有心得,何不请这些编委挨个来作讲座?他在编委中提出了系统的想法,获得认可,再大致确定了各位编委可以讲的题目,最初的具体组织工作交由在重庆交通学院的应用数学和力学编辑部落实。不久,系列讲座就红红火火地搞起来了。当时学术界风气甚好,广大青年学子求知欲极强，每个讲座报名甚多，许多人是自己带着小凳子来听讲的，有时候到一个地方，想听讲座的人实在太多，为了控制人数，要凭事先发放的"听课证"才能进讲堂。钱伟长的眼光不是只停留在重庆这块地方，他的视角很宽，要把这样的讲座推向全国。接下来的几年，他以应用数学和力学编辑部的名义，在北京、上海、成都、武汉、兰州、沈阳、昆明和贵阳等地相继办了8个"办事处"，组织起全国范围内的"应用数学和力学"系列讲座。据统计，1980—1986年，这样的讲座共办了49期，听讲人数不计其数。

钱伟长本人也从1978年开始，为全国各地的高校教师、研究生、研究单位的研究人员以及工程界的技术人员，开设应用数学和力学方面的讲座。如：在北京讲"变分法和有限元"，共70讲，听课者达500人，并写出讲义70万字；同样的讲座内容又到武汉、昆明、重庆、绵阳、无锡、贵阳、西安等地的高校和研究单位举办，听讲者总数达2 000人；在兰州开设"张量分析"讲座，共14讲，听讲者共200人；在清华大学开设"奇异摄动理论"讲座，共50讲，写了50万字的讲义，听讲者200余人，以后又在华中工学院和上海讲了2次，听讲者达500人；应国防部门要求，开设"穿甲力学"讲座，共50讲，写了40万字的讲义，听讲者达250人；公开讲座"广义变分原理"，共14讲，写了40万字的讲义，听讲者150人；为上海工业大学微波研究班开设讲座"格林函数和变分法在电磁场和电磁波计算中的应用"，共20讲，写了25万字的讲义，听讲者84人。以上讲座内容，都是他多年的科研成果，在过去的岁月里，即使身处极其恶劣的环境，他也未曾停止过科学研究。"从1978年起到1992年止，我在科研战线上奋力拼搏，夜以继日，形成了一生中的科研高潮。"这是钱伟长在《八十自述》中说的一句话。据李家春院士[①]回忆："'文革'结束后不久，高考和研究生制度恢

[①] 李家春，生于1940年，上海人，1962年毕业于复旦大学数学系，1962—1966年为中国科学院力学研究所研究生，师从郭永怀，1966年以后一直在力学研究所工作，2003年当选为中国科学院院士。

二、改革开放，他选择了上海

复，青年学生渴求新知，已经66岁的钱伟长1978年重新登上了讲台，为年轻人授业解惑。他多次开设奇异摄动理论、广义变分原理和有限元方法的讲座。每场讲座都座无虚席。他讲了数十场讲座，共有3 000多人听了他的讲座，很多讲座我都去听了。这些讲座极大地推动了我国相关领域的研究，促进了计算力学的发展和广泛工程应用。"①

讲座深受欢迎，为此，《应用数学和力学》杂志的编委会特将讲座内容编成丛书，陆续分册出版。丛书由钱伟长任主编，由四川人民出版社、四川科学技术出版社和重庆出版社共同出版，前后出版的有周承倜编著的《弹性稳定理论》，秦元勋编著的《计算物理学》，刘先志编著的《刘先志论文集》，樊大钧等编著的《空间弹性力学》，郭仲衡编著的《变形体非协调理论》，李灏、陈树坚编著的《断裂理论基础》，钱伟长本人也先后出版了《变分法和有限元》《穿甲力学》《广义变分原理》等。

办杂志、开讲座、著书立说，钱伟长把改革开放之初的力学界搞得如此轰轰烈烈，再次充分显露他作为我国近代力学开拓者之一的非凡气质和号召力。

1978年我国开始恢复招收研究生，钱伟长作为清华大学工程力学系的教授也招收了黄黔等四位研究生。1981年3月，这四位学子又考取了他的博士研究生，1983年黄黔等人跟着他到了上海工业大学（下文简称"上海工大"）继续学业。1985年初，黄黔等人在上海工大获得博士学位，成为钱伟长培养的首批博士生。②

1980年12月起，钱伟长参加了中美合作编写《不列颠百科全书》中文版的中美联合顾问委员会和中美联合编审委员会，他是这两个委员会的中方委员之一，编纂工作历时5年，全书共20卷。

1981年，为顺应国际计算机科学与工程发展潮流，推动汉字文化的信

---

① 张巧玲：《钱伟长的三大愿望》，载《科学时报》2010年8月2日。
② 新中国成立后，高等教育从1981年起实行学位制，才有了学士、硕士、博士等学位。

息化、现代化、国际化,钱伟长发起创立中国中文信息研究会,并当选为理事长。

1982年,由钱伟长主持的"广义变分原理"方面的研究成果获得国家自然科学奖二等奖。这是一个迟发的奖项,是一个因"用清规戒律来束缚、延缓或阻滞科学发展"的典型案例。20世纪六七十年代,基于有限元方法的发展及其在工程上的广泛应用,变分原理作为其理论基础,显示出重要性。关于这方面的研究,当时世界上有两个"学术中心"引起各国学者的注意,一个是美国麻省理工学院的赖斯纳、鹫津久一郎、卞学鐄等人,另一个就是钱伟长等一批中国的科学家。钱伟长的研究是引入拉格朗日乘子法(简称拉氏乘子法),对建立广义变分原理的泛函提出合乎逻辑的数学方法,这无疑是一个重要成果。可惜在1964年当他把论述该成果的文章《关于弹性力学的广义变分原理及其在板壳问题上的应用》投给《力学学报》后,该杂志的编委会竟以"不宜发表"为由予以退稿处理。日本人鹫津久一郎在1968年出版的《弹性和塑性力学中的变分法》一书中才比较明确地应用了拉氏乘子法,但还有一些要点不明确。一直到1977年,国外的文献上才出现了这一方面的比较完整的论述,比钱伟长1964年的工作晚了13年。1978年,钱伟长有了广泛宣讲他的学术成果的机会,这一成果才得以问世并获奖。

选择上海　重燃理想之火

1983年1月,钱伟长怀揣邓小平同志批示的调令,"带着一卷铺盖,一囊书稿",赴上海就任上海工大校长。虽已七旬,华发频添,连落实知识分子政策的喜讯也对他姗姗来迟,但为了国家需要,为了青年学子,他将自己的教育理想之火再次点燃,像三十多年前一样,自信、热情和活力充溢着他的内心。钱伟长以超出常人的意志、坚韧和勇气将他的一整套的办

二、改革开放,他选择了上海

学思想付诸实践。此时,人们还无法厘清过去发生在他身上的那些故事的来龙去脉和是是非非,还无暇为他掸去落在他身上的尘埃,就急切地张开双臂欢迎他为国为民再振雄风。对于他的"出山",人们欣喜是自然的,但好奇心总是挥之不去:作为1931—1937年在读6年、1946—1982年在职37年的"老清华",为什么义无反顾地离开这所闻名天下的大学而来到上海这所名不见经传的地方大学?这里面到底有些什么样的故事呢?

1978年以后,钱伟长精神矍铄,四处奔忙,却有好多双眼睛正追随着他的身影,关注着他重振事业的走向。这时,在国内高校间有个"钱伟长想离开北京到南方发展"的说法。对此说法,有一个人特别留意,他就是上海工大的党委书记张华。这是一位政治素养很高的大学领导者,1937年参加革命,20世纪50年代踏入高等教育领域,曾任上海交通大学的党委副书记,改革开放初调任上海机械学院党委书记(作者注:上海工大的前身上海工学院于1972年与上海机械学院合并,易名为上海机械学院,1979年恢复上海工学院建制,并更名为上海工业大学)。他求贤若渴,并有着敏锐的政治眼光。他在任期内大胆地从教师队伍中直接选拔与培养了一批优秀的领导干部,他们中有:王力平,1981年从计算机工程系提拔上来,先是担任党办主任,后为校党委副书记,再后来成为上海市委副书记、市政协主席;郑令德,1983年从电机工程系提拔上来,先是担任副校长,后来担任校党委书记,再后来历任中共上海市教育卫生工作委员会书记、上海市教育委员会主任;方明伦,1984年从机械工程系提拔上来,先是担任校科研处处长,后来担任副校长,再后来成了校党委书记兼常务副校长;徐匡迪,原冶金工程系教师,1984年赴瑞典某钢铁公司担任总工程师,1986年回国,直接提拔为常务副校长,后来历任上海市市长、中国工程院院长、全国政协副主席。

张华作为一位长期在高等学校工作的优秀领导者,对党的知识分子政策有着全面的理解,对于"办好一所大学要有一位好校长"有着深切体会,对钱伟长这样的爱国知识分子有着惺惺相惜的好感。他到了上海工大以后，首先想到要赶快为学校找到一位"好校长"。虽说这时候上海市委已任命当时的市委工业部副部长杨慧洁兼任上海工大的校长，但她不久就调到天津市去担任市委工业部部长了，根本无暇过问学校的事，因此，有一位声望高、水平高的实质性校长对于待势而发的上海工大来说，就显得格外紧迫，若是能请到钱伟长来担任校长，当然是求之不得！

1981年11月，上海工大党委正式行文，请求上海市政府教育卫生办公室（简称上海市教卫办）并转上海市委，提请任命钱伟长教授为上海工大校长。请示报告中披露："我们自1978年底开始和他接触，试探性地提出他能否来我校工作，他的反映是积极的。"报告中还写道："学校并就此事向市有关领导作了汇报，取得了赞同支持。"

1978年12月18日至27日，第五届全国仪器仪表弹性元件学术会议在上海举行，会议由第一机械工业部仪器仪表局主持，具体会务是由中国仪器仪表学会元件分会委托上海工大和沈阳仪器仪表研究所共同负责。全国11个部的50多个单位的代表参加了会议，为提高会议的学术影响力，会议组织方特别邀请钱伟长出席了会议，他也向会议提交了三篇论文，即《轴对称圆环壳的复变量方程和轴对称细环壳的一般解》《波纹管的制造、设计、实验和理论》《半圆弧波纹管的计算——细环壳理论的应用》，第一篇论文在会上宣读，后两篇在会上分发。会议假座上海建国宾馆，但会务组特意安排钱伟长单独住在衡山宾馆。

钱伟长一到上海，会议筹备者之一、上海工大工业自动化系的林老师就把此信息报告了上海工大的领导，学校领导随即就委派工业自动化系的一位领导全程陪同钱伟长。林老师回忆说："钱伟长在上海这几天，除了开会，其他时间都是由这位系领导陪着。"林老师还回忆说，有一天学校请他转告钱伟长，说是晚上有学校领导来看望他。当晚，上海工大党委副书记鲁巧英、教务处处长雷凤桐、工业自动化系系主任孔宪豪等一行抵达衡山宾馆，拜访并宴请了钱伟长，林老师没有参加，所以不知道他们说了些什么。林老师在谈及这些事时，以肯定的口气说："这应该是上海工大

二、改革开放,他选择了上海

校领导第一次与钱伟长正式接触,因为钱伟长在上海的日程是由我们会务组安排的。"好多年后,也有老同志回忆说,最早去拜访钱伟长的是上海工大副校长艾维超。艾维超去拜访过钱伟长这事肯定是有的,但应该是1979年以后的事,因为艾先生是1979年4月才担任副校长的。他去拜访钱伟长倒也是顺理成章的,因为他俩既是清华大学的老同学,又曾是清华大学的老同事,也都是中国民盟成员。艾比钱晚一年考入清华大学,学的是电机,时年还和同年级的物理系学生钱三强住同一间寝室,关系很好;钱伟长任清华大学副校长时,艾维超任电机系副主任;他俩的夫人正巧也是清华大学中文系的同届同学,很熟悉。艾维超是在上海工大前身上海工学院创办初期从清华大学调入的,担任电机工程系系主任。

上文说过,钱伟长在重庆交通学院创办《应用数学和力学》杂志。他办这份杂志有着更深层的思考,当时他私下跟一个与他熟悉的同志说,他就想"冲破一个束缚,发挥自己的才能"。另外,他还有一个具体的打算,就是希望以杂志编辑部为据点,大规模举办力学系列讲座,以推进与繁荣我国力学科研与教育事业。但是,他又觉得在重庆实施这个计划,地域偏远,交通不便,当时就有转到上海的意向。艾维超和钱伟长见面时说些什么没有留下记录,但会面后不久,应用数学和力学杂志编辑部便在上海工大内设立了"上海办事处"。就此,上海工大与钱伟长建立了更加方便、更加密切的联系。

上海办事处由钱伟长直接负责,有五名工作人员,四名是由钱伟长带来的,其中就有他多年的助手钟万勰。钟万勰,1934年出生于上海,1952年考入同济大学桥梁与隧道工程专业,大学期间就写出了两篇颇有见地的学术论文,其中一篇《弹性力学中的接触问题》由校长李国豪推荐给了1956年全国力学学会成立大会,1956年大学毕业后进入中国科学院力学研究所,师从钱伟长,1957年担任钱伟长在清华大学开办的工程力学研究班的助教,并兼任中国科学技术大学近代力学系讲师,1962年由大连工学院院长钱令希调入大连工学院,1978年破格晋升为教授,这一年他再次跟随钱

49

伟长,在重庆协助创办《应用数学和力学》杂志。他于1993年当选为中国科学院院士,长期从事工程力学研究与应用,在群论、极限分析、参变量变分原理等方面提出了重要的理论与方法,为推动计算力学在我国工程界广泛应用作出了重要贡献。《应用数学和力学》杂志上海办事处的五名工作人员中有一位是上海工大的干部,叫许和平。许和平的工作是保持办事处与学校的联系,主要负责和钱伟长本人的联系,安排好他到上海后的吃、住、行,并帮助他联络上海的有关单位。办事处成立后不久,许和平按钱伟长的指示,先行与上海市科协主席李国豪取得了联系,并于某日陪着钱到李的寓所。会晤中,钱讲到要在上海举办力学系列讲座,希望科协支持,李听后表示十分赞同,说"现在上海的学术气氛还非常淡薄,举办这样的活动可以活跃上海的学术氛围",李当即拍板,由办事处向上海市科委申报,由市科协出面组织,在南昌路上海科学会堂举办。于是,从此时开始直至1982年,由钱伟长主持的力学讲座在上海科学会堂连续举办了几十次,每次都有五六十人参加,参会的都是来自全国各地高等学校及工程界的专业人士。讲座的影响力很大,一时间成为我国力学界、学术界的一大盛事。

钱伟长想到上海来办学校是经过深思熟虑的。自从"他要离开清华大学"的说法传开以后,国内就传说有好几所著名大学想请他去做校长,最终他却选择了上海工大,说到底,其实他是选择了上海。1999年,他在为《费孝通文集》写的序言中就披露了他当初的真实想法:"我找费孝通商量怎么办,他说上海必将发展成为我国重要的区域经济中心,需要好好地办所大学,他赞同我的教育理念和办学思想,支持我到上海实现我的办学理想。"他在上海工大设立了办事处以后不久,专程去上海市委办公厅拜访了市委书记夏征农,夏征农见到他高兴地说:"欢迎你到上海来工作,到上海来发展,发挥你的才能。"从1978年至1981年,上海工大校领导曾多次试探性地向钱伟长提出能否到上海工大来工作,他的反应是积极的。学校领导也曾多次向夏征农、副市长兼教卫办主任杨恺、市委组织部部长周壁、市高教局局长舒文和杨慧洁等领导汇报和建议,要求上海市委请钱伟长担任上海工大校长,领导们都欣然表示同意,并答应与中央有关部门联系。1981年10月下旬,夏征农两次到上海工大召开师生座谈会,学校领导都曾当面请示,夏均给予了肯定的答复,他说:"市委几位书记交换意见,同意让钱伟长教授来工大当校长,也向乔木同志(作者注:胡乔木,时任中共中央书记处书记)作了汇报,乔木同志认为是可行的。"后来,舒文也传达了同样的意见,并说已把上海市委的这个意见电话汇报给了教育部。至此,上海工大经过三年的不懈努力,终于得到了一个比较肯定的答复,校内得知这一消息的干部、教师无不表示兴奋与关切。不料,就在1981年的11月中下旬,情况突然发生了变化,钱伟长能否到上海工大来又打上了问号。

上文说过,在传出钱伟长有意离开清华的消息以后,就有好几所大学想请他去当校长,这些大学中除了上海工大以外,还有华中工学院、安徽大学,再有就是上海交通大学。

说起华中工学院,自然就会提到主政该校整三十年的教育家朱九思。朱九思,1916年出生于江苏扬州,1936年入读武汉大学,1937年加入中国共产党并于当年赴延安投身革命,1953年调入华中工学院,相继担任副院长、院长、党委书记兼院长,直至1984年离休。该校的干部、教师称他是"华工(华中工学院)的缔造者",是"华工之父"。他在任期间最为人称道的一是"爱材如命",二是"视人才如命"。所谓爱材如命,就是他监管校园绿化,规定每砍一树、每移一木都得他同意,现如今,方圆几千亩校园犹如森林般树木葱茏;所谓视人才如命,就是他独具慧眼,在"文革"中招纳了多位被名校"打倒"的教授和优秀中青年教师。经过二三十年的时间,他就使华中工学院从一个原被定位于教学型的地方院校发展成为被国家教育部认定的研究型的国家重点大学。1981年7月至8月,钱伟长在他的安排下在江西庐山专心编书,他也聘请钱伟长为华中工学院的兼职教授,帮助建设该校的力学专业并指导力学研究生。朱九思曾明确说过,要把他的校长位置让给钱伟长。安徽大学要请钱伟长当校长一说,缘起时任安徽省委第一书记、省长

51

的张劲夫。张劲夫，1914年出生于安徽肥东，1934年在上海参加革命，1935年加入中国共产党，1956—1967年任中国科学院副院长、党组书记，国家科学技术委员会副主任，1980年3月任安徽省委第一书记、省长。他的"惜才如命"也是出了名的。据一位早期在中国科学院政策研究室工作的老同志回忆：在反右运动中，对于有那么多的知识分子被打成右派，时任中国科学院副院长、党组书记的张劲夫感到十分为难，要开展科学工作，本来是要团结科学家，又怎么能打倒他们呢？他反复考虑后，向周恩来总理、聂荣臻副总理建议在反右运动中要保护自然科学家，周总理说这要请示毛主席。后来，毛主席同意了张的意见。1957年9月8日，中共中央发出了《关于自然科学方面反右派斗争的指示》。这个文件的颁布让一大批人逃过一劫，尤其是在中国科学院系统，这与张劲夫有胆有识的保护是密不可分的。不仅如此，张劲夫还专门找到清华大学当时的负责人，请他不要定钱伟长为右派，理由是钱伟长还兼任中国科学院力学研究所的副所长，但这位清华大学的负责人没有听。由此可见，拨乱反正以后，张劲夫自然想要重用钱伟长。

钱伟长的个人意向是到上海，这就给了上海工大争取的机会。差不多这个时候，上海交通大学党委书记邓旭初也在动钱伟长的"脑筋"。这位1938年加入中国共产党、1954年调入上海交通大学的中国高等教育体制改革的"先行者"，想请钱伟长到上海交通大学的态度还是很坚决的，他也知道上海工大的想法，所以他放出话来："上海工业大学不就是缺个校长吗？他们可以挑选交大任何一位教授，我们都会放。"然而，上海工大决心已定，校长非请钱伟长不可。于是，就发生了颇有戏剧性的一幕：1981年秋，张华委派校党委副书记朱晓初到广西桂林，面见正在那儿讲学的钱伟长。朱到了桂林后，找机会见了钱，直截了当地说："我们想请您到上海，到我们的学校来工作。"钱听后没有马上回答，当晚，钱主动找到朱的住处，仔细了解了学校的态度，听完后也没有表态。讲学结束，钱伟长受邀留在广西考察当地的水利资源与开发情况，朱便一直陪其左右，双方的接触多了，谈及的话题自然也深了，关系也融洽了许多。考察结束后，钱伟长开了口："好！我就到

二、改革开放,他选择了上海

你们学校去。"朱陪同钱伟长夫妇乘火车从广西直奔上海时,发现同车的居然也有上海交通大学的人。火车抵达上海火车站时,同在站台伫立多时、迎候钱伟长夫妇的,不仅有上海工大党委书记张华一行,还有上海交通大学党委书记邓旭初一行,寒暄过后,钱伟长夫妇还是上了到上海工大的车。

张华把钱伟长夫妇接到上海工大,落座甫定直入主题,张华非常诚恳地对钱伟长说:"我们请您来当校长,让您来施展您的办学才能。过去由于错误的政策,您一直受打击,现在我们请您来施展您的才华。"听到这番话,联想起这两三年上海工大党委的真诚相待,对钱伟长是有触动的,他曾经对周围的助手说,在他还很困难的时候(作者注:意指他的右派问题还没有得到彻底平反),上海工大就很器重他并大力支持他的工作,对此他是心存感激的。上海市委书记夏征农听说钱伟长从广西到了上海以后,也专程到他下榻的衡山宾馆去看望他,在见面中,夏征农明确告诉钱伟长,上海市委希望他到上海工大做校长。此行,钱伟长也向上海工大的领导和夏征农明确表态,他愿意听从上海市委的安排。事已至此,似乎都已敲定,然而到了1981年11月中下旬,情况却又有了变化。12月初,上海市教卫办派了两位处长到上海工大商告说,钱伟长到上海工作,有了一个新方案,即让他到上海交通大学去当副校长,理由一是"钱是搞理科的,而工大是工科,钱到工大专业不对口",理由二是"钱到交大去,交大调一位教授到工大当校长,这是两全之策",理由三是"要发挥钱作为学者在科研和理论发展上的作用,不宜让他多搞政治活动"。这种突然的变故及其玄机重重的"理由",自然引起上海工大领导班子的强烈不满,不日,学校党委提交报告至上海市教卫办党组并市委,强烈要求维持原定方案,及早向中央有关部门提出任命钱伟长为上海工大的校长。学校行文中,还对上述三条理由逐条进行了辩驳,遣词也是比较严厉的。最终,还是上海市的领导发话:钱伟长到上海工大是"雪中送炭",到上海交通大学只是"锦上添花"。1982年8月26日,尘埃落定,中共上海市委批复上海工大党委的请示,同意钱伟长担任上海工大校长,免去杨慧洁上海工大校长职务。同时，上海市的领导也指示学校："你们乐意钱伟长到学校来当校长，市委是没有什么意见的。但钱伟长原来的历史问题到底解决得怎么样了？这个要先了解。这个问题要把它解决好了。"当年9月15日，中共中央组织部正式发文至上海市委，同意钱伟长担任上海工大校长。

中共中央组织部发文后不久，上海工大党委副书记傅赤先专程到北京，到清华大学拜访了校党委书记林克，一方面通报了钱伟长将到上海工大的情况，另一方面了解钱伟长的"右派"平反问题解决得怎么样，对于这个问题，林克作了解释：虽说在1980年6月，中共中央已经批准中央统战部关于为钱伟长等人平反的请示报告，新华社也发了新闻，但是清华大学党委尚未接到教育部的明确指示，所以学校方面也就无法直接发给钱伟长"平反"通知。傅赤先当晚还去钱伟长的寓所（清华大学照澜院）拜访了他，代表学校欢迎钱伟长来当校长。

1983年1月16日，钱伟长抵达上海工大履任，学校在南大楼东会议室召开了欢迎会，上海市副市长兼教卫办主任杨恺和市高教局局长舒文到会并讲话。头发花白的钱伟长，满面红光，神采奕奕，他在致辞中说：我们要拧成一股绳，以优良的民族传统教育学生，使同学们具有强烈的民族责任感和事业心，为全面开创社会主义现代化建设的新局面而工作。1月18日至20日，《解放日报》《文汇报》和上海电视台对钱伟长就任上海工大校长进行了报道。2月2日，《人民日报》对此也进行了报道。历史见证：43年前，钱伟长风华正茂怀揣科学救国之心，从上海出发，负笈北美，成就其科学研究之辉煌；如今，他在古稀之年犹抱兴国之心，又从上海开始，潜心办学，欲再铸其科学与教育事业之新的辉煌。

终身校长　独领杏坛风骚

钱伟长在古稀之年重履大学校长之职，很是引人注目。"对此，中央组织部是有说法的。"林克对来访的傅赤先如是说,"中央组织部的意见是这样,这其实大致也是邓小平的意见:钱伟长不受年龄的限制,可以当这个校长"。傅赤先当晚去照澜院看望钱伟长时,转述了林克的话。因为在此之前,中央统战部也听说了邓小平同志的这个说法,并告诉了钱伟长本人,所以钱也对傅说:"我到你们那里去,中央组织部已经说清楚了,我不受年龄限制。"傅赤先回到上海后,即把他听来的这些说法向上海市委作了汇报,市委的领导听后也都很高兴。

1986年,上海工大党政领导班子做了较大的调整,张华、傅赤先等老同志不再担任学校领导,提拔了郑令德、徐匡迪、方明伦等人。中共上海市教育卫生工作委员会(简称上海教卫党委)在讨论上海工大新一届领导班子组成时,也有领导提到了钱伟长是继续担任校长还是聘为名誉校长的问题,张华当即郑重表态:"钱伟长这才刚来了三四年时间,从他来到以后,我们学校开始变化了,不能让他退下来。还有,让钱伟长退下来这个事情我们不好提,因为他来的时候中央曾指示,他不受年龄限制,所以还应当继续让他当下去。"上海教卫党委尊重张华的意见,同意让钱伟长继续当校长,市里领导也同意。其实,就在钱伟长到任上海工大后不久,上海市市长汪道涵就会见了他,会见时汪专门提到了邓小平同志的意见,后来还特意关照上海工大党政领导班子,一定要尊重钱伟长。

在新中国高等教育界,钱伟长70岁时履新校长之职,算是创造了一个奇迹,然后他一直干到2010年去世,当了27年的校长,任职时间之长则是在我国高等教育史上书写了一个传奇。他能创造这样的奇迹,书写这样一个传奇,离不开中共中央几代领导核心对他的信任与关心,也离不开学校历届党委对他的支持与襄助。对此,钱伟长是了解的。2001年,上海市委书记黄菊到医院探望正在住院的钱伟长夫人孔祥瑛,钱伟长在夫人病榻边,充满感情地对黄菊说,他到上海的这二十年是他这一生中最愉快的二十年。2003年,上海大学接受教育部本科教学工作水平评估,评估专家组组长李延保在看望钱伟长时问道:"钱校长,对这所学校,您认为最满意的是哪一点?"钱伟长回答:"按照我的思想办了一所大学。"

钱伟长在上海工大及之后的上海大学当校长[①],学校领导体制一直奉行党委领导下的校长负责制。学校的重大问题均通过党委会全会、党委常委会或书记、校长会议充分酝酿讨论,发挥集体智慧,进行集体决策。凡是涉及学校重大事项,在决策前,党委书记都会充分听取钱伟长校长的意见,这已是学校的一个议事规则。张华的后任——郑令德曾经在学校说过这样的话:"钱校长说的话,我们都要经过认真思考,有不同想法也可以讨论,甚至也可以在钱校长面前争论,但是我们要知道,钱校长的阅历与思辨力是我等一班人所无法比肩的,他站在高处,看得比我们远、比我们深,我们对他说的话或要做的事一下子不理解是完全合乎常理的,换句话说,常常不是他老人家说得不对,而是我们还没有完全听懂。"在上海工大,凡是和郑令德共事过的甚或听说过她经历的人都知道,她说这番话既不是单纯地出于对党外民主人士的一种尊重,更不是出于无原则的奉承,因为这从来就不是她的风格。她1958年毕业于浙江大学,后来去哈尔滨工业大学进修,1964年调入上海工学院电机工程系,从助教做起直至教授,历任教研室副主任、系副主任、副校长、党委书记,1992年调任上海教卫党委书记、教委主任。她是一位身型娇小、外表柔弱、内心却十分刚强的女性。"文化大革命"中,造反派说她"忠实执行资产阶级反动路线",再怎么揪斗她,她就是不肯低头认错;工宣队(作者注:"文化大革命"中进驻大学、"代表工人阶级占领并领导上层建筑"的"工人毛泽东思想宣传队")的负责人在"批林批孔大会"上点名批判她,说她是"复辟回潮的骨干",她居然当场站起来顶撞。在那万马齐喑的年代,她不迎合权势、敢说敢为的胆识终是让人佩服的,所以在"文革"结束后,她便得到学校教师、干部的推崇,也正因为她有着这样的经历与品格,她对钱伟长的认同,对

---

① 1994年4月,国家教委批复同意上海工业大学、上海科学技术大学、上海大学和上海科技高等专科学校合并组建为新的上海大学。当年,上海市政府任命钱伟长为上海大学校长。

二、改革开放，他选择了上海

领导班子其他成员的影响就格外大。她的后任——吴程里也说过很实在的话："钱校长是国家领导人，他有很多时间在全国到处视察，又能常常参加中央层面的各种会议，凭着他的丰富阅历与判断力，总能抓住现实中所存在的要害问题以及事物发展的大趋势，因此，他在学校对我们讲的话，要叫我们做的事，都传递着上面最新的也是最重要的信息，我们照着他说的话去做，往往就能在高等学校之间激烈的竞争中占得先机。"从张华到郑令德、吴程里，再到后来的方明伦、于信汇，学校历任党委书记对钱伟长校长的尊重都是发自内心的，也是完全站在党的立场上的。

长期以来，由这样一批党委"一把手"的政治智慧所促成的体制特征，已逐渐成为上海工大及后来的上海大学的办学特点之一。这一特点得到了中央和上海市委的充分肯定，在1993年全国高校党建工作会上，上海工大获得中共中央组织部、宣传部和国家教委联合颁发的全国"党的建设和思想政治工作先进高等学校"荣誉称号，全国获此殊荣的高校共33所，上海仅上海工大一所。在上海工大党委的汇报稿中，明确写道："我们坚持贯彻民主集中制，凡校内重大问题，都经过党委和校长联席会议集体讨论决定。领导班子在讨论时，敞开思想，畅所欲言。几年来，在重大问题决策后，没有出现领导班子有两种声音、各行其道的情况。"五年后，在1998年全国高校党建工作会上，上海大学再度获得全国"党的建设和思想政治工作先进高等学校"荣誉称号，这一次全国获此荣誉的高校共37所，上海仅上海大学和同济大学。上海大学党委在这一次的汇报稿中写道："合并四年来，校党政领导班子成员虽有较大变化，但党政一班人一如既往坚持民主集中制和党委领导下的校长负责制，严以律己，深入实际，在广大师生员工中树立起良好的形象，起到了领导核心作用，成为广大师生员工的凝聚点所在。"

钱伟长生前有二三十个头衔，为工作乐此不疲，操劳一生。2010年7月30日，钱老与世长辞。他的儿子钱元凯在上海大学乐乎楼接待来访者时，充满感情地说："我父亲最在乎的就是这个校长。"四天后，他代表家属向上海大学捐赠了万余册他父亲生前收藏的图书资料,在捐赠仪式上讲到父亲时说:"他70岁才来到上海大学,从此,这位老人就把自己全部的心血投入到上海大学的建设之中。他期盼在这里,实现他振兴教育的理想和希望。这27年里,他把上海大学的师生当作自己的亲人,当作自己的儿女,他的家就在上海大学。"

钱伟长刚到上海时,市政府曾考虑在市区为夫妇俩找所房子,后来还是同意学校的申请,在校内建了一个招待所,主要用于接待来访专家和国际友人,同时也方便安排钱伟长夫妇的饮食起居。招待所于1985年建成,是一幢四层楼的小楼,总建筑面积1 641平方米,钱伟长为这个招待所题名并书赠"乐乎楼",寓自"有朋自远方来,不亦乐乎。"在二楼西头辟出几个房间,用作他夫妇的卧房、起居室兼会客室、书房兼办公室,还有一间小会议室,所有房间的布置非常简洁,家具都是招待所的标配。从此以后,钱伟长夫妇就以此为家、以校为家,要不是二楼西头走廊处日夜守着一名武警战士,外人真不会知道里面住着一位显赫的大人物。

钱伟长对饮食从不挑剔,既不抽烟,也不喝酒,饮茶也不讲究,起居很有规律,早上7点起床洗漱,吃完早饭后在楼道里或者在校园内走走,8点开始工作,包括接待来访客人、听秘书念当天的报纸、或找人谈话或召集会议。中饭后午睡,一般到三四点,然后又开始工作,常常一直到深夜,每当夜深人静,他就沉浸在工作思考或科学计算中,这已是他多年养成的习惯。他经常到校园里散步,到了90岁以后,行走多有不便,即使坐着轮椅,他也要工作人员推着他到校园里去转转,他说最喜欢看学生穿梭在校园里、步履匆匆地赶往教室上课,每当这时,他会兴奋地点头说:"很好!"一旦看不到人,他会马上嗔怪道:"人都到哪里去了?"等到旁人告诉他学生们放假了,他才放下焦急的心情。学生们看到钱校长都会热情地上来打招呼,对于学生要求合影的要求,他总是展露笑容,格外配合。

钱伟长小时候受父辈影响,喜欢围棋,闲暇时喜欢自摆棋谱,在"黑白世界"独自驰骋。除了围棋以外,他特别喜爱足球。20世纪80年代他还

二、改革开放，他选择了上海

会请秘书帮他买门票，直接去球场观看比赛，后来出行不方便了，就在住处看电视转播。遇上有世界杯足球赛，他还会半夜里起床观看，也不要家人和秘书提醒。2006年8月的一天，前"世界足球小姐"孙雯以新民晚报记者的身份来采访钱老，钱老对足球的理解以及关于体育的精辟论述让她吃惊不已。

在学校里有一项教学活动是钱伟长亲力而为持续了好多年的，就是听老师讲课。他听课一般听45分钟，听完以后他就提出意见。学校专业门类很广，课程很多，他会有选择地听。一年听几十节课，都能提出一些意见来。到了后几年，年事已高，他很少下去听课了，但他会叫助手不时地安排一些人来谈话，谈话对象有校领导、有院系领导、有教授、有青年教师、有学生干部。谈话内容很广泛，既谈学校里的事，也谈师生员工个人的事。学校有两个大会他是一定要参加的，一个是新生开学典礼，一个是毕业典礼。他还要求所有的校领导都要出席，"因为这是学生人生的大事"。每次毕业典礼，他都亲手把毕业证书递到学生手里。学校规模大，毕业生多，发证的时间很长，很累人，但他总是显得很兴奋，脸上始终洋溢着笑意，是那种很惬意的笑。学校里有两个地方他是很喜欢去的，一个是图书馆，一个是泮池。他很认同"一个好的图书馆就是大学"的说法，认为必须把图书馆办好，他主张教师和学生要多利用图书馆，养成自由研究、自由学习的习惯。刚刚到上海工大的那几年，他每次到图书馆，都要去翻看阅览室进馆人员登记册，数一数每天进馆看书的人有多少，有多少教师，有多少学生，人多了，他很开心，人少了，他会生气。后来，图书馆设施改进了，进馆人数自动统计了，他到图书馆去，照样会问馆长此类问题。除了图书馆，还有一个地方他也很喜欢，就是上海大学的泮池。在他本来的设想中，在泮池边上应该再建一个师生活动中心，起名就叫"泮宫"。知道"泮池""泮宫"典故的人自然理解他为什么坚持要在上海大学校园内人工开凿一个这么大一个湖，这寄托着他对学生的关怀与祝福，他希望莘莘学子在泮池意蕴的熏染之下个个才气横溢，茁壮成长。他还指示后勤部门在湖里养了很多锦鲤,自己又设法从外地引进了几对天鹅、鸳鸯放养在湖内。师生们在工间课余,徜徉湖边,观鱼赏鸟,一派人与自然的和谐景象。费孝通先生专门为此绝佳景观题字:"泮池观鱼"。在钱伟长最后的两三年中,人们已经很少看见他出现在公众场合,但在天气比较好的日子,师生们倒也能够时不时看到他出现在泮池畔,戴着那顶大家很熟悉的浅色的软沿帽,穿着那件大家很熟悉的枣红色的夹克衫,端坐在轮椅上,凝视着湖面,沉醉在遐想中。这时候,云淡风轻,花影闲照,天鹅、鸳鸯在水面轻轻地游弋,锦鲤在水下浅浅地潜行,湖面泛起小小的涟漪,湖边的杨柳依依地和它们亲昵,一切都显得那么宁静,这时候师生们走过老人家身边,都把脚步放得很轻,没有像以往那样,雀跃地簇拥在他身边,向他问好,同他合影。

钱伟长是一校之长,还兼任上海市应用数学和力学研究所的所长、《应用数学和力学》杂志的主编,在2005年前他还一直在指导研究生,可以说他是学校的"全职"员工,但他的工资关系一直在北京全国政协机关。他在学校既没有分得一平方米房子,也没有拿一分钱工资,所以他笑呵呵地说:"我姓钱,但我没有钱",就是一心一意想把学校搞好。

钱伟长确实太看重校长的责任了。随着年岁的增长,到医院住院观察与医护的次数与天数也多了起来,每次住院,只要天数一多,他就"吵"着要回学校。在他最后的那些日子里,根据医嘱,是没办法回校的,有一次上海市领导去看望他,他居然"告状"说,学校的那些领导把他"关"在这里,不让他管学校里的事,看他那真着急的样子,大家既心疼又感动——他老人家已把自己的整个身心都融入这所学校,完全没有一点自我!

师生共识　确立教育思想

自从钱伟长来到上海,来到上海工大及之后的上海大学,他把自己像

二、改革开放,他选择了上海

种子一样播撒在这片热土上,他的感情和心境与这片土地息息相关,他的教育思想在这片土地发育并逐渐成熟。他以他的思想、才干和品格创造了上海大学的跨越式发展。

1978年以后,钱伟长的名字又频频出现在大众视野里,在全国各地的报纸杂志上有关他的报道、专访一篇接一篇,内容大都是介绍他的生平和成就,也谈及他的学术思想和教育思想。最早研究钱伟长学术思想的是上海市应用数学和力学研究所(在上海工大内)的戴世强教授,他在这方面起步早、成果多,在国内应用数学和力学界颇有影响。上海工大是从1992年开始有组织地研究钱伟长教育思想的。

1991年夏,时任上海市教卫办副主任兼市高教局局长的徐匡迪教授领衔全国教育科学重点研究项目——"新中国高等教育发展与改革的历史经验和规律研究",其中有一个子项目是"新中国高等教育家的教育思想",由上海市高等教育研究所牵头负责实施,上海工大高等教育研究所也是参与单位之一。1992年,课题组经过调查资料和分析研究,对全国高等教育界中的几十位著名校长和学者进行梳理,确定其中18位的教育思想具有前瞻性、探索性和独创性,应予深入研究并加以总结。他们中有武汉大学的刘道玉、南京大学的匡亚明、清华大学的张光斗、浙江大学的路甬祥、厦门大学的潘懋元、上海交通大学的邓旭初、复旦大学的苏步青、兰州大学的江隆基、东北师范大学的成仿吾、北京师范大学的顾明远、中国科学院的周培源、教育部的蒋南翔等,钱伟长校长也名列其中。课题组首次提出了研究钱伟长教育思想。

1992年11月,上海高教研究所和课题组正式发文通知,请有关高校和单位撰写研究文稿。经上海工大领导同意,由学校高教研究所具体负责收集资料、综合整理、分析研究、撰写文稿。学校高教研究所在黄黔副校长的指导下,在校长办公室主任黄荣良、校长办公室副主任暨钱伟长秘书刘晓明的支持下,于1993年2月底完成初稿《踏遍青山人未老——钱伟长教育思想研究》。根据课题组"研究文稿可不一定经所在单位领导审阅通过，但必须经研究对象本人或亲属审阅认可"的要求，初稿呈送钱伟长校长，他在公务繁忙之余逐句细致审阅，共对21处作出了修改或补充。同时，为了更好地全面反映钱伟长教育思想在上海工大的实践成果，学校高教研究所也听取了教务处、科研处、人事处等相关部门的意见，反复修改，直至当年10月第五稿才正式定稿，并附《钱伟长言论摘录》5 000多字。后由"新中国高等教育发展与改革的历史经验和规律研究"课题组统一审核和整体安排，于1995年汇编成《当代中国高等教育家》一书，由上海交通大学出版社正式出版，首次向社会介绍了钱伟长等14位当代中国高等教育家及其各自的教育思想。

许多从事高教研究的同行和有关媒体对钱伟长教育思想及其在上海工大的实践非常关注，十分钦佩，纷纷邀请上海工大高教研究所派员参加研讨会、讲习班，并作交流发言，如1993年3月教育部在广州举办的"中国教育政策和发展纲要"讲习班、同年5月中国高等工程教育研究会在杭州召开的研讨会、同年10月在济南举行的华东地区工科院校协作年会，上海工大的每次发言，都受到了与会各界的欢迎和好评。

1994年5月新上海大学组建后，钱伟长教育思想拥有更为宽广的研究与实践平台。当年暑期，学校假座位于上海青浦县的上海大学法学院召开第一次深化教学改革研讨会，全校各学院负责人以及教学秘书都要参加。正值高温时节，82岁高龄的钱伟长校长莅临会场，精神饱满地作了长篇报告。学校高教研究所根据他报告的主要精神，草拟了《上海大学深化教学改革的几条意见》，经由分管教学工作的常务副校长杨德广阅定为"十条措施"，再经校党政领导班子审议通过，成为推动新上海大学深化教学改革的第一个指导性文件。当年7月17日，《解放日报》《文汇报》同时刊发了有关上海大学教学改革十条措施的消息，引起了社会各界尤其是学生家长的积极反响。

此后几年，上海大学有组织地整理、出版了多种钱伟长有关教育和教学问题的论著，包括《教育和教学问题的思考》《论教育》《钱伟长文选

二、改革开放,他选择了上海

(一至五卷)》。介绍钱伟长生平及其思想以及综合阐述钱伟长学术思想与教育思想的文章与视频节目,也陆续出现在各种宣传媒体上。如:2001年,叶辛在《收获》杂志上发表报告文学《钱伟长,从七房桥走出来》;2003年,周哲玮在《力学进展》杂志上发表《教育家钱伟长》,戴世强在《力学进展》上发表《论钱伟长的治学理念和学术风格》;2005年,中央电视台《大家》栏目中播放专访"著名力学家钱伟长";2007年4月,陈亦冰、沈祖芸在《中国教育报》上发表长篇报道《以赤子之心办兴国之学——钱伟长的教育思想和壮美人生》;2007年10月,李雪林在《文汇报》上发表长篇报道《钱伟长:弃文从理 六十余载报国路》;2007年12月,中央电视台播出人物传记纪录片《钱伟长》等。

2000年以后,江南大学也兴起对钱伟长学术思想和教育思想的研究。钱伟长及其父辈与江南大学渊源匪浅。早年间,无锡望族荣家在无锡荣巷创办公益学校,钱伟长的父亲钱挚担任过这所学校的教务主任,他本人也跟随父亲在这所小学求学,并与荣家子弟荣毅仁同班。1947年,荣毅仁的父亲荣德生在无锡创办私立江南大学,并聘请钱伟长的叔父钱穆担任文学院的院长。1952年江南大学并入其他大学,1981年无锡市政府再度创办江南大学,并得到时任全国人大常委会副委员长荣毅仁的资助。1984年3月,钱伟长受邀专程到江南大学为师生作报告。1989年9月,时任全国政协副主席的钱伟长再度访问江南大学,视察了兴建中的新校园,并为学校题词:"为民育才,造福桑梓"。2001年2月,江南大学与无锡轻工大学、江南学院、无锡教育学院合并,组建为新的江南大学。这一年9月,钱伟长兴致勃勃地又一次到学校访问,并为师生就高等教育人才培养问题发表演讲。同年11月,他欣然接受江南大学的邀请,担任学校董事会名誉董事长,同时受邀担任名誉董事长的还有荣毅仁。江南大学为感谢钱伟长对学校的关怀,彰显他对我国教育和科学事业的贡献,把新建的理学院楼命名为"钱伟长楼"。新的江南大学组建不久,学校领导十分重视钱伟长教育教学思想的学习和研究,并于2002年下半年在全校开展了钱伟长教育教学思想的学习研讨活动。为配合这个活动,学校党委宣传部、教务处编印、发放了《钱伟长论终生学习》《钱伟长论教育教学》两本册子,并举办了钱伟长教育教学思想研讨会、报告会。另外,由校党委副书记黄焕初教授负责,组织干部、教师开展专题研究,撰写论文。江南大学关于钱伟长教育教学思想的研究颇有成效,他们在《江南大学学报(人文社会科学版)》上发表了一批高质量的论文。其中,在2002年第五期上发表的文章有王树洲的《教学改革与人才培养——钱伟长教育思想谈》、程勉中的《钱伟长创新教育思想探析》、徐立青的《人的全面发展是高等教育的第一要义——钱伟长高等教育思想初探》、袁振辉的《钱伟长教育理念初探》、金其桢的《试论钱伟长先生的教育创新探索》、龚震伟的《关于钱伟长先生教育哲学思想的探讨》、黄焕初的《终生学习与高等教育教学改革》,上海大学戴世强教授也在《江南大学学报(人文社会科学版)》2003年第二期上发表论文《钱伟长学术思想浅论》。该校金其桢研究员于2006年获江苏省教育科学"十一五"规划课题"钱伟长教育思想与教育实践研究",金其桢、金秋萍主编的同名图书也已于2008年3月由上海大学出版社出版。

2003年10月前,上海大学为迎接教育部对学校的本科教学工作进行水平评估,在全校干部、教师中开展了"办学特色"讨论。经过几个月的讨论,最后归结为两点:第一点,"在党的领导下,发扬'自强不息'精神,形成'破除四堵墙''培养全面发展、具有创新精神的人'的独特的教育理念";第二点,"以提高教育质量为目标,坚持以'三制'(学分制、选课制、短学期制)为核心的教育教学改革,形成特色鲜明的人才培养模式"。若要说得更透彻,这两点归结成一点:上海大学最大的特点,也是最大的优势,就是"有个钱伟长"!评估专家组对上海大学的办学特色给予了充分肯定,尤其对钱伟长校长的办学思想给予高度的评价。在评估意见反馈会上,专家组组长李延保发表了一个"个人感言",他说:"本科教学工作水平评估从某种意义上讲,首先是评校长,评学校领导班子的办学思想、办

二、改革开放，他选择了上海

学理念和办学水平，其中办学思想、办学理念是关键、是前提。上海大学有幸在钱伟长校长长期主持、领导下，形成了明确的学校发展目标，有清晰的办学理念、办学思想，学校党委为实现钱老提出的办学理念、办学思想，采取了一系列行之有效的改革措施，建立了比较完备的具有创新精神的制度保障体系，推动学校朝着既定目标实现跨越式的发展。"他还说："基于历史的原因，上海大学目前还没有进入全国最有名的一流大学行列，但上海大学有幸拥有中国最有名的一流的大学校长，有一批支持和实践钱老办学思想的领导和教职员工，因此上海大学是很有希望的。"

李延保从事教学和教学行政管理与研究工作40多年，担任东南大学、中山大学的主要领导也已有15个年头，对于大学管理的真谛有着深刻的理解，他在评估意见反馈会上所发表的讲话进一步激发了上海大学广大干部、教师深入研究钱伟长教育思想的热情。

2007年3月，上海大学党委书记于信汇在学校首次党的代表大会上作了题为"落实科学发展观，加强内涵建设，构建和谐校园，为推进学校持续健康快速发展而奋斗"的报告。"钱伟长教育思想"的提法第一次出现在学校的正式报告中。他说："上海大学合并组建十二年以来取得的成绩，离不开钱伟长教育思想在我校的实践和发展。钱伟长校长把自己对党的教育方针的深刻理解和对社会、科技、教育发展趋势及其规律的把握，借鉴古今中外优秀教育思想和理论成果，经过上海大学全体师生长期的实践，逐渐形成了钱伟长教育思想。"报告还指出："钱伟长教育思想是上海大学全体师生员工的精神财富，是在教育教学的实践中形成的，也必将在实践中丰富提高。我们要继续研究和总结、实践和发展钱伟长教育思想，使之融入我们的办学实践之中，成为学校鲜明的特色和文化传统，成为凝聚一代又一代上大人的精神。"

上海大学首届党代会召开以后，校内掀起了学习、宣传、研究和实践钱伟长教育思想的高潮，在校党委的统一部署下，在全校范围内同时开展多方面的工作：一是由校党委宣传部牵头，充分利用各种宣传媒体，大力宣传钱伟长及其思想，宣传部和高教研究所合作编印并普发《钱伟长论教育》(言论摘录)；二是各院(系)、各部门结合本部门、本单位工作实际，开展形式多样的学习活动；三是组织一支专兼职人员相结合的研究队伍，由常务副校长周哲玮挂帅、高教研究所所长曾文彪具体负责的研究项目"钱伟长教育思想与上海大学发展及启示研究"于2007年10月同时获批教育部教育科学"十一五"规划课题和上海市教育科学规划重点课题；四是在上海市新闻出版局局长孙颙的关心下，上海大学出版社将"钱伟长研究书系"列为重点出版图书，2007—2009年出版冯秀芳著《钱伟长的治学理念与教育思想》、蒋永新等编《钱伟长图影编年》、王福友著《钱伟长校长的治校理念与治学之道》、金其桢等主编《钱伟长教育思想与教育实践研究》、李旭编著《钱伟长的教育观(大学读本)》、张丹华等著《钱伟长爱国主义教育思想》、曾文彪著《钱伟长与上海大学》；五是在上海大学图书馆建立了"钱伟长特色数据库"；六是在2008年12月，由教育部和上海市教委主办、上海大学承办的"钱伟长体育教育思想研讨会暨全国高校阳光体育经验交流会"在上海大学举行，教育部体卫艺司司长杨贵仁、国家体育总局体育文化发展中心主任袁大仁、中共上海市科技教育工作委员会书记李宣海出席会议，杨贵仁和李宣海在会上讲话，强调要学习总结、弘扬传播钱伟长体育教育思想；七是在2010年制定的《上海大学大学文化建设五年规划(讨论稿)》中，再次明确学习与实践钱伟长教育思想是上海大学"大学精神与大学文化"建设中具有指导意义的重要内容。

上海大学得天独厚，钱伟长教育思想在此生根、发芽，还需要广大师生员工对它进行深入的研究，了解其发育之机理，才能助其根深叶茂，结出更丰硕的果实。

三、他的核心思想是"拆四堵墙"

钱伟长教育思想的核心就是关于大学要"拆四堵墙"的思想,他有关教育发展和改革的一系列论述以及他就任校长后的办学理念、治校方略大都由此展开或衍生。

钱伟长第一次全面阐述这个核心思想是在1985年10月上海工大建校25周年纪念大会上的讲话中。他说:"在党中央制定的路线、方针、政策的指引下,几年来我校进行了和进行着一系列的改革,基于高等学校的根本任务一是出人才,二是出成果,因此,我们认为,进行各项改革必须有利于提高教学质量和科研水平,多出人才,出好人才,多出成果。在这一思想的指导下,我们作为一所工科大学,强调要拆四堵墙:第一堵墙是学校与社会之间的墙。经济建设和科学技术正在发生着极大的变化,我们学校必须适应社会的变化,密切与社会的联系,为社会服务,不然办不好学校。……其次是要拆校内各部门、各学科之间的墙。现在有的条条块块、部门所有制已经明显地影响了当代科学技术综合化发展的趋势,这堵墙正在逐步打通。再次是拆教学和科研之间的墙,倡导教学同科研相结合,教师既要教学,又要搞科研。……第四堵墙是思想上的墙,就是要克服陈腐的传统教育思想,树立社会主义新的教育思想,破除阻碍我们进步的旧的条条框框的教学模式,走中国式的社会主义高等教育的道路,办出工大特色。"

关于"第二堵墙"的具体表述,除了上文说的"拆校内各部门、各学科之间的墙"以外,他在以后的讲话中还有两种说法,有说"要拆各学科、各专业之间的墙",也有说"要拆各学院、各专业之间的墙",但不管怎么表述,他强调的就是一点,要打破学科与学科、专业与专业之间的割裂状态。关于"第四堵墙"的说法,他在《八十自述》中作了更明确的诠释,他说:"第四堵墙是教与学之间的墙。当今世界科学技术和文化学术飞速发展,人们原有的知识很快变得老化过时,那种认为学生只有通过老师'教'才能'学'的传统教育思想,已不能满足当前高等教育的需要,从而应该逐步加以废除。教与学本来是一对矛盾,'教'虽有指导作用,但毕竟是外来因素,'学'才是内在因素,学生只有通过主动的学习,才能把所学的知识变为自己的知识。高等学校应该把学生培养成有自学能力的人,在工作中能不断学习新知识,面对新条件能解决新问题的人。"[①]

钱伟长关于大学要"拆四堵墙"的核心思想是他几十年从事科学教育实践与理论创新之思想结晶,有关这方面的论述非常丰富。

拆除学校与社会之间的墙:论办能兴国的教育

钱伟长青年时期立下"科学救国"的誓愿,并为之而奋斗几近一生,作为一位科学家、教育家,他始终把所从事的科学、教育事业与国家的兴旺紧紧联系在一起,执着地追求办能兴国的教育。

1956年,我国制定了"十二年科技发展规划"。党中央、国务院号召科技工作者,要努力在两到三个"五年计划"时期内,使我国科学技术的主要方面赶上世界的先进水平。钱伟长作为规划的主要制定者之一,对

---

① 钱伟长:《八十自述》,载《钱伟长文集(下卷)》,上海大学出版社2013年版,第998页。

三、他的核心思想是"拆四堵墙"

"怎样才算是赶上世界的先进水平"有着自己的看法,他认为:"在科学的各个领域上,有足够数量和足够水平的科学工作人员来研究解决我们国家生产建设上和文化建设上存在的科学方面的问题;也就是说,我们国家建设中的科学上的问题,我们自己能够解决,而不仰仗人家来帮我们解决,这就是赶上了世界的先进水平。"[1]他不认为我国有像爱因斯坦那样的科学家创造出相对论那样的科学理论就算是赶上了世界先进水平。他特别强调,我国科学工作者完成科学任务的目的就是使我们国家在物质生活上和文化生活上有更大的提高,科学理论是为这个目的服务的,其水平也是用这个来衡量的。

钱伟长关于科学工作者必须为我国的发展服务、科研必须以解决我国自身的问题为首要任务的思想一直贯穿于他的科学与教育生涯。他是一位应用数学和力学领域的理论研究专家,但从不把自己的头脑禁锢在纯理论的"象牙塔"里,在应用数学和力学基础研究与应用研究方面都取得了傲人的成就。1943—1945年,他在美国加利福尼亚理工学院喷射推进实验室就职时,就是从事与火箭、导弹、人造卫星工程有关的工作。那几年,正值第二次世界大战,德国军队曾一度从境内发射V2火箭弹远程轰炸英国伦敦,他和钱学森、郭永怀、林家翘等人凭借扎实的理论基础,准确计算出V2火箭弹的飞行轨迹和射程,协助英国政府秘密制定了很实用的防卫措施,效果显著,英国丘吉尔首相不由地赞叹:"这些美国的年轻人真了不起!"殊不知这些年轻人其实是中国的!

钱伟长作为中国力学学会的创始人和领导人之一,他在1956年全国第一次力学学会代表大会上的讲话中开宗明义指出:"一切自然科学、工程和技术都是力学工作者的工作园地。"[2]对此,他身体力行,在力学应用

---

[1] 钱伟长:《我国的科学任务》,载《钱伟长文集(上卷)》,上海大学出版社2013年版,第170页。
[2] 钱伟长:《我国力学工作达到国际水平的远景计划草案》,载《钱伟长文集(上卷)》,上海大学出版社2013年版,第153页。

园地辛勤劳作,即使在遭受不公正对待的二十年间也不曾停息,他的智慧之花绽放在建筑、冶金、电机制造、水利、机械以及国防等领域,甚至在跨学科的高能化学电池、中文信息方面也取得丰硕成果。对于他一专多能的本领,钱学森就曾佩服地说过:"钱伟长同志多才多艺。"2005年,钱伟长在接受中央电视台《大家》栏目记者曲向东专访时强调:"我没有专业,国家需要就是我的专业。"说到这里,他还不忘幽默一把:"我就是'万能科学家'嘛!"这位老人不忌讳反右运动时有人嘲讽他而给他戴上的这顶"帽子"。

钱伟长甫任上海工大校长就明确要求学校"必须实行开放式的办学"。在他看来,实行开放办学不是一种被动的应付措施,而是基于对大学发展趋势的洞察作出的一种主动的、理性的选择,这突出地表现在他一再强调办学要为上海的经济建设和社会发展服务。从他在任校长27年的办学实践中,我们可以看到他所倡导的"开放办学"具有双重意义:一方面是大学通过人才培养、科学研究、社会服务和文化传承诸方面满足社会的现实需求;另一方面是大学通过各种方式、途径从社会(包括国内和国外)得到各种必要和急需的支持。

1984年,钱伟长在上海工大明确要求学校"一是加强学校与社会的联系,为适应上海新的工业结构的需要,改造和发展专业,和企业订合同,开发科技服务,为工厂企业工程师以上的专家开设'最近五年科技发展动态和方向'讲座等;二是与国外进行人才和学术交流,迅速引进适合国情的新科技、新技术"[1]。他对教师提出了"三个一"的要求,即"要讲一门以上的主干课程,承担一个研究方向的课题,到一个工厂(企业)兼职"[2]。他的这番话是有针对性的。当时我国高等学校时兴"定岗、定编",对教师进行"教学工作量"定量考核,他不反对"定岗、定编",但不同意简单的"教学

---

[1] 钱伟长:《对高等教育改革的一些意见》,载《钱伟长文集(上卷)》,上海大学出版社2013年版,第513页。
[2] "校长的话".《上海工业大学建校30周年纪念画册》(内部资料)。

三、他的核心思想是"拆四堵墙"

工作量"考核办法,尤其反对考核教师只看课时数,他认为大学教师必须走出校门,要面对不断发展的社会现象,为社会服务,所以应该要集教学、科研、社会服务三项任务于一身。

根据钱伟长的要求,上海工大于1983年10月邀请上海市经委主任李家镐、教卫办主任毛经权、计委副主任孟树模、建委副主任张绍梁、规划院院长周镜红到校听取他关于学校总体规划的意见。1984年3月,他再次邀请上海市计委、建委、教卫办、高教局、农业局、规划院、建设银行和闸北区、宝山区的负责同志来校,共商学校发展事宜。同期,成立了以李家镐为主任,孟树模、市科委副主任沈志农、市外经贸委副主任杨振汉、上海工大党委书记张华、校长钱伟长为副主任的上海工大校务委员会,委员中包括上海市机电、冶金、轻工业、仪表电讯、化工、农机、医药管理、环保等工业局的负责人。1991年1月,经上海市政府同意,上海工大校务委员会改名为校务指导委员会,由上海市副市长顾传训任主任,市经委主任郁品方、计委副主任潘洪萱、上海工大校长钱伟长为副主任,委员中有市科委、外经贸委以及仪表电讯、环保、轻工业、机电、医药管理、冶金、化工、二轻、郊县工业、电力等工业局的负责人。上海工大在校务指导委员会的指导下,与上海经济界、工业界一向保持着密切的联系,成为上海工大的办学特色与优势。

1984年这一年,上海工大与上海市区、县以及外省市的联系非常活跃。5月,校党委书记张华带队赴上海市崇明县(现崇明区),签订校县"教学科研生产联合体"协议书;6月,副校长郑令德率队赴上海市南汇县(现属浦东新区),签订"教学科研生产联合体"协议书;7月,钱伟长率队赴江苏省无锡县(现无锡市锡山区)、常熟市、沙洲县(现张家港市)洽谈校县科技协作事项;同月,校党委副书记傅赤先与上海市闸北区签订校区协作协议书;8月,傅赤先、郑令德又赴山东省淄博市,签订校市科技协作协议书。1984年以后,上海工大对科学研究与技术开发体制进行了调整,先是把技术开发与服务工作从科研处分离出来,单独成立了科技开发部,由副校长郑令德兼任主任,再成立尚功科技开发总公司,实行企业运作模式,由钱伟长任名誉董事长,郑令德任董事长。1992年,上海市科委批准上海工大成立科技成果孵化基地——上海工大科技园区。1993年9月,国家科委批复,将该科技园区列为上海高新技术产业开发区的组成部分。1998年4月,科技部同意上海高新技术产业开发区调整为"一区六园",包括上海市漕河泾新兴技术开发区、张江高科技园区、上海大学科技园区[①]、中国纺织国际科技产业城、金桥现代科技园、嘉定民营科技密集区。2002年,上海大学科技园区经科技部、教育部验收批准为国家大学科技园。上海大学科技园自成立以来,先后与上海市松江区、闸北区、宝山区、嘉定区按照"园区、校区、社区"三区联动的模式,分别签订了高新技术开发合作协议书。

说到钱伟长关于"学校要加强学校与社会的联系,大学教师必须走出校门,要面对不断发展的社会现象,为社会服务"这个话题,就有必要再说一说上海大学宝山校区内的"张家港路",这是一条长不到200米、宽不到6米的人行步道,却是上海大学校园内唯一一条以地名命名的道路。说起这条道路的由来,得从20世纪80年代初开始。那时改革开放春风吹绿大地,乡镇企业犹如雨后春笋般兴起,对此,在我国思想理论界、经济学界有各种说法,也有人把"扰乱市场""腐蚀拉拢国营单位技术人员"等污水泼在乡镇企业家的身上。1983年11月,费孝通、钱伟长等一行访问了常州、无锡、宜兴、江阴、沙洲、南通等十个县市的乡镇企业。通过这次调查访问,他们的态度是支持广大农村乡镇企业的发展,他们认为乡镇企业在发展农村经济、吸收农村剩余劳动力、为农业发展提供资金投入、促进农业现代化方面有着重要作用,在农村发展工业企业可以逐步消灭城乡差别、工农差别,并使富裕起来的农民重视文化科技水平,发展农村教育,从而逐步消灭脑力劳动和体力劳动的差别,所以发展乡镇企业,不仅能提高

---

① 1994年5月,原上海工业大学科技园区即更名为上海大学科技园区。

三、 他的核心思想是"拆四堵墙"

农村经济生活的水平,而且也为在农村中建设社会主义提供了基本条件。他们还认为像江浙一带的这些农业区域,虽然普遍都在发展农村中小学教育,但由于生产和销售产品的需要,急需大批能够扎根本土的专业技术人才。因此,当两位老人听说沙洲县要办沙洲职业工学院,就非常支持,尤其是钱伟长,他直接动员上海工大的力量,在教师、干部、专业建设、教材、实验诸方面全面支持创办沙洲职业工学院,并兼任学院的名誉院长。1985年秋,时任中共中央总书记胡耀邦同志到沙洲职业工学院视察时为该校题词:"沙工犹如长江水,不尽人才滚滚来",充分肯定了这所中国第一所县办大学。沙洲县后来改名为张家港市,学院也同时改名为张家港职业工学院。1994年新的上海大学组建成立后,该学院还一度挂牌为上海大学张家港工学院。张家港市地属苏州市,毗邻无锡市、常州市,20世纪80年代以前是苏锡常地区的"边角落",其经济发展与周边地区相比十分滞后。80年代后期至90年代,张家港人民在"中国改革功勋"之一、市委书记秦振华的带领下,焕发出前所未有的积极性、创造性,短短十多年,一座欣欣向荣的现代化港城就在长三角拔地而起,跃居全国社会经济综合指数百强县前列、全国精神文明建设标兵县。从20世纪80年代初开始,钱伟长先后赴张家港市19次,几近每年一次,他为张家港市的崛起倾注了大量心血,秦振华书记说:"没有钱老,就没有张家港市的今天。"在钱伟长的带领下,上海大学与张家港市的关系也越来越密切。2006年11月,上海大学党委决定在校园内设立"张家港路",作为校园精神文明建设的实事之一,学校党委书记和张家港市市长为路铭碑和路牌揭幕。这一条路虽不长也不宽,却结下钱伟长与张家港市近30年的不解之缘;这一条路既"长"又"宽",是钱伟长为上海大学广大师生亲手筑起的一条为国为民之路——走向社会,走向工厂,走向农村。

到了20世纪90年代,我国的高等教育改革和发展进入新的阶段,国内的高等学校竞相将"建设世界一流大学"或"建设国内一流大学"设定为办学目标。究竟什么样的学校才算是一流大学?钱伟长的回答言简意赅:"能解决上海的问题,就是国内一流;能解决中国的问题,就是世界一流。"1994年5月,他在上海大学成立大会上的讲话中以及他为校刊《上海大学》的撰文中,强调学校要发挥理工结合、文理渗透的综合优势,在改革的各个环节都要仔细研究怎样更符合新的形势,为建设上海服务,无愧于学校以"上海"命名。他是这样定位上海大学的办学方向的:"我们这个学校,始终是为了上海经济建设和社会发展服务的,所以我们的学科专业全部是根据上海的需要设置的。"①他要求学校在教学、科研与推进产业发展方面都仔细研究,因为"教学、科研、产业不是隔离的,是连在一起的。这样的学校才是活泼的,是不断前进的,真正符合上海市客观发展需要的。"②总之,"我们要办一个着眼点为上海经济、文化、学术服务的学校"③。1996年,他在上海大学中层干部会议上重申:"学校要有总的规划,使我们的教师在上海生产与社会经济活动里起一个咨询、顾问的作用。我们不能躲在学校里,要把围墙冲开,不要泡在教科书里。……假若我们脱离实际的教学,我们这个学校成了脱离实际的学校,教学也一定是脱离实际的教学,我们的教学就无法提高。所以,要使这个上海大学的确成为上海公认的大学,我们必须要进行这些活动,有组织地进行活动,不是一年、两年,要经过长年累月这么干,这样,我们教学才能丰富起来,活跃起来,要不然就没办法。"④他对教师提出的这些要求,不光是针对理工类学科的教师,也包括人文社会科学类学科的教师。他要求人文社科类学科教师也到生产与社会经济活动"第一线"去,一方面要在政府部门、企事业单位起到咨询、顾问作用,另一方面要把第一线的生产与社会经济活动充实到教学中去,也就是他一直倡导的"案例教学"。他认为案例教学是人文社

---

① 钱伟长:《坚持招生与毕业生就业制度的改革》,载《钱伟长文集(下卷)》,上海大学出版社2013年版,第1183页。
② 钱伟长:《改革 协调 发展》,载《钱伟长文集(下卷)》,上海大学出版社2013年版,第1041页。
③ 钱伟长:《大学与大师》,载《钱伟长文集(下卷)》,上海大学出版社2013年版,第1083页。
④ 钱伟长:《谈人才培养》,载《钱伟长文集(下卷)》,上海大学出版社2013年版,第1162页。

三、他的核心思想是"拆四堵墙"

会科学教学改革的重点内容,要求人文社会科学的教师把案例教学引进课堂,逐步改革"就理论讲理论"的传统教学方式,用案例来武装学生,用实在的例子教育年轻一代。案例从何而来？他回答:"搞案例研究的本身就是科学研究,到科学研究第一线。社会科学的问题都是国家第一线的问题,为什么你们不研究？我们应该要求我们的教师到社会科学研究的第一线去。""我们要把你们推到第一线去。到第一线去找材料,去研究问题,解决问题。"①

回首历史沧桑,上海大学以及原来的四校虽然没有厚沉的家谱、如林的胜迹、辉煌的纪念建筑,却一直置身于上海涌动的社会变革和经济发展浪潮之中浮沉起伏。新中国成立后的五六十年代,上海迎来社会主义建设高潮,并因此成为年轻的共和国最重要的工业基地。当时,除了南市、杨浦等老工业区以外,又兴建了闵行、彭浦等新工业区以及嘉定科技"卫星城"。经济大发展引来各路科技、教育人才汇聚上海搭建施展拳脚的大舞台,于是,1958年在嘉定建起了上海科学技术大学(简称上海科大),接着于1959年同在嘉定又建起了上海科技高等专科学校(简称上海科专)的前身上海第二科技学校,1960年在彭浦工业区建起了上海工大的前身上海工学院。进入20世纪七八十年代,党的十一届三中全会吹响了改革开放的号角,科技、教育迎来了发展的春天,上海的高等教育也有了大发展,十多所大学分校应运而生,其中包括复旦大学分校、华东师范大学分校、上海科大分校、上海外国语学院分院、上海机械学院分院。1983年,在这五所分校和上海市美术学校的基础上建立了上海大学(简称原上大),其校部所在地离20世纪20年代曾经存在的上海大学校舍仅仅数百米,跨越60年时空的偶遇似乎印证了上海大学独特历史的深邃,喻示着后来人必须承担的责任。进入20世纪90年代,根据中央关于开发开放浦东的重大决策和邓小平南方谈话的精神,上海

---

① 钱伟长:《文、法、管理、经济诸科要重视案例教学》,载《钱伟长文集(下卷)》,上海大学出版社2013年版,第1168页。

将未来发展的坐标定位在努力建成长江流域经济发展的龙头,国际经济、金融、贸易中心城市(作者注:2015年以后增加科创中心、航运中心,形成"五个中心"),从而迎来了上海自新中国成立以来新一轮经济发展的高潮。一流城市必须建一流教育,作为上海高等教育体制改革与高校布局结构调整首先推出的重大举措,上海工大、上海科大、原上大和上海科专合并,组建成立新的上海大学,并于1994年5月27日"上海解放日"隆重挂牌。上海大学拓展了原四校长久以来建立的与上海工业界、经济界、科技界、文化界、商界的广泛联系。在人才培养方面:在上海文广集团支持下,创办全国第一所集艺术与技术于一体的影视艺术技术学院;在中国科学院上海生理研究所、细胞生物研究所、植物生理研究所的联合扶持下,成立生命科学学院;与上海市司法局联合,重新组建法学院;与上海巴士汽车(集团)公司联合,成立巴士汽车学院;与上海市房地局联合,成立房地产学院;等等。在科技合作方面:材料科学与工程学院与上海汽车工业(集团)公司、宝山钢铁(集团)公司分别签订了合作协议,机电工程与自动化学院与上海飞乐公司、上海电气(集团)公司分别签订了合作协议;通信与信息工程学院与上海广电(集团)公司签订了合作协议;等等。另外,在国际合作方面:1994年上海大学与澳大利亚悉尼科技大学共同创办的悉尼工商学院是上海首批中外合作办学机构之一,也是上海首家被教育部批准的可颁发中外双学位证书的学院;2007年,在中国工程院支持下,由教育部正式批准,上海大学与法国技术大学集团联合成立了中欧工程技术学院,法方对此学院非常重视,当时的法国总理还出席了在学校举行的签字仪式;等等。从此,上海大学更加主动融入上海21世纪发展战略,进入了更加快速发展的轨道。

拆除学院专业之间的墙:论大学的综合性

钱伟长提出大学要拆除的第二堵墙,是学院(系)与学院(系)之间、

三、他的核心思想是"拆四堵墙"

专业与专业之间的墙。他认为办大学不是办专科学校,办大学"我们主张综合型的,我们主张学生的知识面要广,在广的基础上提高,在广的基础上专,才能提得高、专得有水平。我的主张理工合一,文理渗透,……只有综合型的人,才是国家的栋梁"[①]。

我国有着优秀、丰富的历史文化遗产,按现在的学科分类,我们的先人们数千年来,不但在人文社会科学方面对世界文明的进步作出了巨大贡献,而且在自然科学方面同样也作出了巨大贡献。然而,始建于隋朝的中国科举制度,在宋朝完全制度化,经儒家大师朱熹修订和整理的"四书五经"成了科举考试的金科玉律,朱熹及其弟子所制定的学术标准成为人类历史上沿袭最久的人才选拔标准。与科举制度相对应的中国教育机构——翰林院、国子监、太学和书院始终以儒家文化为主流,以研读儒家经典著作为学业,那些在唐朝就已设置的医学和法学等科目在宋朝以后也被废止。而与此同时代的欧洲,中世纪的大学已经出现了医学、法律和艺术等科目的分类。直到1905年,中国的科举制度才被废止,并在"西学东渐""洋为中用"学术思想的影响下,一批现代意义的高等学府在中国建立,这些学校的办学模式及其系科体系有着浓厚的欧美化色彩。1952年,我国的高等教育按照苏联的模式进行了被称为"院系调整"的教育改革。这一改革旨在使高等教育地区分布合理化,并对系科体系和课程设置进行调整,加快培养社会主义建设所急需的工程技术人员。结果是那些经过几十年才发展起来的已拥有人文科学、基础科学、工学、教育学、农学和医学的综合性大学被纷纷拆散,系科分门别类被并入其他院校,或合并成为新的院校,尤其是按国家工业门类增设了大批单科性工科院校。国际著名比较教育学家、曾任加拿大驻华大使馆文化参赞的许美德在他的专著《中国大学1895—1995》中写到当年的院系调整时,有这样一

[①] 钱伟长:《坚持招生与毕业生就业制度的改革》,载《钱伟长文集(下卷)》,上海大学出版社2013年版,第1184页。

段话:"当许多学校在20世纪80年代努力恢复在1952年被取消的专业时,人们仍可以感到当时的院系调整是怎样使许多大学失去了由历史积淀而来的体现于系科交叉和课程设置中的精神气质。"①这样的说法不能概括1952年院系调整结果的全部,但也反映了结果的其中之一。

钱伟长自幼家学渊源,熟读中国经典,少年以后接受的是新学教育和现代科学教育。他一辈子抱着勤奋刻苦的学习态度,孜孜不倦汲取中西优秀文化,不辞辛苦地投身科学与教育实践,终成一代熟悉中西文化、深谙学科交叉之道的科学家和教育家。他对于学科间的人为界限、过分强调专业教育的弊端,早有足够清醒的认识。1957年,他在《高等工业学校的培养目标问题》一文中,对当时院系调整后学校办得过专、专业分得过细,态度鲜明地提出了质疑:"我们姑且不谈为了追求过细过专的训练而忽视了必需的基础训练的恶劣后果,就算勉强保证了起码的基础训练,过细过专的训练是不是能够和国家的需要对上口径呢?……我们并不是说在什么情况下都不能分得较细,订定目标,来按计划来培养的。……但是,我们国家的具体情况不是这样的。我们今天处于一个技术迅速发展的年代,不仅每月都有新的技术部门在形成,就是一些技术比较成熟的部门,也不断受到新技术的撞击而起着根本性的变革,工程技术的发展愈来愈取得科学基础的支持。分工过细,对学生进行过分刻板的培养,就很难适应这样的要求。"②在那个唯苏(联)是瞻的年代,公开说出这些话是需要有很大勇气的。

党的十一届三中全会以后,钱伟长希望乘改革开放之东风,一举改变以往大学教育"太死""太专"的状况。在以后的几年间,他有关这方面的呼吁更加急切。1984年2月,他在《现代化》杂志上发表文章《迎接

---

① (加拿大)许美德:《中国大学1895—1995——一个文化冲突的世纪》,教育科学出版社2000年版,第109页。
② 钱伟长:《高等工业学校的培养目标问题》,载《钱伟长文集(上卷)》,上海大学出版社2013年版,第193页。

三、 他的核心思想是"拆四堵墙"

新技术革命的挑战》,文章指出:"大学教育存在着过分专业化的问题,这只能适应比较停顿的社会。以为大学专业教育中学到的知识可以用一辈子,这是错误的。其实,生产在不断发展,知识需要更新,边缘学科大量出现,新技术往往也是多部门协作的结果。因此,狭窄的专业化教育是要不得的。"①1984年,他在《社会科学》杂志第六期上发表文章《迎接科学技术的新时代》,文中说,当今已进入以计算机的广泛使用为标志的"知识爆炸"的时代,不同学科间的交叉推动新技术、新工艺、新材料层出不穷,"现在毕业生有20%的专业对口就不错了,当然专业不可能绝对对口,因为实际情况变化太大,而我们的专业分得太细。如果我们的专业人员能懂得和自己专业有关的多方面知识,那就更好了"②。在1984年10月浙江教育出版社出版的《新技术革命十五讲》一书中,他撰文《科技新发展对今后各方面的影响》,文章指出:"目前我们的高等教育是专业教育,而专业教育不适应新的社会,很多新的东西不属于哪一个专业,常常是两个专业或几个专业合在一起产生的。而这些新东西往往是关键性的。专业教育不能满足这个要求。……因此要加强基本的、共同的教育,培养知识面较宽的人才,使学生经过一段适应时间后能进行各种专业工作,为了迎接信息社会,现在状况不改变不行。"③1985年3月,他在香港中文大学崇基学院演讲时指出:"近百年来,学科越分越细是一个长期的倾向,但自第二次世界大战以来,学科之间相互渗透越来越多,到目前几乎成为科学技术和一些学术发展的主流。学术的综合化发展要求高等教育结构也向综合化的方向发展,建立各种较灵活的能满足学科综合化发展要求的教学计划。那种把学科与学科之间界限划分过严、各种专业分工过细、互不通气

---

① 钱伟长:《迎接新技术革命的挑战》,载《钱伟长文集(上卷)》,上海大学出版社2013年版,第516页。
② 钱伟长:《迎接科学技术的新时代》,载《钱伟长文集(上卷)》,上海大学出版社2013年版,第557页。
③ 钱伟长:《科学新发展对今后各方面的影响》,载《钱伟长文集(上卷)》,上海大学出版社2013年版,第577页。

的状态必须打破。长期以来,在我国形成的理工分家,社会科学、文科和理工农各科分家现象,业已明显地影响着培养建设'四化'人才的质量,现在已经到了非改革不可的时候了。高等教育的综合化将是新时期高等教育的重要特征。"①1985年5月,他又在《光明日报》上撰文《交叉科学与科学家的社会责任》,文章指出:科学乃是探索客观世界奥秘的人类活动,是一个广泛而又普遍联系的连续体,所谓老学科新学科,只不过是这个连续体中早期发展了的部分和现在刚刚新上的部分而已,今天所说的交叉学科,是在连续体中的一段谱线,一个位置,现在这些位置有许多还是空白的,发展交叉学科,正是为了填补这些空白。文章还指出:"工程技术都是交叉学科,也可以叫作综合学科,一切工程都要重视整体效益,这就不单要学习一点经济学,而且还要学习一点社会科学中其他有关学科的学问。……可是,现在学校里讲的,都非常强调专业,把专业看得过死了。其实,科学在不断发展和变化中,固定死了就会脱离实际。"文章特别强调:"一个对我们的祖国、民族负有深深的责任感的科学家,必然要考虑社会科学和自然科学的交叉关系领域里的问题。"②1986年,他在全国政协召开的"如何改进中小学教育"专题座谈会上的发言中指出:"我们所办的教育,不能不首先考虑对公民的培养,不能只注意'专才'的培训。我们应该让每个公民认识自己的国家,认识自己民族的传统,要让每个公民具有一个公民应该具有的修养和认识。"③1986年4月,他应政协唐山市委员会和民盟唐山市委员会邀请,在该市作了一个关于从"七五"计划谈智力开发的长篇报告,报告中再次分析了过分强调专业化教育的弊端。

钱伟长主张打破学科间的人为界限,要在"广"的基础上进行"专"

---

① 钱伟长:《我国高等教育面临的挑战》,载《钱伟长文集(上卷)》,上海大学出版社2013年版,第607页。
② 钱伟长:《交叉科学与科学家的社会责任》,载《钱伟长文集(上卷)》,上海大学出版社2013年版,第614页。
③ 钱伟长:《中、小学教育的目标是对公民进行"通识"教育》,载《钱伟长文集(上卷)》,上海大学出版社2013年版,第664页。

三、他的核心思想是"拆四堵墙"

的教育,不只是为了解决大学生毕业以后对社会的适应性问题,更主要的是为了提高学生今后的创新能力。他的解释是:"真正有创新精神的人必须眼观四方,对于各种进步都要去了解,来为自己的工作服务。……创新有个必要条件,不能太专,要扩大我们的视听范围。"①

钱伟长到了上海以后,自然要为宣传与实践他的上述观点与主张而努力。他刚到上海工大时曾感慨:"这哪里是一所大学,充其量就是一所专科学校。"为了不让大家太过泄气,他又补充了一句:"当然,这样的大学,在我国也还有不少。"所以他到学校以后,亲力亲为推出的第一项重大的制度性改革就是全面实行学分制、选课制和短学期制(简称"三制"),后来他当了上海大学的校长后,照样如此。他要用"三制"这根"撬棒",撬动高等教育领域板结多年的条块分割的旧体制,他在上海工大和上海大学的讲坛上多次阐明他的观点:"条块分割的部门所有制已经明显影响了当代科学技术综合化发展的趋势;现代科学技术交叉复合的跨学科特点,决定了必须努力打通学科之间的人为界限,拓宽专业,以适应现代科学技术综合发展的趋势。"②他再次直截了当地指出:"现在大学里有两大缺点,一是太死,二是太专。你们的基础应该宽,基础宽才能爬得高,这如同盖房子一样,基础是很重要的。光靠专业是站不住的。""从科学工作来说尤其如此,如果你的知识不全面,要理解科学发展就很困难。所以我不主张太专,主张基本的东西要宽而不要太窄。现在上海大学就尽量去掉专业,而改用选修课的方式,即不是所有课程都是必修,可以选修,着眼于面要宽。"③"我们的学科专业通过选课拓宽,允许学生选不同的系、不同学院的课。……从学生知识结构发展的规律来讲,专是在广的基础上进行的。首先应该要有宽广的知识面,才能再说专。我们是一直主张通过教

---

① 钱伟长:《如何培养有创新精神的人》,载《钱伟长文集(下卷)》,上海大学出版社2013年版,第1283页。
② 钱伟长:《八十自述》,载《钱伟长文集(下卷)》,上海大学出版社2013年版,第998页。
③ 钱伟长:《和青年朋友们谈学习问题》,载《钱伟长文集(下卷)》,上海大学出版社2013年版,第1206页。

学改革,拓宽学生的知识面。"①

钱伟长非常重视学校的多学科建设,力图改造像上海工大这样的传统的工科院校。1983—1993年的十年间,在上海工大由他主持筹划新建的院、系就有上海市应用数学和力学研究所、经济管理学院、计算机学院、建筑工程学院和化学化工系,还有上海色材化学研究所、上海天线与辐射研究所(筹)、上海电机与控制工程研究所。另外,在他的关心下,还新建了机械自动化及机器人系、通信与电子工程系和人文社会科学部。

尽管那几年,上海工大向多学科发展的建设速度并不慢,但钱伟长还是认为上海工大的学科设置与水平远远达不到他的要求。不过按照学校的原有基础,申办新的学科专业需要有个较长的过程,要使学校多学科建设在较短的时间内有大的突破是很困难的。另外他也看到,上海的高校多,因我国长期计划经济体制下条块分割而造成的专业设置重复、政府投资分散的现象在上海地区格外明显,因此他在1986年以后就把加快多学科建设的目光投向了上海其他地方高校。

1983年钱伟长刚到上海,就受邀访问了原上大文学院。他对该学院的系科设置和发展基础表现出浓厚的兴趣,据该学院的一些老同志回忆,当时他就有把文学院和上海工大合起来的意思。1986年,他又访问了上海科大和上海第二医科大学,并和两校的校长探讨过上海科大、上海第二医科大学和上海工大三校联合办学的事情。1987年,上海工大和上海科大已经进展到了协商实质性合并的阶段,这年5月,钱伟长在上海工大教学工作会议上专门谈到了这件事情。他说:"合并对教学有好处,好处在哪里?好处是有利于发展新学科,互相帮助。……我们两个学校是一理一工,理工分家不好,我们总想通过发展理科来充实我们工科的基础教研室,而理科学校也想发展工科,因为他们需要和实际联系,这样我们两个

---

① 钱伟长:《坚持招生与毕业生就业制度的改革》,载《钱伟长文集(下卷)》,上海大学出版社2013年版,第1183—1184页。

学校就走到一起了。……我们两个一并，在上海是一个非常大的力量，可以充分发挥我们的力量。如果两校各自独立，要把两个学校都办好，很困难，都是缺腿缺胳膊的。……我们有个希望，争取我们成为上海教学和科研方面的一个拳头，那么，我们两校的地位和素质就能进一步提高，贡献也将大大增加，使我们真正成为上海市所需要的学校。……合并是正确的，是个大方向。……我们现在的合并是综合性的，让它走向综合性大学！"① 1988年5月，上海工大、上海科大计算机学院正式成立，这是两校全面合并的前奏。遗憾的是，1989年突发意外情况，两校合并事宜未及深入。1991年，在上海市教卫办领导的推动下，重启两校合并事宜，并确定两校合并后的校名就叫上海理工大学（作者注：现在的上海理工大学前身是上海机械学院，该校于1996年才改名为上海理工大学）。

钱伟长主张学校合并，成立综合性大学，就是想要打破学科与学科之间的割裂，希望通过紧密型合并，实现其理工结合、文理渗透之一贯主张，最终的目的就是要让学校在为上海和国家经济社会发展服务方面做得更好。这是他刚到上海时对汪道涵市长、夏征农书记说过的话："地方大学在为上海经济社会发展服务方面可以做得更好，可以不比那些部委重点大学做得差，但是，地方大学一定要联合起来，因为任何一所学校的力量都太弱。造成力量太弱的原因，主要的不是因为建校历史短，而是每所学校的学科设置都过于单一，专业服务面太窄，因此，要把几个学校的力量联合起来，促成学校间的优势互补，资源共享。"因此，在1993年年底，当上海市的领导提出"四校合并"方案，即除了合并上海工大和上海科大以外，再把原上大和上海科专一齐并入，他对此自然表示十分赞同。他在新上海大学成立大会上的讲话中说道："实行合并，成立新的上海大学，也是我们四所学校的共同愿望。近年来，我们四校在各自改革和发展的进程

---

① 钱伟长：《谈教书育人》，载《钱伟长文集（下卷）》，上海大学出版社2013年版，第741页。

中都取得了很大的成绩,但是由于历史的原因,我们大多数还是属于单科性院校,学科门类不够齐全,综合实力也不算一流,如果继续走老路,势必陷入'小而全''低水平'的恶性循环。只有通过多校联合,实行优势互补、资源共享,才能加快发展,提高水平,使学校的各项工作都上一个新的台阶。"①

在钱伟长和校党委的领导下,上海大学以改革为动力,从学科切入,合并过程非常顺利。合并伊始,钱伟长首先关注的是学科建设。学科建设主要从两个方面着手:一方面是加强学科专业间的融合与改造,整体提高学校的学科水平;另一方面是紧紧抓住国家实施"211工程"的契机,"有所为,有所不为",建设好一批重点学科、专业。宝山新校区未建成前上海大学有10个校区,所以学科融合与改造分成几步走。第一步,合并原四校的相同专业,并规定一个专业只能在一个校区办学;第二步,在成立学院之前,新生先按学科招生,如原上海工大的钢铁冶金、金属材料和原上海科大的无机非金属材料、电子材料、高分子材料等专业合并招生;第三步,成立学院(系),原来想都按学科大类来成立学院,包括把所有的工科合并成一个工学院,但这样合起来的学院太大,不易管理,故而还是按工科的学科分类成立了多个工科类学院;第四步,发挥综合优势,创建新的学科专业和学院,如生命科学学院、影视艺术技术学院、知识产权学院、社会科学学院等。上海大学的合并非常成功,国务院办公厅于1994年在上海、1995年在南昌、1996年在北京、1998年在扬州召开了四次高等教育管理体制改革座谈会,上海大学都参加并介绍了经验。学校的成功合并得到时任国务院副总理李岚清的充分肯定,后来他在其专著《李岚清教育访谈录》中谈到那段时间的高校合并时特别提到,上海大学是"合并办学的好典型"之一。

---

① 钱伟长:《发挥综合优势　不断开拓创新》,载《钱伟长文集(下卷)》,上海大学出版社2013年版,第1039页。

三、他的核心思想是"拆四堵墙"

1993年2月,中共中央、国务院印发的《中国教育改革和发展纲要》中提出:"面向21世纪,要集中中央和地方各方面的力量,分期分批地重点建设100所左右的高等学校和一批重点学科、专业。"概括表述就是要实施"211工程"。上海大学成立后,就要全力争取进入这"100所"。按照国家计委、财政部、国家教委当时联合颁发的通知精神,每个省(市、自治区)能够进入这100所的地方大学只能是一所,而上海市申报了上海第二医科大学和上海大学两所。上海第二医科大学虽说也是地方院校,但学科优势明显,办学水平在全国医科大学中名列前茅,而上海大学刚刚成立,学科整体实力还没有完全显露出来,因此,若国家教委硬性卡住地方大学只能是一所的话,上海大学面临的局面不容乐观。对此,钱伟长的态度非常坚决,他说学校一定要进入这"100所",不但要进入,而且经过若干年发展以后,学校的整体实力要达到前50名水平。他认为,上海是中国经济、文化、科技最发达的中心城市之一,站在中国改革开放的前沿,上海大学是上海唯一的地方综合性大学,承担着"立足上海,服务上海"的责任,有着很广的发展空间和很大的发展潜力。他坚信,只要上海大学进入"211工程"建设高校行列,学校广大师生一定不会辜负各级领导和上海人民的期望。为此,他在北京寓所专门约见了国家教委分管"211工程"建设的副主任韦钰。1996年6月,韦钰专程到上海大学听取了学校关于办学水平和建设整体规划的汇报,当年年底,在上海市市长徐匡迪的直接关心下,上海大学如愿通过"211工程"建设部门预审,韦钰破例参加了上海大学"211工程"建设部门预审开幕式,并当场宣布上海大学成为国家"211工程"重点建设高校。

上海大学能够成功组建,并且顺利跻身国家"211工程"重点建设高校,钱伟长自然很开心,然而校区过于分散又成了他纠于胸间的心结。国家教委和上海市委、市政府要求上海大学必须达成"紧密型、化合型"合并,并且要"一步到位",所谓"一步到位",就是要求学校在运行机制上尽早、尽快实现"五个一",即一个领导班子、一个机关、一个财务、一套规章制度和一个发展规划。按照这样的要求,学校首先就要解决好校区过于分散的问题。上海大学成立之初有10个校区,散布在上海9个区县,当时上海人说笑:"上海有多大,上海大学就多大。"因此,上海市委、市政府下决心要为上海大学建设一个能集中办学的新校区。1995年12月,上海市委书记黄菊在市委六届四次全会的讲话中明确:"'九五'期间要集中力量建设上海图书馆新馆、上海大剧院、八万人体育场、新上海大学等,形成一批标志性的教文卫体设施。"此后,市长徐匡迪亲力亲为,精心为上海大学新校区选址,耄耋之年的钱伟长则坚持实地勘察,最初考虑的方案是在延长路校区和嘉定校区周边征地以扩大校园,再并入其他分散的校区,可是都因没能和这两个地方的土地主管部门谈拢而作罢。之后又陆续考虑过其他9处地块,包括松江区的2处、闵行区的1处、嘉定区的2处、浦东新区的2处、宝山区的2处,谈来谈去,比较来比较去,最后徐匡迪市长和钱伟长"相中"了宝山区祁连镇、大场镇接壤的这片土地(作者注:现该地块属大场镇),建成后被称作上海大学"宝山新校区"。

上海大学新校区地块是确定了,但上海市计委的"项目"批文迟迟未下。过去了大半年,新校区建设还悬在半空中,钱伟长着急了,遂命秘书刘晓明以他的名义直接给市委书记黄菊写信,信中说他为了上海大学的事"夜不能寐,食不知味",还说"要到市里向黄书记汇报学校工作"。1997年6月4日,黄菊偕同市委副书记陈至立专程到乐乎楼会晤钱伟长。黄菊一见到钱伟长就朗声问好:"钱校长好!我在清华电机系听过您的力学课。"会晤中,黄菊明确表态:上海大学新校区建设马上"立项,开工"。钱伟长非常兴奋,当晚连夜手绘了一张新校区规划草图,校园图画得非常完整,其中最独具匠心的就是"鱼骨天线"般的院系综合楼群。他在上海大学校长、书记会上以及在和规划设计人员的谈话中,反复解释他的设计思想。他说,中国的大学,尤其是新中国成立后新建造的大学,校园设计格局都差不多,有一个气派的大门,进门是一条宽宽的主干道,干道尽头正对大门的是一幢很气派的综合大楼,干道两旁建造若干幢外形相似、布

三、他的核心思想是"拆四堵墙"

局对称的教学楼,一幢楼就是一个系或一个学院。他说,这样的校园格局不利于学科交叉,因为每个系都是一个"封闭王国",教师间互不往来,这样的格局更不利于在学分制、选课制条件下学生跨系科选课。因此,他设计的不对称的校园布局以及鱼骨天线般的院系综合楼就是为了改变各个学院或系的封闭状态,方便不同系科教师的交流和学生的交叉选课。他的设计中,楼宇间有三条相连的长廊,既可以缩短学生在楼宇间穿梭的距离,也能为学生避风挡雨、遮阳防晒。对他的这番解释,听者无不动容,如此巧妙构思既蕴含了他的教育思想,又饱含着他爱生如子的情怀。

1997年6月18日,学校终于收到上海市计委《关于上海大学新校区工程项目建议书的批复》,告知上海大学新校区工程正式立项,确定了总投资、征地面积和建造校舍总面积,还明确整个工程分两期建设。7月2日,学校成立了新校区建设办公室。在市计委批复下达前的两个月,钱伟长已经对《上海大学新校区总体规划方案设计征集文件》手书了"意见书",内容包括"总的意见""设计依据""方案设计要求"三部分,全稿约1500字。11月,以他手绘新校区规划草图和"意见书"为基本要求的"上海大学新校区总体规划设计方案"征集与评选工作完成,最后经市委书记黄菊审定,由浙江省建筑设计研究院和浙江大学建筑设计研究所联合设计的方案中标。12月26日,上海大学新校区举行工程奠基仪式。市委副书记龚学平、副市长周慕尧、市人大常委会副主任吴肇光、市政协副主席赵定玉、市政府副秘书长殷一璀、市教卫党委书记王荣华、市教委主任郑令德、宝山区区长徐建国和钱伟长校长出席奠基仪式,郑令德、钱伟长、徐建国和龚学平先后讲话。徐建国在讲话中说:"宝钢落户宝山是我们工业发展的机遇,而上海大学落户宝山将成为我们文化事业发展的新机遇——一个造钢,一个'造人'!"最后,领导们和学校师生代表一起为上海大学新校区奠基石挥锹培土。

1998年5月,上海大学新校区一期工程正式开工。8月21日,钱伟长又一次提笔书写《对新校区环境建设的一些设想》,手稿长达4500字,还插绘了5幅示意图。上海大学新校区建设自始至终尊重他的设想和意见。1999年8月,一期工程基本竣工,建成校舍20万平方米。9月12日,上海大学举行新校区启用暨1999年新生开学典礼,首批7 300余名学生入校就读。市长徐匡迪、市人大常委会主任陈铁迪、市委副书记龚学平出席大会,龚学平代表市委、市政府讲话。11月3日,中共中央政治局常委、国务院副总理李岚清和教育部部长陈至立在钱伟长陪同下视察初具规模的上海大学新校区。李岚清同志一进校园,就连声赞叹:"气势恢宏!气势恢宏!"视察结束,李岚清同学校干部、教师代表合影,拍完照,他回头大声对大家说:"我们要感谢钱校长为学校作的贡献!"

上海大学新校区二期工程于1999年11月开工,2000年8月基本完成,上海市重大工程办公室负责人在上海新闻通气会上宣布:"上海大学新校区基本建成,工程质量是好的,投资是省的,建设速度是快的,廉政建设是好的,取得了物质文明和精神文明建设双丰收。"2001年10月,以上海市建筑工程(集团)公司总工程师、中国工程院院士叶可明为组长的专家组对上海大学新校区工程进行了验收。专家组高度评价该工程及其配套的基础设施的建设质量和水平,"是一项实现'好快省'建设目标的典型工程"。2002年6月,教育部常务副部长周济视察已经建成的新校区,赞扬上海大学在校区建设上"带了个好头"。上海大学新校区的建成,不但在上海,而且在全国极具影响力,1999—2002年,到上海大学新校区参观的外省市领导、兄弟高校领导、上海市各级领导络绎不绝。

2007年,在时任上海市市长韩正的关心下,上海大学启动新校区东片校区建设。经过三期建设,东片校区于2017年完成,占地面积30余万平方米,新建校舍近25万平方米。至此,上海大学整个新校区(宝山校区)总占地面积为130余万平方米,加上延长校区(原上海工大地块)和嘉定校区(原上海科大地块),总占地面积达200余万平方米(3 000亩)。俯瞰如今的上大校园,钱伟长老校长在天之灵一定会感到十分欣慰。回想1996年,当上海市领导考虑要建上海大学新校区的时候,他开口就要

3 000亩土地,着实让周围的同志大吃一惊,当时上海几十所高校中,只有上海交通大学于1985年开始在闵行区新建了一个占地4 600亩的校区,还有复旦大学校园接近千亩,其余几十所高校还没有一个校园是过千亩的,就连上海大学原来10个校区加在一起也不到1 400亩,这是其一;其二,上海作为中国产业规模最大、经济增长最快的地区之一,土地一向是最稀缺的资源,特别是自1992年邓小平南方谈话以后,上海以浦东开发为突破口,新一轮深化改革、加快发展的势头迅猛,市、区县两级政府因产业结构调整、高新技术园区建设以及正在兴起的房地产开发的需要,土地稀缺的矛盾愈加突出,要在上海市外环线以内(3 000平方千米)找一块3 000亩的"空地"谈何容易;还有一点,刚成立的上海大学总体办学水平还不高,综合实力还不突出,上海的领导为上海大学能下这么大的决心?能给予这么大的投入?校内的同志明显信心不足。偏偏钱伟长不信这些,他思考问题当然会充分考虑达到目标的"边界条件",却不囿于"边界条件",在他的脑海里,一直盘桓着一幅占地3 000亩的上海大学新蓝图。2017年,上海大学终于将这幅蓝图变成现实。

四校合并、"211工程"建设、新校区建设,对于要把上海大学建成一流的研究型综合性大学而言,都是具有里程碑意义的基础性建设,其间,钱伟长的个人威望与人格魅力发挥了无人替代的、奠基性的作用。除了这些基础性建设以外,在他的推动下,上海大学不断建设的另一项基础性工作就是努力构建一个全新的、综合性大学的课程体系。上海大学学科门类齐全,拥有一支专业造诣深、学术背景宽的师资队伍,这就为构建科目齐全、内容丰富的课程体系提供了条件,也为课程体系向拓宽专业、学科交叉的方向发展提供了学术基础。1995年3月,国家教委发布《高等教育面向21世纪教学内容和课程体系改革计划》,学校乘势确立"文理渗透、加强基础、拓宽专业口径、加强实践"为课程体系改革主题。1996—2003年,上海大学的课程体系改革大致分为两个阶段,第一阶段截至1999年,全校课程体系的整体结构横向分为理工、经济管理和人文社会科学三大模块,纵向分为公共基础课、学科基础课、专业选修课三大层次,全校共设置了15个学科基础课平台,支持全校全部53个本科专业。经过这个阶段的整合,课程体系初显有机合成的形态,课程的共享程度提高。1999年以后,课程体系改革进入了第二个阶段。这个阶段的工作主要是进一步简化课程体系,突出重点,加强基础,扩大学科渗透力度,具体做法:一是将课程框架简化为必修课、选修课、实践环节课,大幅度削减必修课的学分,增加选修课的学分;二是允许增加若干学科基础课程和专业主干课程的学分;三是在增加选修课总学分的同时,约束专业选修课总学分,对学生选修跨专业、跨学科的选修课的学分不作限制。截至2009年,确定上海大学本科生学制内总学分为310分(总计2 500—2 700学时),其中必修课150分、选修课100分、实践环节课60分。至此,一个全新的综合性大学的课程体系的建立,不仅是把合并前四所学校自成体系的教学资源作了全面整合,提高了办学效益,更重要的是为学生的全面成材搭建了一个更完善的载体。

拆除教学与科研之间的墙:
论教学、科研两个中心一支队伍

钱伟长办大学要拆除的第三堵墙是教学与科研之间的墙,他一贯强调,大学既是教学中心,又是科研中心,教师既要搞教学,又要搞科研,简单地说,大学应该是教学、科研两个中心一支队伍。

中国高等教育的发展史是很独特的。中国历史上曾经有一种教学和学术机构——书院,它是一种类似于学者社团或"学院"的教育组织模式,无论从形式上还是从内涵上来说,都与现代的高等教育有着很大的区别。这种教育组织的主持人通常是"学术大师",主要依靠自身高深的学术造诣开馆授徒和聚众讲学。在书院发展历史的特定时期内,书院

三、 他的核心思想是"拆四堵墙"

里的学者也开展学术研究,他们研究和探讨的范围主要是对儒家经典著作的考据订正以及为官施政时的应用,但书院的主要功能还在于"传经布道",培育人才。这样的办学模式直至19世纪末期到20世纪初期,随着帝国主义列强的入侵以及一批早期留学欧美及日本的知识分子的回归才有了根本变化,他们先是创办起一批以"中学为体,西学为用"为主导思想的新式学堂,随后建立起一批奉行"现代"大学制度的高等院校,其系科设置与课程结构均已烙上欧美大学制度的印记,这一时期的代表人物马相伯、蔡元培等人致力于建立一种具有自治权和学术自由精神的现代大学。马相伯在担任袁世凯政府的高级顾问时,就曾经试图建立一个以法兰西学院(科学院)为榜样的国立学术委员会,旨在通过鼓励和组织的方式,推进中国传统文化的学术研究水平。马相伯的学生蔡元培从德国考察归来担任北京大学校长期间,为了促进教学和学术研究,在学校里设立了研究生院。与此同时,他所倡导的"兼容并包"和"学必借术以应用,术必以学为基本"的办学思想,才是促进大学理论和知识发展的关键所在。1928年以后,蔡元培的主要精力放在了筹建中央研究院的工作上。在他的构想中,这个研究院将由自然科学、人文科学和社会科学等领域中最杰出的专家学者组成。当时,由于大批的留学人员从国外学成归来,使得中国在物理、化学、生物、地质、气象学以及人文社会科学等领域拥有了很多出色的学者。他的这种构想与十年前马相伯曾努力建立但没有成功的那个学术组织非常相似。虽然有像马相伯、蔡元培这些先驱们的努力,但是在1949年新中国成立以前,我国的政治状况混乱,经济态势衰弱,各个学科领域的科学发展水平低下,大学的主要力量还是集中在教学方面,几乎没有科研。

新中国成立初期,受苏联模式的影响,国家将大学系统与科学院系统分立设置,从而人为地将科研职能从高等学校中分离出来。在这种科研体制下,科学院系统承担了国家主要的基础研究、应用研究与开发项目,获得大量的国家科研经费支持,而大学却没有受到足够的重视,科研经费严重匮乏，实验设备陈旧落后，科研工作举步维艰。这一问题的长期存在，使大学一度抱残守缺，仅仅以教授知识为己任，不但削弱了大学开展科学研究尤其是基础研究的积极性和能力，而且导致大学通常只是用一成不变的教科书传授早已有定论的知识。这一状况既不利于国家科学技术的进步，也不利于创造性人才的培养。另外，一所大学所拥有的多学科交叉优势不是一个科学院系统下任何一个研究所能具备的，因此，这种状况实际上也造成了我国并不富裕的人才资源、物质资源的极大浪费。

对于这样的科研体制，在我国的高等教育界和科技界中，争论早就存在。钱伟长在1980年的一次讲话中回忆说："在1955—1956年制定我国十二年科技发展规划期间，发生了一场大的争论，就是高等学校与科学院的关系的争论，一种观点认为高等学校必须要搞科研，另一种观点认为高等学校与科学院要分工，高等学校是培养学生的，是教育工作，而科学院专管科学研究，意思是说高等学校用不着做很多科学研究，可以做一点教学研究。"[1] 在当时，很多大学校长和教授对于把科学研究从高等学校分离出去的做法是持反对态度的，《光明日报》记者在1957年4月初曾走访北京、天津、上海、大连、陕西和四川等地的一些高等学校的领导和教授，听取他们关于高等学校科学研究的地位和作用问题的一些意见。记者在其报道中提道："学校的领导同志与教授们都认为：开展科学研究的最重要的条件是要有人，我们的人在哪里呢？大部分具有研究能力的人才都集中在高等学校，而且高等学校是培养建设干部和科学后备队伍的地方，有着广大的科学研究工作的群众基础，所以应该特别重视和提高高等学校科学研究的地位和作用。高等学校不仅集中了大批科学研究人才，并且他们研究的方面很多，又分布在全国各个地区，这对于促进科学事业的发展是有好处的，因为每门科学的发展都不是孤立的，某门科学愈往前走，

---

[1] 钱伟长：《教学与科研》，载《钱伟长文集（上卷）》，上海大学出版社2013年版，第354页。

三、他的核心思想是"拆四堵墙"

就愈需要其他有关科学的配合。"报道中还写道:"各校的领导同志和教授们特别指出:国家的科学研究工作与培养人才的工作必须结合起来,决不能分割开来。这才是最好的、最经济的办法。"为什么说这是"最好的、最经济的"呢?这篇报道中列举的理由有四条:一是把科学家放在高等学校,使他们既做科研又做教学,人力可以得到最充分的发挥;二是高等学校人才辈出,老、中、青结合可以使科学事业长盛不衰;三是高等学校的图书资料、仪器设备可以得到最充分的利用;四是一个不可估量的好处,就是可以提高教学质量,如果高等学校不开展科研,教师的科学水平无法提高,他们势必成为教书匠,结果教学质量也无法提高。总之,这些校长和教授们有个共同的心声,就是:"今后必须认识高等学校不仅是传授知识的地方,而且是发展科学、创造知识的场所,不仅是教学机构,而且是科学研究的阵地。"当然,除了上面这些声音以外,还有一种声音在当时是起主导作用的,最具权威性的就是时任中国科学院院长郭沫若所说的,"党和政府的方针是,科学研究要有计划地进行,要'重点发展,相应照顾'","科学研究要有统一的学术领导,要有带领整个科学工作前进的'火车头'",贯彻这样的方针,"能够把全国的科学力量组织成为一个统一的队伍,发挥巨大的力量,这正是社会主义制度在发展科学事业上的优越性的具体表现,是为资本主义制度下的任何国家所不能做到的"[1]。言下之意,反对这种科研体制,就是反对社会主义制度。

对于这样一个争论,一向以科学立命的钱伟长当然有其个人看法。他先是在清华大学校刊《新清华》1956年第十六期上发表了一篇题为"关于开展科学研究工作与培养师资问题"的文章,直接表达了他对上述争论的基本态度。他说:"新中国的教师,不可能只满足于目前会教一门课那样的水平,我们都要求进一步提高我们的科学水平,要作为一个优秀的科学创造者,然后才能成为一个优秀的知识传播者。"他还说:"科学研

---

[1] 郭沫若:《驳斥一个反社会主义的科学纲领》,载《科学通报》1957年第15期。

究工作是培养和提高高等学校师资的一个重要和必要的环节,因为我们培养的学生,是要求有独立地创造地进行科学工作能力的干部,我们不可能设想,从一些不进行科学创造研究工作的教师手里,能培养出符合这样要求的干部的。"文章针对教师中存在的"过多强调科学研究工作是否会影响教学工作"的疑惑,说了一段很有哲学意味的话:"科学研究工作是人类集体的不断向自然界斗争,利用自然力为人类服务的过程。我们个别科学家只是长途接力赛跑中的接力者。我们继承着先人的遗产,在先人的基础上向前行进。我们自然很关心我们的继承者,我们在科学的集体主义精神下培养着后一代,目的就是要进一步发展这门科学。我们既然要(培养)后一代,我们就不可能把教学工作和科学研究工作完全对立起来。绝没有人,自己就是空前绝后的科学家,而不需要继承的。高等学校的设置,目的就是要培养能推动科学技术向前进的后一代,因而教学工作和科学的发展是有密切关系的。"话犹未尽,一年多以后,就在上文曾提到过的,即钱伟长和其他四人共同署名的《对于有关我国科学体制问题的几点意见》中,毫无顾忌地写下了这么一段话:"目前科学院、高等学校和业务部门之间存在的问题,主要是本位主义""在单位与单位之间逐渐形成了一堵墙"。因此,他们主张:"科学研究工作除少数必须集中外,应尽可能把研究工作去'就人',科学家在哪里,研究工作就放在哪里。不一定要摆摊子,主要是要把工作真正搞起来。"他们的这些意见,就是明确反对科学研究工作被人为地画地为牢。1980年,钱伟长再次提出这个话题,他说:"打倒'四人帮'以后,在1978年召开全国科学大会的时候,党中央发出来一个亲切的号召,就是我们高等学校应该有两个中心:一个是教学中心,还有一个是科学中心,这个号召是深得广大高等学校教师的欢迎的。"他又针对教育是传授知识的观点说:"教师嘛,总是传授知识嘛!授的是知识;而科研叫作创造知识的,说客气一点叫发展知识,因此,他们有矛盾。……可是我们就是要让这个矛盾在斗争的过程中,在互为前提、互为依托的过程中,在培养人才这一根本目标上,达到和谐的统一。"①1984年,他在上海工大会见教育部干部司师资处的来访者,在谈到教师培养问题时,似乎又想起了28年前在《新清华》发表的那篇文章,他说:"教师的培养绝不是大学一毕业,学会教一门课的就是教师了。这种教师我们30年来有,大多是失败的。原因就在于这样的教师讲课没有深度,只会照一本书来教,对学生不起作用。……所以,单纯教书的教师要教好书是不可能的。……教师必须上课这是基本要求,但作为惟一的要求是不合适的,还要搞科研,两个要求一定要结合。"②他断言:"你不上课,就不是老师;你不搞科研,就不是好老师。教学是必要的要求,不是充分的要求,充分的要求是科研。科研反映你对本学科清楚不清楚。教学没有科研作为底子,就是一种没有观点的教育,没有灵魂的教育。"③

改革开放以来,钱伟长非常赞同邓小平提出的大学应该成为两个中心,即教学中心和科研中心。他主张高等教育管理体制改革应该促进学校成为教学、科研两个中心,而且不能搞成教学、科研两支队伍,应该是一支队伍,简单地说就是高等学校必须是教学、科研"两个中心、一支队伍"。④他提出这样的主张依然是秉持了他一贯的思想,即"科学研究工作是培养和提高高等学校师资的一个重要和必要的环节"。他认为,办好一所学校最根本的一条是抓好教师队伍的建设,要培养和造就一支素质精良、学术造诣较高的师资队伍,各学科和专业要有优秀的学术带头人,而要培养和造就这样的一支队伍和学术带头人,其关键是要加强两方面的建设,"一是教师应对社会有高度责任感;二是教师应积极进行科研,不断吸收新的知

---

① 钱伟长:《教学与科研》,载《钱伟长文集(上卷)》,上海大学出版社2013年版,第354页。
② 钱伟长:《谈教师培养问题》,载《钱伟长文集(上卷)》,上海大学出版社2013年版,第542—543页。
③ 钱伟长:《对高等教育改革的一些意见》,载《钱伟长文集(上卷)》,上海大学出版社2013年版,第511页。
④ 钱伟长:《对高等教育改革的一些意见》,载《钱伟长文集(上卷)》,上海大学出版社2013年版,第511页。

识,尤其要强调抓高新技术"[1]。他强调:"教师的提高,主要不是靠听课进修,主要靠做研究工作,边研究边学习,缺什么学什么,边干边学,这是主要的方法。"[2]他经常说,做一名教师,必须上课;但要想成为一名好教师,还必须搞科研。因为"那些只进行教学工作而不进行科研学术工作的教师,往往把知识看成死的、没有发展的材料,在教学工作中只有'教死书'的水平,缺乏发展观点,从而贻误青年。只有那些在科研和学术工作中奋勇前进,在第一线冲锋陷阵的教师,才能通过自己亲历其境的创造经验,把知识讲活,培养有创造力的和有发展观点的青年接班人"[3]。

钱伟长刚到上海工大时,许多教师并不完全理解他上面的说法,尤其是基础课教师,有的说,教师给学生上的基础理论已经很成熟,还有什么"活"的内容呢?有的说,基础课课时多,哪有时间搞科研?也有人确实想搞科研,但不知如何下手。针对种种疑惑,他首先说:"我们应该请有经验的教师上基础课,要合班上大课,派最好的教师上课,也可以腾出部分力量搞科研。基础课教师不应该是单纯教书主义,也要参加科研。搞科研可以帮助教师扩大眼界,使他晓得一项科学技术的来龙去脉,晓得当代这个专业在发展中所存在的问题,丰富这个学科的内容,使之不断地往前发展。这对于一个教师提高自己的水平,教好自己这门课,指导好学生学习,都非常重要。"[4]为了让有科研经历的教师上基础课,他在学校提出,"有条件的可实行基础课教师与专业教师轮换"。为了鼓励教师搞科研,特别是针对那些从未做过科研工作的教师,他很简洁地用了几个关键词,即"新旧观点""新旧办法""新旧问题",把整个科研工作分成四个层面,

---

[1] 钱伟长:《改革 协调 发展》,载《钱伟长文集(下卷)》,上海大学出版社2013年版,第1041页。
[2] 钱伟长:《对高等教育改革的一些意见》,载《钱伟长文集(上卷)》,上海大学出版社2013年版,第511页。
[3] 钱伟长:《我国高等教育面临的挑战》,载《钱伟长文集(上卷)》,上海大学出版社2013年版,第607页。
[4] 钱伟长:《对高等教育改革的一些意见》,载《钱伟长文集(上卷)》,上海大学出版社2013年版,第512页。

用以启发大家:第一个层面是有新的观点,用了新的办法,解决了新的问题;第二个层面是有新的观点,用了旧的办法,解决了旧的问题;第三个层面是用了旧的观点,用了新的办法,解决了新的问题;第四个层面是用旧观点、旧办法,解决了旧问题。对于前面三个层面的科研工作容易理解,用现在的话说就是做了拥有自主知识产权或知识创新的工作,当然是要鼓励的,至于第四个层面的工作该不该做,他的回答是:"在我们国家目前的情况下还是该做,我们当前大量的问题就是这种性质的问题。这个老问题有些不同的条件,你要处理得好,有很好的结论,对国家很有贡献,我们也应该做,可是千万不能一天到晚地做,一天到晚地做提高不了。"①

新旧教育观的碰撞总是存在的,总还是有一些教师以"人才培养是学校根本任务"为理由,时不时发出"科研冲击教学"的埋怨。究其根源,发出这种声音的人依然把科研与教学完全割裂开来,也还没有搞清楚怎样培养人才和培养什么样的人才,殊不知钱伟长主张大学应成为教学、科研"两个中心、一支队伍",最终目的就是培养人才,而且是培养适应时代需求的创新性人才。他说过:"高校教师的两个任务,具体说一个是发展科学,一个是传播知识。知识是要不断发展的,光靠一代或几代人是不行的,因为教师自己不能把发展科学知识全包了,那就是培养接班人。因此,科研与教学必须结合,教学是培养人的,既包括培养继续探求新的科学真理的研究型人才,又包括培养参加社会生产活动、实践真理的人。科研的过程中也有人才、梯队的培养问题。因此把教学与科研绝对分开或孤立的做法是错误的。培养学生和自己做科研,目标是一致的、共同的,最终为推动科学进步,促进社会发展,培养先进文化、先进生产力的代表,从而完成党赋予的教育、培养人的重要任务。"②他还不止一次地说过,教

---

① 钱伟长:《教学与科研》,载《钱伟长文集(上卷)》,上海大学出版社2013年版,第367页。
② 钱伟长:《对学校第十个五年规划及长期发展规划的设想》,载《钱伟长文集(下卷)》,上海大学出版社2013年版,第1372页。

师不做科研谈不上创新,更谈不上培养具有创新精神的人。道理很明白,"学生来学习,就是要把最新的东西教给他们,教会他们如何创造,教师自己不会创造,凭什么来教会学生创新能力呢?"[①]自古以来就有"名师出高徒"的说法,学生视野开阔与否,与教师知识结构有关,学生能否成为有用之才,与教师学识素养之高低密切相关,教师通过搞科研,在各自研究领域内有所建树,有独到见解,成为专门家,并能精心培养学生,学生通过自身的努力,自然也会"青出于蓝而胜于蓝"。

对上海工大及上海大学而言,真正做到教学、科研"两个中心、一支队伍"以及"人人都能搞科研",也不是一件容易的事情,有观念上的问题,有学术氛围上的问题,也有政策导向上的问题。钱伟长到了学校以后,除了不断地强调和阐明他的观点以外,还直接抓了几件大事以促进"两个中心、一支队伍"方面的建设。

一是延揽能搞科研的高水平人才。1984年6月,钱伟长为上海工大人事处撰写《关于办好工大、提高教学科研水平、加强师资队伍建设的9条意见》,提出在两年内引进学术带头人20—30人,新进教师必须有搞科研的经历,新进青年教师必须有博士学位,争取回国留学生来校补充师资和建立教师业务档案等。他在上海工大中层干部会上谈到教学改革应如何适应"三个面向"[②]时说:"我还要争取外面的教师来,有一条就是一定要能够做科研工作的,不是来讲书的,科研要有成果,骨干教师就是要会做科研的。如果是个讲师,但科研做得很好,那我们也要,反过来,如果是个教授,既没有博士权,又不能做科研的,即使课讲得很好,也不要。"[③]为了能引进能搞科研的高水平人才,他会亲自操办,当然也有一些人则是仰

---

① 钱伟长:《对学校第十个五年规划及长期发展规划的设想》,载《钱伟长文集(下卷)》,上海大学出版社2013年版,第1372页。
② 1983年国庆节前夕,邓小平为北京景山学校题词:教育要面向现代化、面向世界、面向未来。
③ 钱伟长:《谈教学改革如何适应三个面向》,载《钱伟长文集(上卷)》,上海大学出版社2013年版,第570页。

三、他的核心思想是"拆四堵墙"

慕他的盛名"投奔而来"。1984年至1986年三年间,上海工大从全国各地引进了如下人才:王昭宏,1931年生,1956年北京地质学院研究生毕业,专长固体测试和激光微技术,曾获1978年全国科学大会奖,从长春地质学院调入学校,任基础教学部主任、物理学教授;卢文达,1931年生,1958年毕业于清华大学研究生院,专长计算力学,曾获1984年水电部重大科技论文一等奖,从水电部西安热工研究所调入学校,任上海市应用数学和力学研究所教授、计算力学研究室主任;江福汝,1927年生,1956年毕业于复旦大学数学系,专长奇异摄动理论及其应用,从复旦大学调入学校,任上海市应用数学和力学研究所教授、应用数学研究室主任;刘人怀,1940年生,1963年毕业于兰州大学数学力学系,专长固体力学,曾获1982年中国科学院重大科研成果二等奖,从中国科技大学调入学校,任经济管理学院院长、固体力学教授,1986年6月任副校长;孙厚钧,1931年生,1956年大连工学院水利系研究生毕业,专长实验流体力学,1984年获国家发明四等奖,又于1982年、1984年两获北京市科技成果二等奖,从清华大学调入学校,任上海市应用数学和力学研究所教授、流体力学研究室主任;张直明,1931年生,1952年毕业于上海交通大学机械系,专长滑动轴承研究,曾获1982年国家自然科学奖四等奖,从西安交通大学调入学校,任机械工程系教授、轴承研究室主任;陈彬,1912年生,1941年获英国利兹大学博士学位,专长应用化学,曾获1980年辽宁省科技成果二等奖,从沈阳化工研究院调入学校,任化学化工系教授、系主任兼有色材料研究所所长;陈伯时,1928年生,1954年毕业于哈尔滨工业大学电机系,专长电力拖动及其自动化,曾获1982年北京市科技成果三等奖,是中国电工技术学会电传系统与装置委员会副主任委员、机械工业部高等学校自动化类教材编审委员会副主任委员兼控制系统组组长,从清华大学调入学校,任自动化系主任、教授;周家宝,1931年生,1952年毕业于清华大学机械系,1960年获苏联莫斯科包曼高等工业学院技术科学副博士学位,专长金属切削和精密加工,曾获1979年北京市科技成果一等奖、1982年石油部优秀科技成果二

101

等奖、1983年石油部优秀科技成果二等奖,从清华大学调入学校,任机械工程系副系主任、教授;蔡树棠,1929年生,1953年北京大学研究生毕业,专长流体力学理论,从中国科学技术大学调入学校,任上海市应用数学和力学研究所教授;潘立宙,1927年生,1952年毕业于清华大学机械系,专长地质力学,曾获1985年地质矿产部科技成果四等奖,从中国地质科学院地质力学研究所调入学校,任上海市应用数学和力学研究所副所长兼固体力学研究室主任、教授。在引进人才中还有一位非常特殊的人物——戴世强,说他"特殊",是因为他与上面的人相比,年纪轻、资历浅,调他到上海工大的时候连个副教授职称也没有,但他确确实实是钱伟长自己跑到北京中国科学院力学研究所要来、上海市人事局破例同意引进的人才。戴世强,1941年生,浙江定海人,1962年毕业于复旦大学数学系,1966年中国科学院力学研究所研究生毕业,导师就是郭永怀教授,1984年他在力学研究所的副研究员职称评审虽然已通过但还没有正式下文,尚不符合上海市人事局关于"引进人才"专业技术职称必须是副高以上的硬性条件,最终钱伟长还是通过上海市市长汪道涵批转上海市人事局,才把他作为一个特例带到了上海。上面这些人才的引进,对提高上海工大的科研水平及学科建设水平具有明显的推动作用:1984年固体力学学科获批博士学位授权点,实现了上海工大博士点"零"的突破,这也是上海地区力学学科领域的第一个博士点,学科带头人是钱伟长,学科梯队齐整,在国内力学界素有盛名;1990年,由陈伯时领衔的电力传动及其自动化、由张直明领衔的机械学双双获得博士学位授权点;1991年,固体力学学科又被批准设立为上海工大首个博士后科研工作流动站;1993年,由戴世强领衔的流体力学学科被批准为博士学位授权点。截至1993年,上海工大总共才5个博士点,其中4个点的学科带头人就是在1983—1986年引进的,由此可见,像上海工大这样基础薄弱的地方大学,在短期内从全国各地尤其是从著名大学和科研院所引进一批高水平人才,对于较快地提升学科水平、浓厚研究氛围、创立学术新风有着显著的促进作用,这也是钱伟长到任上海

三、他的核心思想是"拆四堵墙"

工大校长以后,首先亲力亲为的重要原因。

二是创建上海市应用数学和力学研究所。这是继中国科学院力学研究所、中国科学院自动化研究所以后,由钱伟长创办的第三个研究所。该所于1984年11月经由国家科委批准成立,由钱伟长兼任所长。研究所的主要研究方向包括固体力学、流体力学、一般力学、应用数学、板壳结构力学、计算机辅助工程科学分析等。自成立以来,研究所始终遵循钱伟长在成立大会上提出的办所宗旨:为国民经济建设(特别是上海的经济建设)服务,从实践中提炼课题,上升到理论高度来认识,再回到实践检验,出高水平的学术成果;在出成果的同时,不拘一格培育一流的优秀人才,"请进来,打出去",强化学术交流。如今,以该研究所为学科平台的上海大学力学学科已成为教育部重点学科、上海市优势学科,研究所业已成为我国应用数学和力学研究的重要阵地之一。

三是推进"Seminar"(研讨会)。1984年4月7日,钱伟长在上海市应用数学和力学研究所举办了首期"Seminar",由他主讲"弹性力学中的广义变分原理"。在这次研讨会上,他还规定每周四下午应该成为"雷打不动"的"Seminar"时间,不准排课,不准召开其他会议,要作为一种制度固定下来。"Seminar"常用的中文词义是专题研究(讨论、报告)会,但钱伟长从一开始就不太赞同用中文的这个意思来定义这种研讨会,按照他的解释,"(这种)研讨会就是由一个或几个人谈某一问题的来龙去脉,多种学术观点及其局限,然后谈自己的观点,听的人一道讨论。"所以,学校内"Seminar"的叫法沿用至今。钱伟长十分推崇这种学术活动,早年他在美国加利福尼亚理工学院喷射推进实验室工作时,就乐在其中且受益匪浅。那时,在所长冯·卡门的倡导与主持下,研究所每周举行一次"Seminar",同在这个实验室的钱伟长、钱学森、郭永怀、林家翘等一批留美的青年才俊得以经常地聚在一起,在科学问题上追本穷源、执经问难。虽然各人有不同的研究领域,大家在一起议论着各自研究工作中遇到的困难,经过长时期的反复交换意见之后,就得到了一些共识。基于这些共识,钱伟长在

1947年写出了有关固定圆板的大挠度问题的渐近解,后来称之为"合成展开法",又称为"钱伟长法",不久后,郭永怀提出了黏性流的匹配展开法,即 *The Poincaré-Lighthill-Kuo Method*,简称PLK法,此后还有林家翘和钱学森的工作,学界后人都认为以上四人是奇异摄动理论的先驱。1993年,钱伟长在他的《八十自述》中称,在喷射推进研究所工作的那段时间"是我一生在科研工作方面比较多产的时期"。钱伟长十分怀念喷射推进实验室的学术氛围,他说:"一种新的科学思想往往是在浓厚的学术气氛中相互讨论、相互启发、突然爆发出来的。这往往是许多新发展、新发现的先导。"他又说:"学术观点不同不是冤家,自由讨论才会进步。"他还特别主张不同学科的人在一起讨论,他说:"教师要搞科研,要扩大知识面,不能搞得太专太窄。教理论力学的不关心材料力学,教无机化学的对有机化学不感兴趣,这是不成的。"[①]因此,"Seminar"在他的学术思想中占有很重的分量。1984年,他在和教育部师资处来访者的一次谈话中说过,要提高学校的科研水平就得有两个措施,一是把教师推上科研工作,二是推广"Seminar"。从1984年4月至2009年4月,上海市应用数学和力学研究所共举办了470期"Seminar",其间共邀请了840位主讲者,其中海外学者200余位,许多知名的中外学者都曾到研究所做过报告。"Seminar"的大致内容包括力学学科各分支的最新研究动态、力学学科应用的近期进展、方法论与学术思想探索以及研究所近期科研进展。这是一个充满学术魅力的特色品牌,研讨会上学者的精彩讲解和提问者的问题总能使会场时时迸发出智慧的火花。如今,应用数学和力学研究所的这种做法已在上海大学全校得到响应,学校的学术气氛日渐浓厚。

四是创办国际非线性力学会议。从20世纪80年代起,钱伟长高屋建瓴,大力倡导非线性力学。从1980年到1983年,他根据非线性力学的几

---

① 钱伟长:《对高等教育改革的一些意见》,载《钱伟长文集(上卷)》,上海大学出版社2013年版,第513页。

个主要研究方向，将理性力学、奇异摄动理论、非线性波、非线性稳定性、分叉、突变、混沌等逐年召开专题讨论会，最终形成了"3M系列"学术会议，即现代数学力学会议。1985年时机成熟，他创办了国际非线性力学会议，每四年一届，生前已经成功召开了五次会议。该会议已成为该领域颇有影响的国际例会，通过这些会议能聚集国内外力学、数学以及相关领域的专家进行交叉学科的讨论，同时引导更多年轻科研人员加入非线性力学研究的队伍，从而有力推动我国非线性力学乃至非线性科学的发展。

五是创办上海大学出版社。1984年9月，钱伟长在上海工大提出要建出版社，当时最直接的愿望就是可以及时出版教师新编教材，再就是出版由学校主编的《应用数学和力学（英文版）》杂志。当年11月由学校原有的出版印刷（教材）中心为班底，成立了上海工业大学出版社（筹）。然而，新闻出版总署在那几年暂不审批新建出版社，另外，1984年在上海已有华东师范大学出版社、上海外语教育出版社（隶属于上海外国语大学）、复旦大学出版社、上海交通大学出版社、同济大学出版社，再加上其他多家专业出版社，上海已有十多家出版社，凭上海工大当时的学术影响力，申办出版社难度是很大的。为此，钱伟长写信给时任中共中央宣传部部长丁关根，争取获得特殊支持。历经多年努力，终于在1996年正式获准成立上海大学出版社，了却了他十多年的心愿。出版社成立以来，不仅为国内高校提供了大量高水平的教材，而且为全社会提供了一大批优秀的出版物，取得了很好的社会效益和经济效益。与此同时，出版社下属的期刊社出版与发行《应用数学与力学（英文版）》《社会》《秘书》《应用科学学报》《自然杂志》《上海大学学报（自然科学版）》《上海大学学报（社会科学版）》《上海大学学报（英文版）》等多种在国内外具有一定影响力的杂志。

六是建设好图书馆。钱伟长到上海工大以后，力主建造的第一幢新楼是1985年建成的"乐乎楼"，第二幢新楼就是1987年竣工的新图书馆——文荟图书馆。新图书馆建筑面积7 500平方米，是老馆面积的2倍多，新馆的阅览室座位数比老馆增加了近2倍，还增设了语音室、计算机房和报告厅。新馆建成后，他为图书馆题词："东西文化荟萃一堂"，并由此取名"文荟图书馆"，馆名由著名书画家王个簃书写。那时，他还为上海工大图书馆做了一件很了不起的事：他刚到上海，就到上海光华出版社要来了该社每年进口的3 700余种原版国外科技期刊，这一学术供给延续了十年之久，彼时成为全国高校中绝无仅有的馆藏。那些年，上海光华出版社每年进口的这些期刊主要用于复印，其复印本内部发行至全国各科研、教育单位，原刊是要销毁的。这些事的缘由与钱伟长有关，那是他在1956年参加制定我国十二年科技规划时向周恩来总理提出的建议：考虑到国家的外汇很少，应集中采购一批急需的外国杂志，在国内组织一个出版社进行复印，发行至各科研、教育单位（那时在国内还没有知识产权之说），周总理同意了他的建议并委派他落实这件事，他到上海就把这样的好事落实到光华出版社。所以，事情过去了这么多年，当他到该社索取本当要销毁的全部原版期刊时，该社爽快地答应了。建设上海大学新校区时，他手绘规划蓝图中的"标志性建筑"就是新图书馆，赫然建在校园的中心位置。2000年落成的新校区图书馆建筑面积达3.92万平方米，外观壮丽，内部设施先进，成为当时国内高校中建筑单体面积最大的图书馆。

上海工大及上海大学在钱伟长关于"拆除教学与科研之间的墙"的思想的指导下，发挥多学科综合优势，大力提升集成与创新能力，科学研究与技术开发水平始终稳步上升。上海工大1983年的科研经费才200余万元，到了1993年已达2 600万元，在上海高校中已位列前四，其他三所高校依次是上海交通大学、华东理工大学和同济大学。上海大学1994年的科研经费是不到5 000万元，到2008年已超过5亿元，在上海高校中和上海交通大学、同济大学一起位列前三，在全国高校中位列第二十位。1998年以来，上海大学教师发表的科技论文在国际通行的三大科技论文检索系统（SCI、EI、ISTP）登录的论文数，年年位列全国高校第三十位左右。

三、他的核心思想是"拆四堵墙"

2004年以来,上海大学教师申报的专利受理数年年位于全国高校第二十位左右。相对于自然科学和工程科学研究的进步,上海大学人文社会科学的研究水平上升得更快一些,1994年全校人文社会科学研究经费才8万元,2008年已超过1 500万元;2008年承担国家社科基金项目数在上海高校中位列复旦大学、华东师范大学之后,在全国(包括中国社会科学院)位列第十九位,2009年已和华东师范大学共同位列上海高校第二位。(作者注:本书初版成稿于2009年,统计数据截至2009年,钱伟长老校长也于2010年去世,2009年前的数据也很好地表达了钱老在任时学校各方面的变化,以下同。)

快速发展中的科学研究工作大大促进了学校高水平师资队伍的壮大和教师队伍整体素质的提高。1994年以来,上海大学不断完善人才引进政策,积极引进国内外高层次人才,集中力量建设重点学科和新兴、交叉学科,改善科研条件,建成一批高水准的实验室,为优秀人才提供施展才华的平台。2008年3月前,学校有11位中国科学院、中国工程院院士,其中中国科学院院士钱伟长是1955年的资深院士,中国科学院院士黄宏嘉、刘高联,中国工程院院士徐匡迪都是在本校长期工作并当选的,中国工程院院士周邦新、孙晋良是于20世纪90年代调入上海大学的,还有中国工程院院士李三立、刘源张和中国科学院院士周国治、傅家谟、刘元芳等5位是经上海市人事局批准办理了上海市居住证的"双聘"院士。学校除了引进上述知名专家以外,更多的还是引进和招聘了大量的优秀中青年教师,使教师队伍整体素质明显提高。截至2009年6月,学校拥有专任教师约2 650人,其中具有博士学位的教师已占42.6%,是1994年的30多倍,45岁以下的教师占70%,比1994年增长了约20%。快速发展中的科学研究工作也大大促进了学校的学科建设。一是体现在研究生培养学科、专业点的增长和研究生培养规模的扩大方面,以上海大学1994年与2008年的有关数据作前后比较:一级学科博士学位授权点从零增至5个,二级学科博士学位授权点从9个增至35个,加上自增列专业点已达到54个,硕士学位授权点从33个增至131个,研究生在校生人数从400人左右增至8 000人左右,增长了20倍。二是体现在国家级重点学科、重点实验室、工程研究中心和研究基地等方面的发展。多年来,地方大学既有水平的原因也有体制的原因,在这方面的建设难有建树,自2002年以后,上海大学开始有所突破,截至2008年,学校已建有4个教育部重点学科、1个教育部重点实验室、1个教育部与上海市共育重点实验室、1个教育部工程研究中心、1个科技部与上海市共育重点实验室、1个国家体育总局体育社会学重点研究基地。

快速发展中的科学研究工作对于本科教学工作的影响是积极的、多方面的。第一,科研成果融入教材建设,如理学院力学系重视选用和编写、出版有特色的教材,在短短几年内编写出版的10部教材中,《流体力学的基本理论》获上海大学教学改革优秀成果,《弹性力学》获上海市高校优秀教材一等奖,《振动力学》获中国高校科学技术奖一等奖,这些获奖教材都是力学系教师长期投身科研工作的理论结晶。第二,科研丰富了课堂教学内容。科研成果和工程实例让原本枯燥的定义和公式顿时生动起来,教师注重运用科研工作的思维方式引导学生深入理解课本知识;增设选修课和举办学术报告,吸引学生参加,开阔了学生的视野;人文社会学科则将科研成果努力转化为案例教学内容,从而加深学生对理论教学的理解;增设一批新型实验教学项目,以实际应用为实验内容,增强了实验的应用性和趣味性。第三,科研改善了教学条件。各学院、系每年有几百万元至几千万元的科研经费和重点学科建设经费,其中很大一部分用于仪器设备、图书资料的购置和改善,加上每年投入的教学建设与改革经费,学校的教学条件确实是20世纪90年代所无法比拟的。第四,学校内的科研与技术开发基地成为学生的实践教学基地。上海大学拥有100多个科学研究机构,包括近20个国家级或上海市重点实验室、工程中心和产学研基地,各学院、系支持学生进入这些研究机构,在教师的指导下,开展科技活动,提高学生参加全国各类科技竞技的水平,如在国内大学生机器

三、 他的核心思想是"拆四堵墙"

人、数学建模、电子设计、计算机软件设计等比赛中屡获佳绩。第五,直接吸收本科生参加教师的科研工作,"真刀真枪"地协助教师完成科研任务,提高了学生运用综合知识的能力,更重要的是培养了学生严谨的科学态度、科学的工作作风。第六,科研让学校的办学活力大大增强,教师的教学积极性有所提升,随之促进了办学规模的提升,据上海大学2008年的统计,与1994年相比,专任教师总数变化不大,但在校学生的总规模(不包括成人教育)从17 000人左右增至42 000余人,是原来的2.5倍,其中本科、专科(含高职)学生约是原来的2倍,研究生如上所述是原来的20倍。快速发展中的科学研究工作也给教师个人带来一个显而易见的"实惠",在"一部分先富起来的"教师中,绝大多数人都是靠科研工作和为社会服务"致富"的。

拆除教与学之间的墙:论自学

自古以来,有师道尊严之说,有教学相长之说,也有"授之以鱼不如授之以渔"的说法,说来道去,讲的就是"教与学的关系"问题。对于这个问题,钱伟长首先说:"'教'和'学'是一对矛盾,'教'虽然起着指导作用,但终究是外在的东西,只有'学'才是内在的。学生只有通过主动刻苦地学习,才能把知识变成自己的认识。'学而时习之'就是说明这个道理的。"他接着说:"我们在教学中,可以用各种办法,循序渐进地培养学生的自学能力,可以把课堂上传授的知识尽量减少,减少到只限于主要的基础部分和所需专业知识的核心部分。"[①] 他总是在纠正人们习以为常的说法:"什么叫建立终身教育体系? 应该叫建立终身学习体系!"

---

① 钱伟长:《我国高等教育面临的挑战》,载《钱伟长文集(上卷)》,上海大学出版社2013年版,第606页。

钱伟长作为校长,对教师提出的基本要求就是既能搞教学又能搞科研,对教学工作的基本要求就是要教会学生自学。他说:"大学教育要培养(学生)几个能力,其中包括分析问题、解决问题的能力,这个是最起码的。而最重要的,还是要有获得工作中所需要的知识的能力。"[1]他在《高等工业学校的培养目标问题》一文中就呼吁减少"纯经验性"的专业课,加强基础理论课,保证有足够的课外时间让学生进行独立自学,培养学生独立工作的能力。

1980年,他再次指出,大学教育与中小学教育是不一样的,可以说是一种学术教育,或者叫作专业教育,而当今世界知识在膨胀,教师不可能在大学四年或者五年、六年时间里把某个专业领域的所有知识都教给学生,"那么大学教育的主要目的是什么呢?主要目的应该是教会学生用自己的劳动来获得他所需要的知识,从一个被动的先生教、学生听,不教不会、一教就会的教学方式,变成一个不教也能会这样一种教学方式。在这个四年里,我们要使一个青年来一个这样的转化,从被动地接受,转到主动地学习,引导他自己去获得知识,而不是一切知识都放在课堂里讲。何况有些知识你讲了也没有用。"[2]

1982年,他在16省市大学生物理竞赛会上的一次讲话中又说:"在大学的教育里,不单是知识的传授,现在的课题是怎么能跟上时代。应该做到培养一个大学生,到他毕业的时候,自己就可以不断地去获取新的知识,无须再让老师讲。要有这个能力,叫无师自通的能力,或叫自学能力,以满足新的时代的要求。"[3]

钱伟长论述"教与学的关系"这个命题,不仅讲的是教学方法的问

---

[1] 钱伟长:《教学与科研》,载《钱伟长文集(上卷)》,上海大学出版社2013年版,第356页。
[2] 钱伟长:《教学与科研》,载《钱伟长文集(上卷)》,上海大学出版社2013年版,第356页。
[3] 钱伟长:《关于学习问题》,载《钱伟长文集(上卷)》,上海大学出版社2013年版,第399页。

题,主要的是在剖析新旧两种教育思想,就如他最初提出"拆除教与学之间的墙"时,说的是"要克服陈腐的传统教育思想,树立社会主义新的教育思想",为了表述得更清楚,才有了后来的说法。他说:"我觉得高等教育的改革根本问题是指导思想要变,这种指导思想就是不教不会,在学校里学的知识将来可以用一辈子。"①1984年,他在一次报告中,谈到高等教育改革问题时说:"大学教育应该重视学生自学,大学教育就是要教会学生自学。""所以,要减少必修课程,减少学时,减少习题数量,让学生有时间自学。我校要全面推行学分制,照老样子下去,没有出路,难以因材施教。"②1985年,他在香港中文大学的演讲中进一步阐述上述观点:"我们必须改变那种认为只有通过老师'教'才能'学'到知识的陈旧的教学思想,即'不教不会,一教就会'的教学思想,因为这种思想并不能满足当前高等教育的需要。在这种思想指导下,'教'是主要的,'学'是从属的,课堂是主要的,图书馆只供复习功课之用,这和中学教学所差无几。"他始终认为,"学生不教不会"是教育的失败。

钱伟长主张教师的责任是教会学生自学,也就是人们常说的"授之以渔",其目的还不只是教会学生能够无师自通,更重要的是培养学生的创新精神。能够无师自通,又具有创新精神,这个"渔"的本领就更大了。在20世纪90年代党中央、国务院提出"科教兴国"发展战略和"建立国家创新体系"战略目标以后,他进一步明确提出:"高等学校落实科教兴国战略的关键,是培养具有创新意识的学生,使他们带着满脑子问题进入社会,去学习、研究、工作。""建立科教创新意识的培养机制,应该是我们大学教育的一个重要发展方向。""大学教育要改变目前这种因循守旧的状况,使教育、培养出来的人都能带着满脑子的问题进入社会,在工作中创

---

① 钱伟长:《谈本科生与研究生的教与学》,载《钱伟长文集(下卷)》,上海大学出版社2013年版,第1187页。
② 钱伟长:《对高等教育改革的一些意见》,载《钱伟长文集(上卷)》,上海大学出版社2013年版,第512页。

新、改革。大批具有创新意识的人不断地在实践中探索问题,解决问题,国家就会兴旺,社会就会大步前进。"他又说:"培养创新精神的人有一条要自学,创新是有目的的,创造一种新的手段,来解决一个生产上发展过程中必须解决的问题,或者解决本行科学发展的问题。""我们必须全力推进创新精神的培养,有创新精神的人就是不断学习先进的人,有些人连新的也不学,怎么培养有创新精神的人?"[1] 他说了这么多话就强调一个观点,即一个没有自学能力的人是不会有创造力的!

钱伟长说起"自学",就会说起他四叔钱穆自学成才的故事。在20世纪的中国著名学者中,钱穆是自学成才的典型。他来自中国社会最底层的乡村,没有进过大学接受现代意义的正规学术训练,更没有出国留学的经历,而完全靠自学苦读,成就了一番学术事业,成为著作等身、享誉海内外的学术大师。1990年钱穆病逝后不久,钱伟长接受《文汇报》记者的采访,在回顾钱穆的生平事迹时说:"不少人对四叔未经大学深造而成为大学问家感到惊奇,他自己也曾为青年时未能上大学而憾。但是否成才,还在于自己是否好自为之。我从来不信天才,成就来自勤奋。鼓励他自学成才的是华山[2]老师。四叔有一篇作文,被华老师称为佳作,给他升了一级,奖给他一本由蒋百里译的日本学者写的《修学篇》。该书列举世界上自修苦学的数十位事业上大有成就的名人传记,此书对他走自学成才的道路影响很大。良师的点拨教诲使学生受惠无穷。"[3]

钱伟长从清华大学毕业,也是一位正宗的"洋博士",学有所长,专有所攻,著作等身,成果累累,然而他常常说自己也是自学成才。下面两个例子可以证明这一点:一个例子是钱伟长大学本科学的是物理,考取研究

---

[1] 钱伟长:《如何培养有创新精神的人》,载《钱伟长文集(下卷)》,上海大学出版社2013年版,第1283页。
[2] 钱穆在家乡果育小学求学时的国文老师。
[3] 钱伟长:《谈四叔钱穆》,载《文汇报》1990年11月4日。

生以后跟随导师吴有训教授研究X射线的衍射理论,1939年在西南联大考取了留英公费生,在准备去加拿大前,从物理老师王竹溪那里借到一本拉夫(Love)著的《弹性力学的数学理论》,边学习边研究弹性板壳理论,居然悟得前所未有的统一内禀理论,1940年9月抵达加拿大多伦多大学,他就以此理论作为博士论文的提要,1942年10月通过博士论文答辩,这篇论文后来在美国公开出版,成为国际学界公认的理论力学经典。另一个例子是1971年在钱伟长的建议下,清华大学成立了一个研究开发轻质高性能电池的课题。搞电池非他的专业,在以后的三年内,他边找资料边学习边翻译,累计完成300万字的翻译资料,阅读了前后20年的有关学术专著,骑着自行车跑遍了北京的大小各种车间400多处,最终研制出了一种新型电池。这种电池与普通电池体积重量相等,而其产生的能量高出8倍,性能超过了美国通用电气公司(GE)的同类电池的40%,而且价格便宜,在全国多个行业得到广泛应用,我国的坦克原来使用的启动电瓶重达100千克,仅能连续启动15—20次,而他们研制的高能电瓶仅重25千克,还能连续启动1 000多次,为部队实战带来极大的方便。这一成果得到了周恩来总理的关怀,周总理在1974年底接待杨振宁期间还指出这项研究的战略意义。1975年钱伟长作为第四届全国人民代表大会代表,与会期间见到了周总理还问起电瓶的事情。

当然,"自学不是放任自流、不管,而是要有领导、有指导地自学,其本人也会寻找正确的自学办法,"钱伟长如斯说。关于教师怎么教、学生怎么学,他讲过好几种很形象生动、很容易记住的办法。

一是"先抓住骨架再去找肉,先看森林再见树木"。看问题、解决问题要先大后小,即先解决重要的关键的问题,注重大局。所谓大局,就是指要知道问题的范围和症结,知道问题的哪些方面已经解决、哪些方面还没解决或者还没解决好。"任何知识都要从具体问题学起,但要学会内容中的最关键部分,要学会思考问题,研究问题的逻辑性,懂得规律性,而不是死记硬背。……也就是先抓战略性问题,再抓战术性问题,切不可抓了

'芝麻',丢了'西瓜'。"①他还强调要有锲而不舍的精神,要认识到问题会永远存在,无穷无尽,需要一辈子探索下去。他讲到自己是怎么自学时说:"我总是及时把不懂的问题记在本子上,以后再逐步解决,解决一个就划掉一个。""听一节课后,先要思考一下教师讲了哪些内容?其中主要部分有哪些?每部分解决什么问题?何种道理?解决了什么问题?"反正,"死用功(死记硬背)得到的知识是死的,是没有消化更没有吸收的东西,没有消化的东西不能成为营养物","听不懂的问题,可以通过课后看书、看参考书或答疑解决。已经听懂的内容,可以不再重复看书,但可以通过看有关资料深化所学问题"②。

二是"走路用不着等路上的小石头都捡完了再走,不需要的,跳过去,绕过去,爬过去"。解决问题要先易后难,就是遇到暂时没解决的问题,就把它记下来,放一放,以后逐步解决,不能只停留在某些问题上。他认为人的一生时间有限,不能浪费宝贵时间去反反复复地考虑一个问题。他再三叮嘱年轻教师和研究生:"论文要常常看,而又会看,因为论文都是第一线问题,有的部分你看不懂,因为你过去没有学过这一方面的东西,怎么办?跳过去。大的东西理解了,小的东西自然会解决,你走路用不着等路上的小石头都捡完了再走,不需要的,跳过去,绕过去,爬过去就完了。"③

三是"让学生吊在半空中,逼着他们想"。他自己是怎样指导他的研究生的呢?黄黔博士回忆起当年跟随钱伟长读研时的情景:"他教育研究生的方法是:把问题提出来,让学生吊在半空中,逼着他们想。他说,我喜欢主动的青年人,应当让青年人在老师面前有平等的感觉,要诱导他们

---

① 钱伟长:《谈大学生的学习》,载《钱伟长文集(下卷)》,上海大学出版社2013年版,第1027页。
② 钱伟长:《谈大学生的学习》,载《钱伟长文集(下卷)》,上海大学出版社2013年版,第1027页。
③ 钱伟长:《研究生如何学习和写论文》,载《钱伟长文集(下卷)》,上海大学出版社2013年版,第1037页。

勇于表达自己在学术上的见解。他善于把大问题分割成若干个较小的题目,引导学生一步一步地做。第一个题目,在提出问题之后,还提示解决的思路,介绍几篇有关的文献。下一步,要自己查文献,自己找解决的路径。再上一步台阶,就只提出方向,要学生自己找题目了,从研究生入学就开始做,几年里可以做出好几篇文章。他对研究生的工作通常并不做很明确的设想和安排,鼓励他们自己抓住机遇。过一段时间,他问问情况,提出一个新的方向,让学生去闯。在讲了问题之后,希望在两三个月里就见到初步成果。"黄黔接着说,"他的学生能够独立工作,多半要归功于这种吊在半空中,通过自己的思考,独立解决问题的培养方法。"①

四是善于"借别人的刀杀自己的猪"。就是他关于"知识面要广,在广的基础上提高,在广的基础上专,才能提得高、专得有水平"的有关论述,详见上文"拆除学院专业之问的墙:论大学的综合性"一节。

钱伟长讲到自学时,极力主张年轻教师和研究生要多看科学杂志,多查阅科学论文。他认为科学工作者固然要经常地阅览专业论著,但更应该经常地翻阅专业杂志,因为杂志上透露的信息总是最新的,而专著上的内容往往说的是几年前甚至于十几年以前的事。他对于科学杂志的偏爱是出了名的,在20世纪50年代,清华大学的人知道,他订购、收藏的力学方面的杂志比学校图书馆的还要多、还要齐全。他在谈到如何阅读科学论文时说:"论文里头要看的东西是什么呢?什么叫好的论文?一篇好的论文从三方面看,第一个有重要的应用价值,第二个有新的观点,第三个有新的方法,这个方法是可以实践的,也可以是理论的,或者三者居其二,或者三者皆备。三者皆备的论文是最好的,你应该仔细念。""还有一种论文,比如他做了一个实验,这个实验是新的,你怎么念呢?做实验一定有个仪器图,你好好看看仪器图,多看看这个,文章其他部分不用念了,你看懂就行了。看不懂就看看旁边的解释,那很快就看过去了。""还有的论文

---

① 黄黔:《钱伟长小传》(内部资料),上海工业大学1992年,第36—37页。

有新的论点有新的概念但用老的办法,那你把前头一段讲新概念的好好看,中间不要看了,看看结论就是了。"所有的论文"摘要一定要看,摘要是讲这个问题的来龙去脉,你念完了摘要以后,要念引论,引论告诉你'肩膀'在哪,他踩了哪些人的'肩膀'上去的""最后的结论一定要念,他达到了什么目的,还遗留什么问题"[①]。

---

① 钱伟长:《研究生如何学习和写论文》,载《钱伟长文集(下卷)》,上海大学出版社2013年版,第1036页。

四、他锐意改革，创设办学新制

钱伟长这辈子探索、创新的冲劲从未减退过,他对党在十一届三中全会以来所提出的"解放思想、实事求是、与时俱进、深化改革"这一思想路线有着深刻的领会。

在20世纪80年代,全国教育体制改革方兴未艾,他明确指出:"要摆脱目前我国教育的困境,并使其得到发展的唯一出路在于改革。只有通过改革,才能逐步理顺教育机制,建立起适应社会主义商品经济发展和社会主义民主政治建设需要的教育体制。"[①] 因为"所有进步来源于深化改革、坚持改革"[②]。1983年他到任上海工大后,按他的视野和抱负,学校需要解决的问题还真不少,路在何方?他在为全体教师干部所作的第一场报告中疾呼:唯有改革,才是学校的出路!"要克服陈腐的传统教育思想,树立社会主义新的教育思想,破除阻碍我们进步的旧的条条框框的教学模式,走中国式的社会主义高等教育的道路,要结合工大的实际情况,办出工大特色。"[③]1994

[①] 钱伟长:《振兴教育 刻不容缓》,载《钱伟长文集(下卷)》,上海大学出版社2013年版,第833页。

[②] 钱伟长:《教育要与社会经济发展相结合》,载《钱伟长文集(下卷)》,上海大学出版社2013年版,第1085页。

[③] 钱伟长:《面向未来,进一步开创教学、科研新局面》,载《钱伟长文集(上卷)》,上海大学出版社2013年版,第647页。

年他在上海大学成立大会上的致辞以及为上海大学校报《祝贺新上海大学成立》专刊撰文,开门见山地指出:"如何才能大于四(作者注:意指四校合并后的办学效益),关键是要摆脱过去办学思想的束缚,根据客观的发展需要来改变自己的思想,换句话说,改革本身就是一个思想转变的过程。"他进一步写道:"新上大的建设要着眼于改革。眼前以教学改革为主,各个环节都要仔细研究怎样更符合新的形势,为建设新上海服务。"他强调:"新合并的上大的总体指导思想是,在相当长时间里进行改革,改革需要一个长期的过程。"[1]在任校长27年,他带领广大干部、教师始终站在高等教育体制改革的前沿,敢为天下先,敢于触及改革中的热点难点问题,不停顿地推出一系列"时间上率先,观念上领先"的重大改革举措,并且坚持"改革中出现的问题要以改革的精神予以克服",这一系列的改革举措在学校取得了很好的效果,在上海乃至全国高等教育领域激起很大的反响。

学分制、选课制和短学期制

1984年9月,钱伟长在上海工大干部会议上讲:"现在高校的改革,核心问题是教学,教学应该怎么改,现在提出'三个面向'(教育要面向现代化,面向世界,面向未来)。'三个面向'是一个新的时代,我们现在还没有达到,所以要进行改革。"他接着说:"学校要深化教学改革,努力推行学分制,选课制,三学期制。"[2]这是他第一次在全校性的会上提出要在学校推行这三个制度。"三学期制"后来也被称为短学期制,这三个制度在上海

---

[1] 钱伟长:《改革 协调 发展》,载《钱伟长文集(下卷)》,上海大学出版社2013年版,第1041页。
[2] 钱伟长:《教改与学校发展》,载《钱伟长文集(下卷)》,上海大学出版社2013年版,第1077页。

四、他锐意改革，创设办学新制

工大是同时推出的，所以后来在学校一直被简称为"三制"。根据这次讲话要求，学校即刻决定由教务处着手制定上海工大实施"三制"的方案，经过一年的准备，于1985年9月新学年开始在新生中付诸试行。1986年3月以后，徐匡迪担任副校长并分管教学工作，他对"三制"的细化、优化和具体落实作出了很大的贡献，他在任期内，很注意发挥教务处和高等教育研究室"联合作战"的职能，边实施，边研究，不断完善。1993年9月以前，上海工大制定了一整套关于全面推行"三制"的规章制度。1994年5月以后，上海工大实施"三制"的经验以及全部规章制度成为新上海大学全面推行"三制"的蓝本。

高等教育界人士对这三种制度并不陌生，尤其是学分制和选课制。它们起始于18世纪的欧美大学，所以，完整的解释都已见诸各种教育百科全书、教育词典等工具书的词条中。关于学分制，1991年上海教育出版社出版的《教育大辞典》的解释是："高等学校的一种教育管理制度。以学生取得的学分数作为衡量其学业完成情况的基本依据，并据以进行有关管理工作。"其基本原则是："学生修习任何课程成绩合格，即被认为已取得该课程规定的学分数；不同课程的学分其价值相等，即所取得的不同课程的学分数可简单叠加得出总学分制；学生取得规定的总学分数，并已完成不计学分但规定必须进行的其他学习（如生产劳动课）者，准予毕业，原则上不作修业年限的规定。"选课制又称选修制或选科制，是学分制的基础。关于选课制，1989年由江苏教育出版社出版的《教育辞典》的解释是："又称'选科制'，指高等学校在教学计划中所规定的学生按照一定要求与手续修习选修课的一种教学管理制度。具体规定选修课在全部课程中的比例，选修的范围与限度以及时间分配等。"由上可知，学分制与学年制是有很大区别的，学年制是高等学校规定学习年限的一种教学管理制度，学校以学年（我国是每年的8、9月至次年7月为一学年）为单位安排课程。每学年的课程（包括必修课和选修课）的门类和教学时数、学习年限（即学制）都有严格的规定。学生从入学到毕业，以班级为单位按照教学计划进行学习,学完规定课程,考试合格,准予毕业。学年制有比较统一的教学计划,各门课程有比较统一的教学大纲。在汉语词典中对"学期"的解释是传统的,即"一学年分为两学期,从秋季开学到寒假和从春季开学到暑假各为一个学期,也可称为上学期与下学期,每学期各为20周。"所谓短学期制,就是把一学年分为三学期,也可称为四学期或"两长一短"学期,每学期有10周的,有12周的,也有其他周数的。按照学分制、选课制的概念,"学期"是一个学习周期,学生在一学年若干个学习周期内必须获得学校所规定的学分,也就是说,学生在每个周期内都要修完若干门课程并通过考试或考查,获得学分,少数课程是跨学期完成的,大多数课程都是在一学期即一个周期内完成的。

在世界范围内,这"三制"不是新鲜事。19世纪初,德国著名教育家威廉·冯·洪堡(1767—1835)出任普鲁士文化教育大臣,他主张"学习自由",倡导自由的个性教育,强调人的个性的自我形成。1809年他创立了柏林大学(又称洪堡大学),推行自己的主张,由学生自行选择学习的课程、教师和学校,自行安排学习顺序和进度。威廉·冯·洪堡被认为是开创现代大学教育制度的"鼻祖",被誉为"现代大学之父"。1779年,托马斯·杰弗逊(1743—1826,于1801—1809任美国总统)认为传统的牛津大学、剑桥大学的模式已难以适应新兴的资本主义和科学技术的发展要求,他因此主张应在美国的大学实行选课制。1825年,弗吉尼亚州议会通过了选课制的建议,并在新创建的弗吉尼亚大学首先实施选课制。1869年,查尔斯·艾略特(1834—1926)出任哈佛大学校长,他是一位改革家,他说:"19岁或20岁的年轻人应该知道自己最喜欢什么和最适宜什么。"他认为,每个学生天生的爱好和特殊的才能都应在教育中得到尊重,而只有充分满足和发展学生的特殊才能的课程才是最有价值的课程。所以,他在就职演说中宣称:"本校要坚持不懈地努力建立、改善并推广选修制。"后来他在任期内,与传统势力斗争了16年,哈佛大学才取消了二至四年级的全部必修课程,并压缩了一年级的必修课程。选修

四、他锐意改革，创设办学新制

制为推行学分制奠定了基础，在19世纪末，首先出现在哈佛大学等少数大学，而后发展至20世纪初，美国的多数大学实行学分制、选课制。学分制起源于德国，而在美国得以发扬光大，当然是有原因的，就美国大学自身的特点而言，至少有两个很突出的原因，即自治与竞争。美国大学传统的独立性和经费来源的多样性使他们享有更多的办学自主与学术自由，即使是公立院校也是如此。美国大学之间的竞争非常激烈，涉及师资、生源、资金甚至大学生运动队的竞争。自治和竞争使美国大学更具有进取精神，办学更开放，为适应不断变化着的社会要求而不断深化教育教学改革。

在我国高等教育史上，学分制、选课制也不是新鲜事。国内大多数人认为，我国最早实行学分制、选课制的高等学府是北京大学，是1919年开始，由校长蔡元培首先倡导并推行的。

蔡元培认为，学年制的流弊"使锐进者无可见长"，太束缚学生的思想了，不能使学生自由研究其心向的学科。他说，大学采用学年制，就"与小学无异了"。因此，他主张仿效欧美大学的办法，采用选科制（学分制、选课制）。1922年9月，北洋政府教育部在山东济南召集"学制会议"，讨论"全国教育会联合会"提出的新学制，略作修改后，形成了《学校系统改革方案》，并以北洋政府大总统徐世昌的名义颁布。这次学制改革的特点之一是，中学和大学均采用选科制，课程伸缩性很大，必修课和选修课完全由各校自行决定。这个学制方案主要是由一些留学归国的具有改革思想的知识分子制定的，它深受美国教育制度的影响。在这次改革前后，美国教育家约翰·杜威、保罗·孟禄、麦柯等相继来华讲学，为这次改革打上了明显的美国教育的烙印。[1]1927年后，国民政府统治下的中国高等教育仍然仿效欧美国家的教育制度，包括继续实行学分制、选课制。

---

[1] 杨德广，王锡林：《中国学分制》，上海科学技术文献出版社1996年版，第8页。

1949年新中国成立以后，第一届全国教育工作会议于当年12月召开，这次会议是本着这一年9月通过的《中国人民政治协商会议共同纲领》中所规定的教育方针而召开的，这一纲领的第五章规定了中国的文化教育政策，并把提高人民的文化素养和为国家培养建设人才作为新中国教育体系的主要任务来抓。在这次教育工作会上，教育部部长马叙伦作为主持人，对国民党统治遗留下来的200多所高等学校以及作为短期干部培训机构而新建立起来的中国人民大学作了概括和总结。大会号召必须对正规教育体制进行课程改革和管理体制改革，以确保它们能够迅速适应新形势。会议主张保留原有的学分制，并允许执行过程中的灵活性。课程改革的主要任务是以一种适当的方式将马克思主义教学内容融入原有的课程体系中。然而，这种既要适应高等教育社会主义方向又要符合高等教育规律的探讨只进行了很短的一段时间。国际上的政治气候，特别是冷战的升级以及朝鲜战争的爆发，导致中国与苏联之间的关系越来越密切。在教育方面最明显的表现就是，中国高等教育体系的改革方针从"自力更生、稳步前进"转变成了全面效仿苏联的教育模式及其实践。中国的高等院校在人才培养规格、院校设置、系科设置、招生与毕业分配制度、教学组织与制度、课程与教材、教学内容与方法等方面全盘学习苏联，存在着不动脑筋、不研究分析、盲目抄袭套用的教条主义倾向。学分制因被认为是资本主义的、旧社会的制度而全面取消，大学开始执行学年制。在大学中，同一专业同一班级的学生生活在同样的宿舍和校园，几乎一天24小时地共处。同一个教研室的教师也经常生活在同样的校舍单元中，他们之间在一起相处的时间也很多。由这样的专业分类结构和课堂教学结构搭建起来的体系无形中便成了约束教师和学生生活甚或思维的一种框子。针对这样的倾向和问题，国务院总理周恩来在1957年全国一届四次人代会上批评说："教育改革的主要问题是否定了旧教育的某些合理部分如综合性大学学分制等；对解放区的教育没有系统地加以总结、继承，学习苏联经验，不分析中国国情一切照搬；思想改造运动，也有简单化

四、他锐意改革，创设办学新制

的毛病。"

1958—1966年，我国在政治和经济发展方面坚决脱离了苏联模式，关于教育改革的所有思考几乎都被置于这种政治经济背景之下。在高等教育方面，1961年中共中央、国务院印发了一个重要的纲领性文件——《教育部直属高校暂行工作条例（草案）》（俗称"高教六十条"）。该条例共十章60条，是在总结新中国成立以来特别是1958年教育革命三年来高等教育经验的基础上制定出的一套较为规范的章程。该条例对高等学校的各个方面都作出了具体规定，但并没有对学分制有何说法。

中国高等教育体制改革从1978年4月召开的全国教育工作会议拉开序幕，这次大会否定和抛弃了以阶级斗争为纲的教育目的，将"四个现代化"的实现确定为教育的主要目标，伴随而来的是高等教育事业的蓬勃发展和思想大解放。1978年3月，国务院副总理方毅在全国科学大会上第一次正式提出："有条件的高等学校要实行学分制。"据此，实行学分制又成为高等学校教育教学改革方案中的热门。1980年12月，教育部在天津召开了全国教育工作会议，提出了逐步推广学分制的意见。在此之前的8月，教育部答复武汉大学实行学分制后少数学生学分修满、提前毕业的问题时，同意把提前毕业的学生纳入国家统一分配计划，工资待遇和非学分制正常毕业生同等对待。1985年5月，中共中央作出《关于教育体制改革的决定》，明确提出要针对现存的弊端积极进行诸如"实行学分制"等各种教学制度改革的试验。

钱伟长1984年在上海工大大力倡导"三制"，固然是顺应时势，但主要还是源自他一贯的教育思想。在20世纪50年代，他大胆提出："我们不但要学习苏联，并且要学习各个国家包括大国与小国的先进经验。"他直截了当地说："在我们的社会主义建设中学习苏联是没有人反对的，但是还要注意到任何国家的劳动人民和科学家的创造，对于我们的建设事业可能都是有益的、值得学习的，不要以为凡是资本主义国家的东西我们就用不着。"①他直言批评当时的清华大学不适当地照搬苏联模式,是对学生进行的一种"过分刻板的培养",很难适应国家的要求。②28年以后,就是他在上海工大首次倡议推行"三制"的干部会上,他详细介绍了前不久出访美国、丹麦、瑞典、荷兰考察高等教育的情况,他毫不隐讳地说:"这次出去看了这么多东西,确实感到我们差距很大。……第一,是我们课程内容陈旧,跟不上时代的需要;第二,我们没有自动调节水平的条件,教学计划太死,年年如此,社会的要求在不断变化,而我们始终老样子,课程内容不能自动调节,课程设置也是这样;第三,教学与科研不结合,这是造成上面原因的致命伤;第四,我们不能做到因材施教。"③那么,如何才能缩短和消灭这些差距呢?他主张:"我们必须建立一种制度来确保改变目前的教学现状。这一制度最主要的就是要调动人的积极性。如何调动人的积极性呢?要引入竞争机制。没有竞争的体制是一种死的体制,这种死体制不能促使任何事物的发展和优化。"④那么,什么样的教学体制才是一种有竞争的体制呢?他的回答就是努力推行"三制"。凭什么断定"三制"就一定会形成竞争?他是用过去的学年制与现在所主张的学分制作比较来证明的。他说学年制搞得"大学像中学一样,每班30个人,有的多达40多人,用的是不变的大纲,上的是一样的课程,全部是必修课。从入学开始,一个班一个老师把学生钉死,虽说因材施教,但实质非然,没有竞争性质,教好教坏,只凭教师良心了。……因为是死的教材,大家一样地讲课,讲好讲坏,似乎只凭口才,而与教师的水平无关。四年一过到毕业时,就像计划经济时期的产品,一股脑儿进来,又一股脑儿卖出去,好坏

---

① 钱伟长:《我国的科学任务》,载《钱长伟文集(上卷)》,上海大学出版社2013年版,第180页。
② 钱伟长:《高等工业学校的培养目标问题》,载《钱伟长文集(上卷)》,上海大学出版社2013年版,第193页。
③ 钱伟长:《谈教学改革如何适应三个面向》,载《钱伟长文集(上卷)》,上海大学出版社2013年版,第565—566页。
④ 钱伟长:《废除学时制,实行学分制》,载《钱伟长文集(下卷)》,上海大学出版社2013年版,第954页。

四、他锐意改革，创设办学新制

不管。……学分制不同，它引进了竞争机制，引进了选课，把课分为必修和选修两类。我们开放了两类选修，一类是同一类课程可由不同的教师来讲，学生可选教师。这样可促使教师改进自己的教学工作，即改进自己的教材内容和改善教学方法，更要激发自己的责任感"。另外"要扩大学生选修的范围，使他们能有更广的知识面，学到更先进的东西。……这就要求专业教师必须有更广阔的知识面，才能适应新兴科技发展的需要，才能培养时代需要的人才。学生扩大专业面要通过选修实现。我们对选修本专业的内容要有量的限制，鼓励学生跨系选修，这就可能使某些教师没'铁饭碗'了"。

为了进一步说明推行学分制、选课制对于提高教师水平的促进作用，钱伟长用他熟悉的清华大学作为例子，他说："解放前的清华都是选课制，所以能在清华长期立足的教师都是响当当的！……这说明选课不是一种简单的事情，它意味着竞争，只有竞争才能出成果、出人才、出水平。"[1]

推行"三制"，可以为学生带来什么好处呢？钱伟长说："这是我们鼓励学生比较独立的一种学习方法，启发他们的积极性，同时精简教材，三学期制只有30个星期上课，两学期制有36个星期上课，可同样这些课还要满足要求，不精简不行。过去因为教研组制度的束缚，使我们的课程越来越烦琐，内容越来越多，其实不必要的。……我们应该相信学生，学到一定基础，自己能学，将来用到这些再学，并不是将来用到的现在一定给。老实讲，不要认为样样东西都要在学校里学好，可是必须要晓得怎么学，这是一个很重要的问题。舍不得放弃一些东西，认为样样都要教，不教不会，一教就会。其实不是这样，不教也能会，教了也不一定会，因为你讲得不好。……为此，我们所有的教材都要精简，要突出新的东西，更基础的东西，要训练学生自觉地抓学习，掌握自学的方法，而不必样样通过课堂

---

[1] 钱伟长：《谈师资队伍建设和教学改革问题》，载《钱伟长文集（下卷）》，上海大学出版社2013年版，第1010页。

教学。"①

国内高校对于上海工大率先全面推行"三制"十分推崇,各地高校纷纷前来考察交流。1993年,时任清华大学党委副书记的陈希带领该校教务处、学生处5名干部来到上海工大,在乐乎楼住了一个星期,与上海工大的有关干部就"三制"的各个方面作了深入细致的探讨。这一年,复旦大学高教研究所也主动与上海工大高教研究所联系,提议联合举办面向全国高校的学分制讲习研讨班。该班于当年11月在上海工大举办,有50多所来自全国各地的高校派员参加,清华大学还来电要求增加参会名额,会后,与会成员普遍认为收获颇丰,明确了实施学分制的具体模式,有益于推动学分制在各所高校的推行。

不可否认,校内外对短学期制的议论一直没有停息过。议论的焦点问题主要有两个,一个是因为理论教学时间从36周改为30周,加上因学生独立自主选课而处于形似"放羊"的状态,担心教学质量不能保证;二是短学期制的第二个学期(当年12月至次年2月),中间夹了春节和寒假,春节在公元年又是"浮动"的,所以对教学安排带来难题,加上有些年份过完寒假开学后短短一周就要考试,学生考试准备不足,因而这学期因考试不合格而被"关掉"的课程较多,对此师生颇有微词。

对于推行"三制"中可能出现的问题及其所引发的争议,钱伟长已经估计到了,一开始他就说了:"这个改革是相当深的改革,不要小看。当然有人对此有争论,我看不要争论了。"对于短学期的议论,他说:"我们的短学期制与其他的大学有所不同,就是每学年一共分三个学期,一个学期上10周课,两周考试,一周休息,整整13周。这样夏季学生可以参加社会实践,教师可以进行科研。今后我们的学校是科研与教学并举。我们要培养的不是一般质量的学生,要逐步转换成培养高质量的学生。"②他强调:

---

① 钱伟长:《教改与学校发展》,载《钱伟长文集(下卷)》,上海大学出版社2013年版,第1078页。
② 钱伟长:《坚持招生与毕业生就业制度的改革》,载《钱伟长文集(下卷)》,上海大学出版社2013年版,第1183页。

四、他锐意改革,创设办学新制

"短学期制突出两个问题,一是对于教师要提高教学质量,课程中有些内容可以不讲,讲最重要的。有的讲课太琐碎,重要的也作为琐碎的讲,叫重点不突出,学生不需要这样。没讲清楚的课讲慢讲清楚,学生自己看得懂,根本不要讲,这是一方面。另一方面是短学期制要求我们学生不要在前几个礼拜麻痹。一开始马马虎虎,短学期一下子就过去了,这对学生要求提高了。每个星期都要认真学习。"[1]关于推行短学期制的作用,除了可以促进教师参加科研的积极性和学生学习的积极性外,还有两个重要作用,一是促进教材建设,二是促进学生实践能力的提高。学期缩短了,学时减少,原来的教材显然就不适用了,不改也难,而且教材减薄了,可以编出更多的选修课程,供学生扩大选修范围,这是其一;其二,短学期制的暑期学期,即6月至7月中旬共6周,集中为学生的生产实习及社会实践学期,有利于各学院强化实践教学环节。至于第二学期因春节原因教学计划怎么安排得更合理,教务处始终在研究,以求不断改进。

之所以会产生因减少理论教学课时而降低教学质量的疑问,说到底还是由教育观的分歧所引起,关键是以什么样的观点来看待、解决教学中客观存在的量与质的矛盾、教与学的矛盾。

关于怎样看待量与质的矛盾,钱伟长说得很明白:"高等学校的教学工作的质量,并不仅仅是用教给学生的知识数量的总和来衡量的,更重要的,是培养学生如何在已经获得的知识的基础上去获得更多的知识,组织这些知识为某一个特定的生产服务。因此,过多地、过分频繁地进行教学,灌输给学生以百科全书那样多的知识,并不能达到提高质量的目的。"相反,"我们只有精简课程数量、加强基础训练、加强学生独立工作能力的培养,才能解决这个问题"[2]。这些话是他在几十年前说的,现在看来也十

---

[1] 钱伟长:《培养全面发展的人》,载《钱伟长文集(上卷)》,上海大学出版社2013年版,第709页。
[2] 钱伟长:《高等工业学校的培养目标问题》,载《钱伟长文集(上卷)》,上海大学出版社2013年版,第194页。

分管用。

1984年他在上海工大会见教育部干部司师资处的来访者,说到教学质量时就说得更明白了,他说:"我们要提高质量,但不是提高教学质量就要增加学时,高质量应该压缩学时,不然高在哪里? 无非是多讲些东西,多讲是否学生都明白了?"接下来,他就重重地说了三个字:"不一定!"[①] 关于如何看待教与学的矛盾问题,在"拆除教与学之间的墙: 论自学"一节中已将他的观点作了详细表述,这里就不再重复。

钱伟长指出: 讨论"三制"的问题,其实就是"讨论一个教改思想问题,我们主张学习并不光是学一点知识,更主要的是学习创造性的技能,培养能根据具体情况会创造性地进行工作的人。我们要兴起一个大的讨论,作为我们将来教学改革的方案。这个方案就是我们所称的教师都要鼓励学生进行创造性的学习、创造性的工作"[②]。说到底,在大学创造一个鼓励学生进行创造性的学习、创造性的工作的体制,就是他坚持要在上海工大和上海大学推行"三制"的真正用意,也是他的一贯思想。

在学校推行"三制"过程中,钱伟长最关心的具体工作是教材建设。他曾说过,"三制"的指导思想没有错,但是有一些跟不上的问题,就是"新瓶装旧酒,酒还是旧的"[③]。他担心,制度是新的,但教材和教学方法还是老一套的。因此,他要求:"大规模搞教材建设,这个不能吞吞吐吐。教材有几个方面需要改,一个我们的三学期制,学时少,不能用一般教材,这是一。第二,我们许多新的专业只有上海需要,或者是全国第一个设立的专业,没有教材,我们必须有新教材。第三,我们有很多高新技术专业或接近高新技术的专业,同时,老专业需要用高新技术来改造,我们的专业

[①] 钱伟长:《谈教师培养问题》,载《钱伟长文集(上卷)》,上海大学出版社2013年版,第540页。
[②] 钱伟长:《坚持招生与毕业生就业制度的改革》,载《钱伟长文集(下卷)》,上海大学出版社2013年版,第1185页。
[③] 钱伟长:《培养全面发展的人》,载《钱伟长文集(上卷)》,上海大学出版社2013年版,第709页。

四、他锐意改革，创设办学新制

课所有教材都得变。"①教材需要删繁就简、重点突出，需要用高新技术来改造，同时，他也反对统编教材。他说："我是反对教材统一的，教学计划要统一，我也反对，教学大纲还要经过集体讨论，我也是反对的，我是'三反对'。……因为各个学校情况不一样，各个地区情况也不一样，统一没意义，往往是脱离实际的。我想大概搞农科、医科的都理解这种说法。为什么教材不能统一？教材是一个教师的教学经验的总结。假如两个教师是完全持同一个观点，是可以统一教材的，但如果我们相信科学是要在百家争鸣里成长的，那么观点是不可能完全一样的，尤其是富有经验的教师，观点就更不一样。……如果统一了教材，就抹杀了百家争鸣在科学里的作用。……我们知道所有教学意见是不会都一样的，就让它们不一样，让它们百家争鸣，在时间的考验下有的会淘汰，有的会前进，有的会互相渗透、互相吸收。我们国家可以有很多的教材，尤其是高等学校教材可以有很多种。……教授的方法，更无须统一，各人可以卖各人的关子。"②

上海工大自1985年开始试行"三制"，经过几年的不断探索，"三制"日臻完善。1992年之前，上海工大推行"三制"是从一年级开始，逐步推广到全部年级，学分制也逐步向学年制渗透，1993年8月全面推行"三制"，学校颁布《关于全面实施学分制的规定（试行）》，对学期安排、学分的计算、成绩考核与绩点、教学计划、课程设置与分类、课程选修、学籍管理、学制互通、实行导师制等方面作出了详细规定。1994年上海大学成立后，学校决定于当年9月在全校推行"三制"。

前文说到，学校才挂牌一个月，就假座上海大学法学院召开第一次深化教学改革研讨会，这次研讨会实际上也是落实"三制"的动员会及培训班。会后，各学院、系按照"三制"的要求，花了几昼夜时间制订了各专业

---

① 钱伟长：《谈人才培养》，载《钱伟长文集（下卷）》，上海大学出版社2013年版，第1162页。
② 钱伟长：《教学与科研》，载《钱伟长文集（上卷）》，上海大学出版社2013年版，第359—360页。

的教学计划，接着又工作了50多天，完成《上海大学教学一览》。这个"教学一览"是钱伟长在上海工大推行"三制"时提出的，他要求学校教务部门每年要汇编出当年能够供学生必修与选修的全部课程并发至学生人手一册，汇编内容包括课程名称、主要内容、周学时（学分值）、授课教师基本情况，还包括各专业教学计划及课程安排（一至四年级）。他对这个"教学一览"非常重视，上海工大刚开始编制"教学一览"时，上百万字一厚本，他都会从头到尾仔细看并提出具体修改意见。这件事情连续做了好几年，后来校园网完善了，这样的"教学一览"就直接挂在网上了，不再书面印发。自1994年起，上海大学"三制"推行有条不紊，步步深入。

1997年，上海大学正式按学分收费。具体收缴费步骤：步骤一是将学生四年应收学费总额除以本科学习应修总学分，得出"单位收费数"；步骤二是在每学年年初预收当年的学费，收费额为单位收费数乘以这一年应修学分数；步骤三是在学年末根据教务处提供的该生这一年的实际修读的学分，计算出这一年的应缴学费数、和年初预缴费的差额；步骤四是将上一年的差额加到这一年按照步骤二计算出的数额即为这一年的预收额。收费一律通过商业银行进行，新生收到录取通知书同时收到一张由学校指定的银行卡，学生只要按学校的缴费通知将学费存入银行卡即可，学生可通过校园网财务处网页查询本人学费缴纳情况，也可通过拨打声讯电话查询了解。

1998年，上海大学采用全校学生在校园网上选课的办法；这年起，实施"柔性教学计划"，即各学科专业在制订教学计划时，可根据社会对人才需求的变化适时调整教学计划；压缩并调整各类课程的学分设置，规定本科生总学分为310学分，其中理论课学分不超过250学分，实践学分约60学分（包括毕业设计30学分）；学校为学生开设的可供选择的课程达5 000多门，学校将专业课全部设置为选修课，学生可跨学科选修课、跨专业选修课和任意选修课。

1999年，上海大学实行了全日程"滚动式"排课，即从上午8时至晚

四、他锐意改革，创设办学新制

上8时45分共安排了13节课，为学生提供了灵活的选课机会，同时也充分调动了教室资源；以国家教委专业调整为契机，全校53个专业进行了广泛的专业调研，分析了国内外同类专业的教育教学现状、课程设置、人才需求、发展前景，找出差距，确定自身特点和发展定位，对专业方向、课程体系与设置、教学内容进行调整，完成了四校合并以后的又一次专业大调整。

2000年，上海大学教学管理网站正式开通，实现了网上教学管理，教师可以在网上推介自己开设的课程，学生可以按"不限量—再筛选"的选课方式在网上选课。所谓"不限量—再筛选"，就是学生首轮选课无限量，次轮选课按上学期学习绩点高低并根据教室容量进行筛选，第三轮可以根据排课时间再选择；对学习差的学生及时提出"试读警告"，等等。

2001年，上海大学重新修订了教学计划，使公共类课程也放开选课，在教学计划中不再具体指定每个专业开设这些课程的学期，完全由学生根据自己的情况自主选择修读这些课程的时间；同时，学校着力拓宽基础学科的范围并加强不同学科交叉渗透和融合，理工类学生适当增加人文科学知识，人文社会学科类学生适当增加自然科学知识。同年，上海大学实现了教师网上录入成绩，学生可即时查询成绩；修订了《上海大学导师制实施办法》，规定了导师工作也是考核教师教学工作的指标之一。

2002年，上海大学修订《上海大学学士学位授予工作细则》，使之更符合学分制的要求；调整第二学科的设置及运作办法，将第二学科纳入第一学科的修读序列之中，以满足越来越多的学生修读第二学位的意愿；改革大学英语"教学模式"，实施免修制度；建设跨学院、跨学科专业的"平台课"；开通"教学校院长信箱"，架设学生与校长、与学院院长直接沟通的桥梁。

2003年，上海大学推出了一系列旨在加强实验教学的措施，包括：理论课教学教师必须上实验课，实验室主任由学术带头人或教授担任，实验室实行"技术总监"等专业技术职务系列;探索大学学分向高中阶段延伸,选择适合高中阶段学习的课程到中学开课,并由大学选派教师任教,获得学分后若能考上上海大学,这些学分可带入学校。

因为本科教育在高等教育中具有基础地位、主体地位和核心地位,因此在本科教育中实施"三制",不仅仅是教务部门的事,也不是单纯地关于教学计划、课程设置、教材建设等方面的事,它关乎整个人才培养体系的改革与重建,它与学校内部管理体制其他方面的改革息息相关,涉及招生与毕业分配制度、学生管理体制及学生思想政治工作体制、人事与分配制度、后勤社会化、校院两级管理体制等诸方面的配套改革。换言之,"三制"改革本就是一个系统工程,或者说就是推进学校内部管理体制综合改革的一个重要抓手,各方面的改革相互关联、环环相扣,哪环都不能松脱。

自主招生改革

钱伟长是一位大科学家、大教育家,之所以说他是"大家",不仅是因为他取得了非凡的科学成就和培育了一大批杰出的人才,更主要的是,他看社会、看国家、看民族、看自然有着更宽的视野,有着对社会、国家、民族、自然更直接的关心。从他1939年在西南联大为叶企孙教授代课"热力学"算起,他在大学从事教育工作达70余年[①],虽说其职业生涯全在大学度过,对大学教育自然是有着很深刻的理解,但他的视野所及是全社会的教育,他关心的是全民族的文化素质,他对中小学教育照样有着很精辟的见解。

1986年4月,他在接受《青年报》记者的采访时,对中小学教育中存在

---

① 钱伟长曾于1938年在天津耀华中学任教将近一年,讲授物理并担任班主任。

四、他锐意改革，创设办学新制

的思想偏差表达了很大的担忧，他说："一个国家、一个民族为什么要兴办教育？在我国，流行的说法仅仅是为了培养人才。我认为，教育的主要目的不单是为了培养人才，更重要的是为了提高全民族的文化素质。由于教育指导思想不端正，我们的学校围绕着拔尖人才办教育，一会儿搞'重点'，一会儿又刮'神童'风，争着挖天才。这样，为了提高教学质量，就使教学计划要求越来越高。"他还指出："为追求升学率，搞题海战术，功课太重，使学生和家长不胜负担。再加上不合理的教育管理体制，教育局以升学率压校长，校长压教师，学生要分数，一层压一层，而且层层加码。最后，受罪的是学生，损害的是国家的长久大业。"[1]他坚决反对中小学教育"围绕高考指挥棒转，让分数牵着鼻子跑"。他多次声称："我的经验使我一贯反对一考定终身。"[2]

自新中国成立至1965年，我国的大学一直实行的是全国"统一高考、统一招生和统一分配"政策，在国家还是计划经济体制时代以及高等教育还处于"精英教育"阶段，这个"三统"政策无可厚非。1966—1976年，取消了高考，"工农兵学员"是经基层单位推荐上大学的。1977年，拨乱反正，我国恢复了统一高考和统一招生。1978年以后，我国改革开放范围越来越广、程度越来越深，"四个现代化"建设人才的需求愈益迫切，随着我国计划经济体制向中国特色社会主义市场经济体制的转化，教育体制改革势在必行，扩大高等学校办学自主权的呼声日益高涨，大学招生与毕业生分配制度的改革，从20世纪八九十年代开始就一直是全社会关注的热点、难点。

1993年5月，《解放日报》《文汇报》《新民晚报》和上海电视台等上海的新闻媒体，同时报道了一则足以震惊社会的新闻：上海工业大学1993

---

[1] 钱伟长：《杜绝作弊要从端正教育思想入手》，载《钱伟长文集（上卷）》，上海大学出版社2013年版，第692页。
[2] 钱伟长：《谈大学生的学习》，载《钱伟长文集（下卷）》，上海大学出版社2013年版，第1025页。

年招生将打破"一考定终身",实行"面向社会、自主招生"。

上海工大新的招生章程规定,凡是报考上海工大的学生可以不参加全国统一高考,学校以自行制定的标准择优录取。学校在公布的招生办法说明:"上海工业大学为适应社会主义市场经济发展的需要,逐步建立面向社会、自主办学的教育体制,探索改革高校本科、专科招生制度并全面实施学分制,经上海市人民政府教育卫生办公室和上海市高等教育局的批准,从今年起,上海工业大学实行'面向社会、自主招生、择优录取'的招生办法。"录取原则是"公正、公平、择优",录取依据是"德智体四元综合评价体系"。所谓"四元",一元是高中5门课程(语文、数学、外语、物理和化学/政治/历史)会考成绩,二元是高中9门课程(语文、数学、外语、物理、化学、政治、历史、地理、生物)会考等第(A、B、C、D等),三元是上海工大加试成绩(高中文化水平综合测试或因大学加试专业需要的相关中学课程),四元是学生专特长(文化、体育、艺术以及省市级以上各类优秀表彰)。学校对每个考生进行"四元综合测评"后,择优录取。这样的测评确实烦琐,但由此传达的信息是鼓励中学生德智体全面发展,注重的是高中三年的学习成绩而不是全凭高考"一搏",也不失"公开、公正、公平"原则。上海工大的招生录取时间安排为:5月22—23日接受考生咨询,5月24—28日报名,5月30—31日学校加试,6月8日发录取通知,这样的录取时间安排比参加全国统一高考的时间提前了一个月,故而不影响考生再参加全国统一高考和报考其他高校。

上海工大在出台"自主招生"改革的同时,还出台了一项"自费与公费并轨"政策,即"1993年以后入校的学生全部收费上学"。我国自1952年以后,所有的普通高等学校都属于"公办"——办学经费全部由国家财政拨给,大学生不收学费,也不收住宿费,只收少量书杂费,对家庭困难的学生给予助学金,还有少量的勤工助学补贴,师范院校连学生的伙食费也是免除的。1978年以后,为减轻激剧膨胀的招生压力,普通高等学校被批准招收少量"自费生"。所谓自费生,其招生指标也是属于国家计划内的,只不过这些学生必须每学年缴纳一定的学费,数额由各地物价管理部门和教育主管部门核定,一般也不安排学生在校内宿舍住读。为什么说自费生缴纳的只是"一定的学费"?以当时的上海工大为例,上海市财政每年拨给学校的经费若按在校生规模计算,差不多每生每年10 000元,而自费生的学费是一学年2 700元,显而易见,自费生所缴纳的学费只占学校办学经费总量的一小部分。学校有了自费生以后,习惯上就把原先不缴费上学的学生称作"公费生"。为表示对自费生的"公平",他们的高考录取分数线要比公费生略低一些,仅此而已,其他方面与公费生一视同仁。1978—1979年,为进一步扩大招生,以满足各行各业快速增长的人才需求,一部分普通高校衍生出一批分校,分校全部招收自费生。1983年成立的原上大就是由5所大学分校和上海市美术学校合并、组建而成的,所以就成了上海第一所全部招收自费生的大学了,也就是"自费"与"公费"完全并轨了。上海工大于1993年推出的"收费上学"就是要走向完全并轨的道路,只不过比原上大的做法多出一个宣传"亮点",就是学校对收来的学费怎么使用,有个"三个三分之一"的说法,即三分之一用于发放学生奖学金,三分之一用于改善学校的教学设施,还有三分之一用于发放教师岗位津贴。学生奖学金分为特等、一等、二等和三等,奖金额依次为4 000元、2 000元、1 000元和500元,每年评选与发放一次。新生入学第一年的奖学金等级主要依据中学阶段9门会考等第,以后评奖标准主要看学生当年的学分绩点。奖学金的覆盖面很大,刚开始两三年已达到学生总数的85%,奖金投放总量过大,后来评奖标准略有提高,奖学金的覆盖面就有所收缩。学校实行"收费上学"以后,就不再发助学金,但增加了勤工助学岗位,学生可以通过勤工助学获得一部分生活费,对于家庭特别困难的学生另有特困补助金,商业银行也开始试行对大学生设立贷学金。

因为全社会对大学招生问题、收费问题都异常敏感,所以上海工大"自主招生"方案和"收费上学"方案在正式实施之前,不但征得上海市教卫办和高教局的批准,还召开过中学校长座谈会、中学生代表及其家长座谈会,充分听取了各方面的意见,学校希望把改革方案尽可能做得更合情、合理、合法。当然,这样的招生方案再怎么合情、合理、合法,对我国以前通行了几十年的制度而言,毕竟是一个颠覆性的变革,自然引起国家教委领导的关注,甚至让其他高校尤其是某些教育部直属高校"侧目而视",这些高校认为上海工大"抢了"他们的优质生源。

1993年6月22日,国家教委主任朱开轩在上海市教卫办主任兼高教局局长王生洪的陪同下,到上海工大直接听取学校关于"自主招生"和"收费上学"的汇报。朱开轩主任听完汇报后先是肯定自主招生的大方向是正确的,收费上学也是大势所趋,收费"三个三分之一"的做法是值得推广的,接着他话锋一转,强调自主招生也必须参加统一高考,涉及全局的改革必须事先报告(王生洪主任插话,上海工大事先已经向上海市政府报告过)。结局是,上海工大1993年的招生方案仅用过一次就被叫停了,但就是从这一年起,"自主招生"的火种在全国高校中从未熄灭。

迄今为止,"一律要参加高考"的底线仍不能突破,有权自主招生的大学在学生素质测评上虽然动足了脑筋,招生办法也是各显神通,但孰是孰非很难评判,因为整个社会关于要不要"统一高考"的讨论似乎已偏离了教育的本质与规律,热点集中在如何保证"社会诚信"上,社会大众更愿意相信只有通过统一高考才能保证教育公平。

上文说过,上海工大的自主招生改革与学校推行的"三制"相互呼应。自主招生以后,在学校里同时建立了两个重要的人才培养创新机制,一个创新机制就是一年级新生进校后不分专业,重点加强基础教育,到两年级时才开始进行专业分流,学生可根据自己的专业意向填报专业,学校根据专业培养规模以及学生的学分绩点进行调配。另外一个创新机制就是设立基础教学强化班,以"注重全面通识教育、注重学生个性发展、注重学生自主选择专业"的办学宗旨和育人模式,开启学校拔尖学生培养的探索与实践。能够进入强化班的学生都是高考分数非常突出的学生,1993年进入第一届强化班都是高中9门会考成绩全是A的学生。学校为强化

四、他锐意改革，创设办学新制

班配备了最强的教师，给予这些学生最充分的学习自主权，可以说学校对这批学生进行的就是"精英教育"。

1994年以后，上海大学在上海工大趟出的道路上继续前进。2009年，上海大学获得教育部认可的自主招生权，成为首批获得自主招生的地方高校之一。在全国迄今获得自主招生权的76所高校中，上海大学是最先提出并实施"中学校长实名推荐制"的高校，而没有简单采用大多数高校现行的面试加笔试的方式。学校认为，实施中学校长实名推荐制有几个"有利于"，即有利于推进素质教育，有利于促进大学特色建设，有利于大学与中学在人才选拔方面的沟通，有利于体现公正、公平、公开。2007年，上海大学在基础教学强化班基础上成立上海大学自强学院，该学院2011年获批国家试点学院，并更名为钱伟长学院。2018年钱伟长学院入选教育部首批"三全育人"综合改革试点院（系），成为"国家队"拔尖本科人才培养试点平台之一。

学生管理体制改革

这里所说的学生是指大学本科、专科学生。大学的学生管理工作大致分为两块，一块是招生、学籍、奖惩、毕业与就业等工作，还有一块是学生思想政治工作。在20世纪80年代，以上两块工作分别由行政机构学生处与党务机构学生工作部负责，90年代以后，大多数学校将这两个部处合署办公，即"两块牌子、一套班子"，或干脆将两块工作合二为一，成立一个学生工作委员会，下设学生工作办公室（简称学工办）。上海工大、上海科大、原上大和上海科专一向重视学生思想政治工作，改革开放以来，各所学校努力探索新时期大学生管理工作和思想政治工作新路子，取得了许多宝贵的经验，为新上海大学进一步加强和改进学生思想政治工作打下了扎实基础。上海工大在学生管理体制改革方面有着更多的探索，积累了更多的经验,为新上海大学提供了更多的借鉴。

上海工大在1993年结合"三制"和机关机构改革,全面改革学生学生管理体制,设立了三个学生管理部门和三个学生服务中心。三个学生管理部门即学工办、招生与毕业生就业工作办公室(简称招毕办)和学生宿舍社区管理部(简称社区管理部)。学工办主要负责学籍、奖惩管理与思想政治工作,招毕办主要负责招生与就业工作,社区管理部主要负责学生住宿管理。三个学生服务中心即就业指导中心、成才服务中心和心理咨询中心。就业指导中心是为适应大学毕业生不再由国家按计划统一分配、完全是直接面向人才市场、双向择业而建立的,成才服务中心主要负责学生勤工助学、社会公益活动组织工作,心理咨询中心主要为学生提供心理诉求平台并做好学生心理健康服务。在学生学生管理体制上,除了上面三个学生管理部门和三个学生服务中心以外,学校的共青团组织和承担"两课"(马克思主义理论课和思想品德课)教学的社会科学学院在学生思想政治工作方面也要承担很重要的责任。

上海工大在1992年开始酝酿的学生管理体制改革,主要是为了适应"三制"。"三制"极大地提高了学生的学习自主权,普遍地实现了学生在四个方面的自主,即自主选择专业、自主选择课程、自主选择讲课教师、自主选择学习年限(提早修完四年本科所必需的学分就可以选择毕业,也可以因个人原因选择延长修业年限)。显然,在"三制"模式下,传统班级的概念已经淡化,出现了"同班不同学、同学不同舍、同舍不同班"的普遍现象,就是说,同一个专业同一个年级的学生不一定在同一个时间、同一个课堂(班)里听课,也不一定住在同一个宿舍(区);在同一个课堂(班)里听课的学生不一定是同一个专业同一个年级的,同一间寝室里的几个学生不一定是同一个专业同一个年级的,管理学生的时间和空间都发生了巨大变化,自然为学籍的有序管理与学生思想政治工作的有效开展增添了许多从未遇到过的困难。

上海工大及上海大学经过多年坚持不懈的探索,逐步建立起一套符

四、他锐意改革，创设办学新制

合中国特色社会主义办学方向、适应"三制"的学生管理体制。在这个探索过程中，取得了一批在上海高校乃至全国高校中可称得上是首创性的改革成果。

一是为"三制"开发了计算机教学管理系统。该系统包括选课、成绩录入、学生个体学习状态分析、教师个体教学质量评估、学院（系）整体教学质量评价等模块。该系统于1993年投入运行，经不断完善后，因其原创性与实际效果而获得1996—1997年度上海市教学成果奖。

二是建立了"德育大循环"体系，推广"全员德育、全程德育"思想。这个思想的要义在于学校、家庭、社会"三位一体"，共同关心学生的德育；强调"教书育人、管理育人、服务育人"（又称"三育人"）；"两课"教师直接参加学生思想政治工作；改革"两课"，按照爱国主义、集体主义和社会主义模块、认识论和辩证法模块、经济意识和文化素养模块等，重新组织"两课"课程；改变传统的政治学习时间和内容，将每学年三个学期开学的第一天固定为专题的思想教育日，还确定将五四青年节、十月爱校节、"一二·九"纪念日以及科技节、体育节、艺术节作为全校大学生的节日（纪念日）；党的建设带动团的建设，首先是把学生辅导员从日常的具体事务中摆脱出来，专心致志抓好学生党建工作，包括成立校院两级业余党校、抓好学生党章学习小组，其次是由学校党委组织部、学工办和团委共同组成"推荐优秀团员做党的发展对象"（简称"推优"）工作小组，日常工作由团委负责，形成一套常规化的"推优"制度，再次是采用"中心团支部"活动形式，开展团的组织生活，即团的组织与团的生活可以适当分离，几个团支部可以联合并公布组织生活，欢迎其他支部的团员参加活动，民主生活必须在团员所在支部进行；此外，本着"知行统一、知行转化"的思想，集理论教育、实例剖析、操作训练为一体，对学生进行"人生导向""品行修养""学习指南""心理调适"等方面的行为指导和训练。

三是与"三制"相配套，建立了导师制及导生制。为了动员更多的干部、教师更直接地承担起学生思想政治工作的职责,学校建立了本科生导师制。学校在全校公开招聘正、副教授担任导师,1993年刚推出这项措施时,规定一位导师指导10—15位学生。学校制定了导师工作条例及实施细则,规定导师必须关心学生的思想、学业和生活。除了导师以外,学校选聘了一批责任心强、有工作能力的研究生、本科高年级学生党员或入党积极分子担任一年级学生的"导生"。"导生"大多住在一年级学生中间,可以及时、深入地了解新生的思想、学习和生活方面的问题,并在朝夕相处的互动过程中既给予新生积极的影响和具体的帮助,又能使自身得到锻炼。

　　四是创立了社区管理部。由于传统班级的概念已经淡化,学生宿舍单元自然成为学生最为集中且活动时间与空间相对固定的场所,为此学校决定把原先属于后勤部门的宿舍管理科分离出来,派遣一批从事专职学生思想政治工作的干部会同原宿舍管理科的干部,组成社区管理部。该部集思想教育、文化建设、学习指导、生活服务于一体,通过"优化组合、形成氛围、送以温暖、勉以自律",把学生宿舍建成校园文化建设最为活跃、健康的重要阵地,探索一条在"三制"模式下加强学生思想政治工作和加强校园文化建设的新途径。所谓"优化组合"就是指在新生入住宿舍前,社区管理部事先向每位新生书面征询个性特征、兴趣爱好和生活习惯,然后根据这些信息,合理组合宿舍室友。所谓"形成氛围"就是指社区管理部创办《社区通讯》《我们的天空》等社区杂志,建立"洁、齐、美"寝室日考制度,不定期组织各种讲座,组织按寝室为单位的体育竞赛和文艺表演、比赛等。所谓"勉以自律"就是指每个学生入住宿舍前必须与社区管理部签订《住宿合同》,合同规定了学校与学生双方必须履行的义务,同时约定了学生若严重违反社区管理条例所必须承担的违纪处理,另外,由学生自发竞选、学生代表投票产生学生自律委员会,还组建了由学生自主报名的文明督导队。这一种全新的学生宿舍社区化管理模式引起共青团中央、教育部思想政治工作司和高

四、他锐意改革,创设办学新制

校学生司的关注,领导曾多次到学校来视察,兄弟高校也纷纷前来考察学习。

五是建立了优秀学生挂职锻炼制度。从20世纪90年代后期开始,上海大学在共青团上海市委的支持与帮助下,遴选一批优秀学生到区级机关、企业、街道担任助理工作,为期半年至一年,先是在上海市虹口区试行,之后又推广至其他各区,这样做对学生的锻炼效果非常明显,有些学生毕业以后就被挂职的单位点名录用了,直接为上海市各区机关、基层单位输送了一批"到手即用"的优秀人才。

六是创办了上海大学社区学院和上海大学人才学院。社区学院是由上海大学社区管理部拓展设立的,在学校学生工作委员会的领导下开展工作。考入上海大学的每一位新生都要先进入社区学院,学院注重一年级学生在学业、道德、情感和生活等方面的和谐发展,学院内设有学业指导中心、成才帮困中心、咨询辅导中心,学院邀请优秀教师和学生辅导员为学生开展立志教育,启发学生正确思考大学四年的奋斗目标,引导学生开展自我教育,制订符合实际的学业计划及职业生涯发展规划。上海大学人才学院是在学校团委领导下的学生业余学校,旨在造就一批政治信念坚定、道德情操高尚、个性人格健全的新世纪优秀人才,探索一条有上海大学特色的高等教育大众化下的精英培养之路。招收对象是三年级本科生、硕士研究生中的优秀者,学生自愿报名,经过笔试与面试,择优录取,担任过学生干部和在全国或上海市各类竞赛中获奖的学生优先考虑。第一期招收了56名学生,第二期招收了86名学生,学制一年,培养模式采取课时制和导师制,突出"理论、研讨、实践、考察"四位一体。"课时制"就是指学员在一期内(基本为一年)修满一定的课时即可准予合格结业,课程以讲座和实践形式展开,每次讲座为3—4个课时,课程分成政治素养、经济管理、人文素质、行为指导和社会实践等5个板块,每个板块包括若干门课程或实践项目。"导师制"就是由人才学院聘请校内校级、处级领导干部和校外的企事业单位的领导担任学员的"人生导师",每位导师和一两位学员结成对子,指导学员完成一项具体的工作或研究任务。人才学院学员社会实践包括专项社会调查和挂职锻炼。

上海大学在学生管理体制以及学生思想政治工作方面所进行的一系列改革,为我国探索新时期加强与改进大学生思想政治工作新路子作出了贡献,学校的改革方案与成果不仅多次见诸国内各大新闻媒体,而且几次作为新华社"内参"呈报中央高层。改革造就人才,20世纪90年代至21世纪初的短短十多年间,上海大学往市里输送了20余位优秀学生政工干部,有的人成长为省部级干部,有的人成为上海各区委办局的领导,有的人成为其他高校的校级领导。

上海大学所建立的这种全新的学生管理体制以及学生思想政治工作的新思路、新方法,也是融合了钱伟长关于学生管理的重要思想。对于学生管理,他有一个很重要的思想,就是他于1986年在上海工大学生政工干部会议上讲的:"学生的任务不光是读书,培养组织工作能力是学生的一门正课,我们培养的人才不是书呆子。""要让学生学会自己管理自己,学会组织能力,学会对一个集体的责任感。""为了这个,我们学校要进行研究,我们想改变现在管理学生的一套方法。"① 后来,他又在一次上海工大全校干部、教师大会上强调:"要改革学生工作体制,要建立新的体制,用另一种思想来搞学生工作。有两个指导思想,一个指导思想是要学生自己管理自己。……第二个指导思想是,逐步地让教师参加学生的政治思想教育工作。"② 关于学生思想政治工作,他有更多、更重要的想法,将在本书的第五部分"他创导培养'全面的人'"作详细表述与解读。

---

① 钱伟长:《培养全面发展的人》,载《钱伟长文集(上卷)》,上海大学出版社2013年版,第708页。
② 钱伟长:《教学改革和实行聘任制》,载《钱伟长文集(上卷)》,上海大学出版社2013年版,第718页。

四、他锐意改革，创设办学新制

人事与分配制度改革

钱伟长执掌上海工大，首先关注的就是教师队伍建设。讲到教师队伍建设时，他要求，一是要重视引进学科带头人；二是学校所有部门、一切工作都要创造各种条件，促成教师的成长；三是大胆推进人事与分配制度改革，这一点最重要。1984年，他就有关教师队伍建设问题，连着发表了两次很全面的讲话。在这两次讲话中，他重点阐述了关于深化高校人事制度改革、促进人才合理流动的思想。他说："我经过两年多的考虑，综合了全国政协六届二次会议会内会外各方面的意见，参照了清华、上海交通大学的一些已行办法，也提出一个设想。目的是打破'大锅饭'，充分发挥人才的作用，打破部门所有制，促进人才的合理流动和人才调节，同时保持'铁饭碗'的优越性。这个设想的要点为：一是定编，二是实行聘任制，三是建立'人才库'，四是改进大学生分配办法。实行这四条，得有一个先决条件，就是建立校（院）长、系主任（所长）负责制。"[①]他的设想就是希望教育人事部门要敢于打破部门、单位、地域的壁垒，教师可以自由流动，"愿者留，不愿者去，是他本人的权利；要者留，不要者就请你走，是校长的职责"。当然，他也认可首先要有编制，只不过编制不要太紧。他提出"允许各单位公开招聘，包括允许聘任外单位在职人员"，"改进大学生分配办法，实行'产销见面'，允许人才竞争"。在20世纪80年代初期，他提出的这些设想真可以说是石破天惊，他的意见与所为常常与当时通行的人事制度发生正面冲撞，因为在此之前的人事管理一直存在两方面的问题：一方面，一个人大学毕业进入某个单位以后，不管他的工作状态如何，单位很难辞退他，反之，一个在职人员不管如何不得志，只要

---

① 钱伟长：《对高等教育改革的一些意见》，载《钱伟长文集（上卷）》，上海大学出版社2013年版，第514页。

单位不放,他也无法离开本单位;另一方面,有的单位人浮于事,有的单位却是人才紧缺,单位之间很难调动。所以,钱伟长针对当时这些现实情况,对来访的教育部人事司的干部说过这样一段有意思的话:"若能人才流动,就没有落实政策的问题了,政策落实不好他就走了。我认为不能落实政策的原因,是因为你能管他,你对他有这个权力。现在他可以换个地方,也就无所谓落实政策了,这样也用不着教育部整天查知识分子政策落实了没有。"①

上海工大教师队伍建设在钱伟长的激励和领导下,始终以推进人事与分配制度改革为抓手,以聘任制改革为突破口。1986—1992年,上海工大人事与分配制度改革大致分为三个阶段:1986年开始,实行"定岗、定编和专业技术职务聘任制";1988年开始,作为上海市高校校内管理体制改革试点单位,上海工大实行校系两级"任务、工资总额包干";1990年开始,上海工大作为上海市事业单位用工制度改革试点单位,对新进专业技术人员实行聘用合同制,并于1992年以后实行"全员聘用合同制"。学校的人事与分配制度改革从"定岗、定编、定任务和聘任制"(简称三定一聘)开始,把专业技术人员的单位所有(俗称"单位人")逐步过渡到社会所有(俗称"社会人"),代表了我国20世纪八九十年代所有事业单位人事与分配制度改革的基本做法。

所谓"任务、工资总额包干",就是指上海市高教局、人事局、编制委员会、财政局主要根据上海工大的办学规模,核发学校的工资总额,执行"增人不增资,减人不减资"的原则,三年不变;学校按照这个思路,再分别与系(部)签订"任务、工资总额包干"合同,一年一签。实施这种改革方案的目的是改革学校内部管理体制,增强办学活力和动力,提高办学水平和效益。具体目标:一是创造责、权、利统一的管理环境,提高校、系

---

① 钱伟长:《谈教师培养问题》,载《钱伟长文集(上卷)》,上海大学出版社2013年版,第547页。

四、他锐意改革，创设办学新制

在人、财使用上的自我约束力，较大幅度下放人权、财权、事权，搞活用人和分配机制，从直接控制、过程管理为主逐步向宏观控制、目标管理为主转化；二是打破平均主义，加快人才合理流动，避免人浮于事，调整教师队伍结构，形成优化组合，逐步紧缩编制；三是实行"增人不增资，减人不减资"和"增事能增收"的原则，充分挖掘学校教学、科研的潜力，进一步调动教职工的积极性，在确保国家任务完成且不增加国家财政开支的情况下，创造更好的效益，使学校的办学经费得以增加，教职工的工作条件和生活待遇得以改善，学校的事业得以更快发展，进一步提高学校的凝聚力。

通过"任务、工资总额包干"，除了上述可望达到的目标以外，对于校系两级单位以及广大教职工来说，改革也是有"甜头"的：一是缺编单位可以把缺编人员的工资用于实际在册人员的分配；二是各单位可将有偿服务所得资金中的可分配部分用于人员分配；三是按合同完成任务的单位，按年度可浮动一级工资。工资总额核定很简单，对某一单位来说，学校核定的编制数乘以上一年度该单位人均工资即可，学校每年核算一次。超编单位的超编人员工资原则上由该单位自行负责，如需学校代发，该单位需缴纳"人头费"，数额酌情调整。国家规定的职工福利金不计入工资总额，其额度及使用仍按原规定由学校掌握作为专项使用。"任务、工资总额包干"单位实行"全员聘用合同制"，在固定职工编制不突破的前提下，可聘用临时工、兼职人员、离退休返聘人员或不增加国家财政开支和学校后勤负担的其他人员，人员经费在包干经费中列支；在不改变现行工资标准的前提下，可使用包干经费的余额在内部实行浮动工资调整或发放津贴、奖金等；可按学校规定和本单位需要调整人员的职务、职称结构。包干单位在校财务处设立单独账户，经费使用由系（部）主任签字，学校财务处按财务规定支付。学校每年对包干单位进行一次考核，考核指标包括本专科教育、研究生教育、学生思想政治工作、实验室建设、科研、管理工作等六个方面共45项，分别由教务处、研究生处、学生处（部）、实验设备处、科研处和机关其他职能部处进行打分。考核结果由优到劣分成A、B、C、D四档。A档单位学校给予一次性5%工资总额的奖励，对该单位负责人，学校给予上浮工资两级的奖励（一年）。B档单位负责人，学校给予上浮工资一级的奖励（一年）。D档单位负责人，学校追究单位负责人责任，并酌情扣发当年部分校内津贴。

"全员聘用合同制"是上海工大于1992年开始实施的又一项重大人事与分配制度改革，其目的是破除长期束缚广大教职工社会主义积极性的平均主义和"大锅饭"思想，促进人尽其才和合理流动，并以法律的形式保障学校和教职工双方的合法权益。

"全员聘用合同制"采用"聘用"和"上岗聘任"双重合同制度，即首先由学校法人代表或其授权人与应聘者签订聘用合同，聘用合同成立后，应聘者方为学校的正式员工；还要通过双向选择、对岗聘任，部门负责人与应聘者签订上岗聘任合同，在这个聘任合同成立后，应聘者方为学校的上岗人员，未能签订上岗聘任合同者为下岗人员。聘用合同的聘用期限根据岗位需要并与被聘人员协商后确定，分为固定期限和无固定期限两种。无固定期限是指不明确终止期，但合同双方约定终止条件，合同一直有效，直至到达退休年龄或终止条件时聘用合同才自然终止。学校规定，原有教职工可签订固定期限或无固定期限合同，1992年以后新进人员一律签订固定期限合同。下岗人员多数由学校人才调节中心（后改名为人才服务中心，并挂靠在当时的上海市闸北区人才服务中心）集中管理并组织再创业或再上岗，下岗人员少数作辞退、辞职处理。推行"全员聘用合同制"的难点是如何顺利完成对现有人员的聘用。当时，学校确定了两个原则，即公开招聘、双向选择、择优聘用、合理组合的原则和"满负荷工作聘用"原则。前一个原则按字面就可以理解，后一个原则要说清楚来龙去脉就要费些笔墨。从1983年开始，全国不少高校相继推出上文提及的"三定一聘"改革思路，首先就有个如何计算教师工作量的问题，然后才有一个"师生比"的问题。在改革的初级阶段，出现过多种教师工作量计算

四、他锐意改革，创设办学新制

公式，当时也被人调侃成是为教师"打工分"，基本上就是把教学、科研、兼职等各项工作分别折算成一定的教分，如何折算由学校确定，学校还规定了不同专业技术职务的人每年必须承担的教分（也被称为"满负荷工作教分"）。教分的划分是很细致的，如教学部分就包括课堂教学、实验教学、实习与毕业设计等，科研部分就包括纵向课题、横向课题、论文、专著等，兼职部分包括担任院（系、部）负责人、教研室（研究室）负责人、实验室负责人等。所谓"满负荷工作聘用"，就是要求被聘用的教师至少能完成学校规定教分的80%，低于80%的不予聘用，若高于100%，视超出量给予超工作量奖金。"满负荷工作教分"随学校师生比的变化而变化。上海工大1986年的师生比是1∶6.5，1988年为1∶7.3，1990年为1∶7.8，随着学校整体师生比的提高，教师的"满负荷工作教分"也水涨船高，以基础课教师为例，1988年为16.8分（讲师、副教授、教授的平均水平），1990年为19分，1992年为22分。

与人事制度改革相配套的就是分配制度改革。从20世纪80年代开始，在大学工作的教职工按月获得的收入，不仅有国家（包括地方政府发放的各种福利性补贴）工资部分，也有学校发放的部分。学校发的这部分开始叫"奖金"，后来称作"校内津贴"，再到后来就称为"校内工资"了，这部分工资主要根据每个人的职务和贡献来确定，所以也称为"绩效工资"。

1992年，上海工大作为上海市地方高校综合改革试点单位，率先推行"全员聘用合同制"，在社会上引起很大反响。学校的这一项改革首先从干部做起，改革方案一经公布，全校所有处级以下干部"就地卧倒"，重新从上到下、公开招聘、竞争上岗，由此带来了精简机关、转变机关作风的实际效果，进而带动全校改革的顺利推进及各项事业的同步发展。这一年，学校党委被评为上海市先进基层党组织，在上海市教育系统获此荣誉的只有上海工大一家。1994年1月，国务院副总理李岚清在上海市委副书记陈至立陪同下视察上海工大，在听取了学校领导的汇报后，称赞学校的改革"思路对,步子大,走得稳,效果好"。

1994年9月,新上海大学成立不久,钱伟长在校长、书记和学院院长会议上作了关于学校今后五年教育改革目标的讲话。在这次讲话中,对于学校应该怎样缩短与国内外著名大学的差距,他说:"应该提出来把师资队伍建设放在最优的位置。要抓住,不抓住上不了台阶。现在我们台阶踏上边了,不少学科踏上边了,可总体没有踏上边,总体也要踏上边,要大踏步地前进。"①

根据他的讲话精神,上海大学不断深化人事与分配制度改革,包括校院两级人权、财权管理体制方面的改革:

一是按照"因事设岗、按岗聘任、事职相符、人事相宜"的原则,对教师实行"岗位职务聘任制"。

二是按照干部"四化"(革命化、年轻化、知识化和专业化)标准和按择设岗、择优聘用、优化组合、合理流动的原则,对机关和后勤科级以下管理干部实行聘任制、任期制。

三是对处级干部按照"四化"标准和党管干部的原则,并按群众推荐、组织部考察、网上公示、校党委常委会决定的程序进行选拔,也实行聘任制、任期制。

四是校内经济实体单位,包括后勤系统,全部实行合同制。

五是校内分配,即上文所说的"校内工资",实行两级分配、两级核算,学校按年度根据各学院人员编制、承担任务下拨校内分配经费,由学院制定分配办法进行直接分配。

以上这些基本做法有一个突破点,即上海大学对除校级领导以外的所有教职员工,实行聘任制和任期制,打破了岗位"铁饭碗"与职务"终身制"。

---

① 钱伟长:《教育改革的五年目标》,载《钱伟长文集(下卷)》,上海大学出版社2013年版,第1047页。

四、他锐意改革，创设办学新制

在上述基本做法中，引起校内外较大反响的，就是对具有高级专业技术职务的教师实行"岗位职务聘任制"。

以往，所有具有中级职称的教师到了一定工作年限并达到一定学术水平以后，都可以申报高级职称，而经学科组评审通过的教师即自然成为学校在岗的高级职称人员，直至退休，这种做法也称为"以评代聘"。实行"岗位职务聘任制"后，对原有高级职称的教师是"评聘分开"的，即已评上但不一定聘用；对正在申报高级职称的教师是"评聘结合"的，即首先要看有没有岗位，然后经申报且通过了学科评审获得了高级职称以后，才正式被聘用。

上海大学自2001年开始停止了教师职务任聘资格评审，其目的就是既否定"以评代聘"，又否定"评聘分开"，肯定并强化"评聘结合"。

2001年10月，"岗位职务聘任制"在上海大学全面展开，至次年4月，首批聘任工作结束，全校共有920名教师聘任到正、副高级职称岗位，其中同级聘任（受聘者原先已具有高级职称）730名，晋升聘任（受聘者申报并通过了高级职称资格评审）190名。有143名原有正、副高级职称的教师在首批聘任中落聘，占全校原有高级职称教师的16.4%，这一结果顿时在校内外引起不小的震动，《解放日报》《文汇报》《光明日报》《人民日报》海外版、中央电视台等都对此予以报道并对学校进行了采访，由此而引发了一连串的讨论。两年以后，北京大学也推出了类似的改革，社会关注面更广一些，讨论的声音也更响一些，不是因为他们的改革力度更大，只是因为学校的名声更大、教授的名气更响。

推出这项改革的难点有两个：一是岗位设置如何贯彻与落实科学发展观，确保学校可持续发展；二是教师聘任如何保证公平、合理。

为了破解这两个难点，上海大学动了很多脑筋，做了很多细致的工作。上海大学的"岗位职务聘任制"有几个特点：一是以岗位聘任书取代职称资格证书，以"任期制"取代"终身制"，以"能上能下、能进能出"机制实现教师资源的优化配置；二是教师必须是教学、科研"双肩挑"，既不设专任教学岗位，又要求每位教授都要上本科生的课；三是高起点聘任，例如学校规定1957年12月31日以后出生的教师竞聘高级职称岗位必须具有博士学位，这个要求比上海市教委的相关年限规定（1963年1月1日以后出生）提前了5年，比北京大学2004年公布的相关规定也提前了1年。

五、他创导培养"全面的人"

在我国,"百年大计,教育为本"的思想早已深入人心,那么,"本"在哪里? 钱伟长的回答是:"更要重视教育的质量,不是数量的问题,要按教育法的规定,目标是使学生们在德智体美诸方面得到全面的发展。要重视素质教育,这有利于我们社会的稳定,这是个治本的问题,教育为本,这个本就在这里。"[①]关于什么是素质教育,他有一个独到的诠释。1983年5月27日,他在接受《文汇报》记者采访时说过这样一段话:"作为社会主义中国的科技工作者,首先是一个爱国者,辩证唯物主义者,一个有文化修养、心灵美好的人,其次才是一个有专业知识的人。"1990年10月,上海工大编制校庆30周年纪念画册,在画册首页有一篇"校长的话",摘录了钱伟长校长在学校发表的几段最精炼的话语,包括校训"自强不息""拆四堵墙"的论述等,其中就有这样一段话:"我们培养的学生首先应该是一个全面的人,是一个爱国者,一个辩证唯物主义者,一个有文化艺术修养、道德品质高尚、心灵美好的人;其次,才是一个拥有学科、专业知识的人,一个未来的工程师、专门家。"这段话言简意赅,集中表达了钱伟长的育人理念,是他

---

① 钱伟长:《重视对薄弱学校的建设》,载《钱伟长文集(下卷)》,上海大学出版社2013年版,第1152页。

对社会主义时期党的教育方针最深刻的理解。从此,这段文字就一直作为上海工大及上海大学人才培养目标的主要引文,全体师生广为传诵。学校通常为表述方便,就用"培养全面的人"作为这段话的缩略语。

21世纪来临之际,随着经济全球化导致的世界经济新格局的形成,世界各国的竞争越来越依赖于科学技术的发展,对于人才的要求自然越来越高,使得我们的教育工作面临着越来越严峻的挑战。钱伟长再次思考培养什么样的人、怎样培养人才,以适应时代的需求。"我们培养的首先是一个全面的人。现在我再加一点,我们学校培养的首先是一个跨世纪的人,能肩负起跨世纪责任的人,其次才是一个有知识的人、一个专家。培养一代跨世纪的、肩负责任的人是我们的责任。"[①]"高等院校落实'科教兴国'战略的关键,是培养具有创新意识的学生,使他们带着满脑子问题进入社会,去学习、研究、工作。"[②]所以,上海大学自2000年以后又在"培养全面的人"后面加上"具有创新精神的人",即用"培养全面发展具有创新精神的一代新人"这样一句话来概括表述学校的人才培养目标。

爱国主义教育

钱伟长是一位爱国主义者,他虚怀若谷、宠辱不惊,对国家、对民族怀有强烈的责任感,他作为教育家,弘扬光大爱国主义精神是其一生立身建业的动力。他在任校长几十年,一贯强调"爱国主义教育是一切教育工作的前提",强调教师要为人师表,"不仅传授科学文化知识,更要塑造受教育者的心灵",强调学生要成为能"肩负起跨世纪责任的人"。

---

① 钱伟长:《培养跨世纪的一代新人》,载《钱伟长文集(下卷)》,上海大学出版社2013年版,第1136页。
② 钱伟长:《培养更多具有创新能力的人才》,载《钱伟长文集(下卷)》,上海大学出版社2013年版,第1219页。

五、他创导培养"全面的人"

1951年8月,钱伟长在《人民清华》上发表了《物理教学与爱国主义教育的结合》一文。在这篇文章中,他是开门见山地说:"在物理教学与爱国主义教育的结合这样一个问题里,主题当然是爱国主义教育,因为爱国主义教育是一切教育工作的前提,贯彻爱国主义教育是目前教育工作的中心任务。我们绝对不能把爱国主义教育和某一专门的业务教学分开来看,把它单纯地看作只是现阶段的一个政治任务。因为,只有我们把爱国主义教育贯彻到每一业务教学中去,才能达到提高业务的目的,才能很好地完成培育青年的任务。"[①]他这一段话是很有时代感的,当时新中国成立不久,为了巩固新生政权,全国同时开展了热火朝天的土地改革、抗美援朝和镇压反革命三大运动,并由此掀起了爱国主义的热潮。他和绝大多数从旧社会过来的知识分子一样,由衷地欢迎新中国的诞生,拥护中国共产党的领导,自觉接受社会主义思想改造,并积极投身于热火朝天的社会主义建设。他在发表《物理教学与爱国主义教育的结合》一文之前,还在《中国青年》杂志上连着发表了《中国古代的科学创造》和《中国古代的三大发明》两篇科普文章。这两篇文章不仅是介绍中国科学史的文献,而且是向青少年进行爱国主义教育、破除当时社会上存在的"恐美、崇美"思想的优秀辅助教材。

钱伟长当了校长以后,更是一直把"爱国主义教育是一切教育工作的前提"视为治校、治教、治学的出发点与落脚点。他喜欢使用简明易懂的语言来表述他的教育观。有一年,他对学生们说:"什么叫高等教育?是两个方面的教育。第一,要转变你们的人生观,使你们的生活有目的。……第二,你们要获得建设国家的技术和知识。……一个是给你们武器,一个是坚定你们的方向。"[②]对于这里所说的"武器"与"方向",他

[①] 钱伟长:《物理教学与爱国主义教育的结合》,《钱伟长文集(上卷)》,上海大学出版社2013年版,第43页。

[②] 钱伟长:《掌握武器,坚定方向,承担历史任务》,载《钱伟长文集(下卷)》,上海大学出版社2013年版,第899页。

更关心的是"方向",他说:"作为学校的校长应该更重视对于学生的思想品德教育","不断教育学生要热爱祖国,要做有志气的中国人,对祖国的前途负有不可推卸的责任"[①]。正因为如此,他强烈反对高考文理分科以及高中阶段文理分班的"应试教育"体制。他对于这种一方面大谈爱国主义教育,一方面又削弱中国历史和地理课程的做法十分反感,他说:"对青年学生进行爱国主义教育的极好途径是在学校里开设好中国历史、地理课程。我们对国家具体内涵的认识,往往是通过对国家民族的历史和地理知识的了解而获得的。历史和地理课程,不能仅仅作为一门传授知识的课程,而忽视这些课程在国民教育中所具有的基础性和重要性意义。现在的应试教育体制以及在理工农医类专业的招生考试中不考中国历史和地理的做法,使得中学教学极不重视这两门课程,影响了爱国主义教育,以致使爱国主义教育脱离实际、空洞乏力。应该通过中国历史和地理的教育,使爱国主义精神深入青年学生的思想之中,并成为指导他们行为的内在力量。"[②]如此充满哲理和情怀的话语,值得那些主张高考文理分科以及高中阶段文理分班的人深思而后改。

钱伟长讲爱国主义教育,非常突出社会责任感的培养。他是一位社会活动家,身兼数职,又身为国家领导人,政务繁忙,但他总是设法参加学校每年的新生入学典礼和学生毕业典礼,参加了必定讲话,他在讲话中,一定会提到一个责任感的问题。他在入学典礼上总要讲到"读书为什么"的问题。"你们为什么进大学?这问题很重要,我要给你们几次三番讲,你们要建立一种责任感。""学风里头最重要的一条是有责任感,学习不是为了个人的生活,不是为了一张文凭。""我觉得作为一个公民,最重要的是对我们祖国有责任感。"[③]每每提到责任感的时候,都会勾起他很多的回

---

① 钱伟长:《八十自述》,载《钱伟长文集(下卷)》,上海大学出版社2013年版,第1000页。
② 钱伟长:《解放思想 实事求是 切实解决教育发展中的几个紧迫问题》,载《钱伟长文集(下卷)》,上海大学出版社2013年版,第1073页。
③ 钱伟长:《学习之路》,载《钱伟长文集(上卷)》,上海大学出版社2013年版,第699页。

五、他创导培养"全面的人"

忆,会引申出一连串关于"留学"的话题,给予当今学子很多的启迪。他是赞成留学的,但他反对完全是以个人利益为目的的留学,更反对留学当"汉奸"。想当年,他和其他23位抱定科学兴国追求的热血青年同船负笈北美,就曾立下豪言壮语:"凡是他们出国所学的那门学科回来以后,这门学科用不着再送人出去留学了,留学是为了无须再留学。"[①]有志者事竟成,他们中的大多数人学成归国以后都成了国家的栋梁之材,成为各自所从事学科的翘楚。他们之中除了上文已有介绍的郭永怀以外,还有:段学复,1943年在美国普林斯顿大学获博士学位,1946年回国,曾任北京大学数学系主任,1955年当选为中国科学院学部委员,我国著名数学家;张龙翔,1942年在加拿大多伦多大学获博士学位,1944年回国,曾任北京大学校长,我国著名生物化学家;傅承义,1944年在美国加利福尼亚理工学院获博士学位,1947年回国,曾任中国科学院地球物理研究所所长,1957年当选为中国科学院学部委员,我国著名地球物理学家;韩德培,1942年在加拿大多伦多大学获硕士学位,1945年回国,创办武汉大学法律系,我国著名法学家;沈昭文,1943年在加拿大多伦多大学获博士学位,1946年回国,在中国科学院上海生物化学研究所任研究员,是上海科大生物系创始人之一,1965年作为项目发起人和主要研究者之一,成功实现世界上第一次人工合成生物活性物质——结晶牛胰岛素;罗开富,1944年在美国克拉克大学获博士学位,1946年回国,曾任中国科学院广州地理研究所所长,我国著名地理学家;李春芳,1943年在加拿大多伦多大学获博士学位,1946年回国,曾两度担任华东师范大学副校长,我国著名地理学家;谢安祜,先后在美国麻省理工学院和加利福尼亚理工学院攻读研究生,1947年回国,曾任南京大学航空工程系主任,后创办西北工业大学航空发动机系和导弹工程系,我国著名航空航天发动机专家;易见龙,为了支援国内抗战,毅然中断在加拿大的学业,1942年赴美国受聘于医药援华会,

---

① 钱伟长:《学习之路》,载《钱伟长文集(上卷)》,上海大学出版社2013年版,第700页。

负责筹建中华血库,捐血全部制成了干燥血浆,运回国内用于抗日前线,1944年携血库设备及人员回到昆明,继续从事这方面的工作,新中国成立后,曾任湘雅医学院副院长、顾问,是中国输血救伤事业的奠基人、现代血库的创始人。钱伟长肯定地说,他们这批人放弃国外优裕生活,义无反顾回到尚很落后的祖国,完全是出于"民族自豪感、民族责任感,承认落后、不甘落后,要解决这落后的问题"。他在1997年与中国科学技术大学的研究生见面时,回想当初他们从美国义无反顾回归祖国的情形,他说:"我回来了,我的同学郭永怀和钱学森也一起回来了,那时我们回来是受到阻碍的,美国人不让我们回来,但我们放弃了一切回来了。我觉得中国人就有这个长处,中国古代的所有教育都有这一条,那就是要忠于民族忠于国家。……所以我觉得,我们现在应有爱护民族的教育,应有爱护国家的教育,这就是说应加强爱国主义教育。……我们还应牢记一条,一个民族跟一个人的生存都应靠自己,而不能靠其他人。"① 他对学生们说:"不要认为这是'傻瓜',天下还得要有'傻瓜'精神,我们就是要做为民族、为祖国的'傻瓜',对得起为我们民族牺牲的先辈,我们要做光明正大的黄皮肤的中国人!"② 钱伟长在新生入学典礼上总要讲"读书为什么",学生毕业典礼上一定会讲毕业以后应该"怎样为国家服务"。上海大学师生印象最为深刻的是2005年的研究生毕业典礼,那一次钱伟长校长的话并不多,不像以往总是滔滔不绝,他凝望着台下一张张年轻的脸庞,话音轻柔,说着自己年轻时的追求,说着他对当代学子的期望,说着说着,他突然提高嗓门,大声说:"今天你们毕业了,快要离校了,我有几句话告诉你们,这就是'先天下之忧而忧,后天下之乐而乐!'天下就是老百姓,百姓之忧,国家之忧,民族之忧,你们是否放在心上? 先天下之忧而忧,忧过没有? 后天下之乐而

---

① 钱伟长:《和青年朋友们谈学习问题》,载《钱伟长文集(下卷)》,上海大学出版社2013年版,第1204页。
② 钱伟长:《理想、信念与祖国》,载《钱伟长文集(下卷)》,上海大学出版社2013年版,第1007页。

五、他创导培养"全面的人"

乐,乐过没有?我希望你们真正能乐,忧最终能成为乐!"就在这次毕业典礼上,他强调上海大学的校训光"自强不息"四个字不够,还要加上"先天下之忧而忧,后天下之乐而乐"。

这种乐忧天下和"天下就是老百姓"的思想,实际上就是他们这一代爱国知识分子一生的抱负。钱伟长那炽热的爱国情怀,激励着他事事以国家利益为重,时时不忘振兴民族的责任。纵观其一生,他首先是一个爱国者,其次才是一位科学家、教育家。他用自己辛勤劳作的一生以及在多个科学领域所取得的成果向世人诠释了什么叫作"我没有专业,国家需要就是我的专业"。他的科学视角与思考常常超越他自身擅长的专业。20世纪50年代初,他看到日本人在北海道找到了石油,就急不可耐地呼吁,希望有关部门在和北海道地质情况相似的我国渤海湾和华北地区勘探石油。①若干年后,渤海湾胜利油田林立的井架证明了他是正确的。他一如既往地按照"国家需要就是我的专业"这样要求自己,也这样要求学生:"大家要团结起来,要考虑国家大局,要考虑先抓国家最需要的东西。我一辈子就是这样,所以有人骂我,说我常常不务正业,今天干这个,明天又干那个。我说我是看国家哪方面需要,我就力所能及地去干。"②

钱伟长从1948年开始指导力学研究生,到2005年送走最后一批博士生,可谓桃李满天下。他在面试研究生时从不问科学知识,只问人生方向,比如"你觉得读书做什么用?""家里支持不支持?""自学能力如何?"看似简单的问题,他就是想更多地了解学生读书、学习的目的和目标。他的才识和品格在他的研究生心目中留下了不可磨灭的印象。黄黔在1992年编写的《钱伟长小传》(内部资料)中写道:"钱伟长很重视研究生的教育,培养他们的爱国心和责任心,教他们读文献,给他们出题目,经常和他

---

① 黄黔:《我的导师钱伟长教授》,载《钱伟长文选》,浙江科学技术出版社1992年版,第33页。
② 钱伟长:《和青年朋友们谈学习问题》,载《钱伟长文集(下卷)》,上海大学出版社2013年版,第1210页。

们做阶段性的讨论。他经常以自己在旧中国、在外国,以及回国后的经历和感受,来启发研究生的历史责任感。……他还经常用他在全国各地的见闻,以及近期欧美的见闻,说明新中国社会主义建设的蓬勃发展和无限希望。这个话题,常常占去他和研究生交谈的大部分时间。"钱伟长在上海工大招收的第一个博士生周哲玮在2007年10月初接受《文汇报》记者采访时回忆说,当他通过博士论文答辩后,问导师钱伟长:"您看我今后应该朝哪个方向发展?"这是一个大家觉得理所当然的问题,钱伟长当即回答说:"你还是那套做学问的想法,什么叫作往哪个方向发展?是将来需要你做什么,就做什么!我这一辈子就是这样的。"①这一顿批评,犹如醍醐灌顶,周哲玮后来当了上海大学教授、博士生导师、常务副校长,他在跟随钱伟长做学问、办学校的过程中,理解了钱伟长的为人办学之道:做人做事,心中始终想着天下百姓,肩上始终担着国家责任。

显然,钱伟长把能否培养具有爱国主义精神的人才看作关乎我国教育的成败,他说:"我们要培养学生,对国家、社会、民族有责任感。我们的学生如果没有责任感,整天只是考虑自己的小的利益,如经济生活好一点、地位高一点,那就不能担起跨世纪的重任。……我们要培养一批大公无私的人。个人、家庭是私,私要考虑,国家并不是没有考虑,但是大公更重要,要考虑整个民族和国家。如果学生不能很好地理解这一条和做到这一条的话,那我们的教育就是失败的。"为此,他大声疾呼:"作为一个跨世纪人应该关心国家大事,懂得民族的前途,大公无私,要使每个人都负起这个责任。"②

钱伟长十分重视教师在爱国主义教育中的表率作用,他说:"教师是我们国家和民族得以生存和发展的文化载体,是精神文明火种的传递者,

---

① 钱伟长:《弃文从理 六十余载报国路》,载《文汇报》2007年10月10日。
② 钱伟长:《培养跨世纪的一代新人》,载《钱伟长文集(下卷)》,上海大学出版社2013年版,第1137页。

五、他创导培养"全面的人"

是人类灵魂的工程师。"①"教师是人类文明的传播者和建设者,教育推动着人类社会的进步和发展。……振兴民族的希望在教育,振兴教育的希望在教师。"②教师的作用既然如此,其责任也毋庸置疑:"科教兴国的关键在于落实科学技术是第一生产力的思想,科教兴国的基础在于发展教育。作为教育工作主体的教师,在实施科教兴国战略中发挥着基石的作用,承担着重大的责任。21世纪中国的面貌在很大程度上要通过广大教师的双手来塑造。"③教师的责任首先是为人师表。钱伟长虽说在科学、教育事业达到了大多数人无法企及的高度,但他从来都说,"我不是天才,我是踩着前人的肩膀上去的"。他说的这些"前人",包括从小学到大学、从东方到西方,对他耳提面命的师长们,是这些老师的言传身教,才让他"学会做人,做一个正直的人,一个有学问的人,一个对社会有用的人"。当代年轻人可以从钱学森、钱伟长这一代老科学家、老教育家身上感受到代代相传的先师风范。钱伟长常常说:"教师是学生的楷模,以身作则,是教育工作的基本原则,也是素质教育的基本要求。"④他还说:"教师对学生的影响很大,教师有远见,学生也有远见;教师守旧,学生成长不了多少。"⑤所以说,学校要抓好以爱国主义教育为主线的德育工作,关键还"应该是以教师为主,要创造良好的校风,教师一定要以身作则。国家关于德育教育的意见提得很清楚,要身教、言教、教书育人,要注意师表。……教师应该注意自己的形象,要为人师表,教师应该形成一定校风的指挥者,要慢慢传播这

---

① 钱伟长:《振兴教育 刻不容缓》,载《钱伟长文集(下卷)》,上海大学出版社2013年版,第832页。
② 钱伟长:《广泛宣传〈教师法〉,认真贯彻〈教师法〉》,载《钱伟长文集(下卷)》,上海大学出版社2013年版,第966页。
③ 钱伟长:《谈教师的职责》,载《钱伟长文集(下卷)》,上海大学出版社2013年版,第1117页。
④ 钱伟长:《无锡梅村中学90华诞〈桃李芳香〉序》,载《钱伟长文集(下卷)》,上海大学出版社2013年版,第1400页。
⑤ 钱伟长:《高科技与新学科》,载《钱伟长文集(下卷)》,上海大学出版社2013年版,第1109页。

个思想,而不要去训教师"①。他常说,教师的责任还在于教书育人。所谓教书育人,就是"教师不仅传授科学文化知识,更要塑造受教育者的心灵,培养和提高受教育者的全面素质"②。只是把课讲明白的教师还不是一个好教师,好教师还要为学生的思想教育负起责任。"要搞好德育,必须发动全体教师来做德育工作,单靠几个辅导员是解决不了问题的。"③为此,他主张要改革学生工作体制,要建立新的体制,这个学生工作体制有一个重要的指导思想,就是逐步地让教师参加学生的思想教育工作。1995年,他在全国政协八届九次会议上发言,讲到学校的德育工作时指出:"目前在学校德育工作中普遍存在一种不正确的认识,即认为德育工作只是德育教师的事情,这是不对的。德育工作应该由全体教师共同承担。为人师表、言传身教、教书育人,每位教师都责无旁贷。人们把教师称为'人类灵魂的工程师',其道理也在于此。"④

钱伟长非常重视学生思想政治工作队伍建设,很关心学生政工干部的成长。他认为,思想政治工作是政治动态和社会心理学的结合,因此,不懂得心理学的人无法做好思想政治工作,当然也要精通马列主义,因为"马列主义充分懂得社会的矛盾、社会的结构、社会的背景"。他建议,既可以从大学毕业生中"挑选品学兼优的学生,真正懂得学生的思想问题、组织能力很强的人,也可以从专业教师中挑选一批这样的人,逐步形成一支政工队伍"⑤。他还特别指出:"思想工作主要是引导,是以身作则,做榜

---

① 钱伟长:《教育改革的五年目标》,载《钱伟长文集(下卷)》,上海大学出版社2013年版,第1052页。
② 钱伟长:《谈教师的职责》,载《钱伟长文集(下卷)》,上海大学出版社2013年版,第1117页。
③ 钱伟长:《加强和改进"两课"教育的问题》,载《钱伟长文集(下卷)》,上海大学出版社2013年版,第1023页。
④ 钱伟长:《解放思想 实事求是 切实解决教育发展中的几个紧迫问题》,载《钱伟长文集(下卷)》,上海大学出版社2013年版,第1073页。
⑤ 钱伟长:《培养全面发展的人》,载《钱伟长文集(上卷)》,上海大学出版社2013年版,第710页。

五、 他创导培养"全面的人"

样,关心学生的困难",而不是"我管你,我卡你"。①

在钱伟长的重视和支持下,上海工大和上海大学在学生政工干部培养方面一直十分用心,有些做法在上海高校中也是走得比较前面的。例如在上海工大,20世纪80年代至90年代初期,学校每年公派出国进修的教师名额并不多,1980—1984年,每年10名左右,1985—1993年,每年也就二三十名,在这种情况下,学校还是安排一些专职政工干部出国进修。1990年学校党委还作出一个决定,确定每年至少要选派一名专职学生政工干部出国进修,要求这些干部考察国外高校学生管理的体制和模式,当时还遭到一些教师的非议,认为是挤占了本就紧张的专业教师的出国名额,但是学校还是坚持了这个做法。校党委书记郑令德在一次上海市大学生思想政治工作座谈会上介绍了上海工大的这一做法,当场得到出席会议的国家教委主任李铁映的高度赞扬。学校还考虑到,学生政工干部大多由本校理工科专业毕业留校,所以在20世纪90年代初还分批次地共安排了37名学生政工干部到上海交通大学、复旦大学攻读思想政治、管理、法律、哲学等专业双学士或硕士学位。按照"思想政治工作也是一门科学"的认识,学校设立专项资金,为学生政工干部开展研究工作创造条件,鼓励他们走上思想政治工作科学化、专业化道路。另外,学校还制定了一些向学生政工干部"倾斜"的优惠政策,包括申报专业技术职务(非思想政治系列)岗位单列、福利分房时优先、校内岗位津贴比其他同级干部多1倍。2005年,上海大学试行学生辅导员"五级聘任制",其中三、四、五级辅导员的校内待遇分别对应学校副教授、教授、博士生导师的待遇,旨在鼓励学生辅导员尽心尽责、安心工作,不断提高工作水平。

钱伟长对大学生"两课"教育也很关心。1994年3月,他在同中共中央宣传部教育局负责人的一次谈话中,专门讲了关于加强"两课"教育的

---

① 钱伟长:《教学改革和实行聘任制》,载《钱伟长文集(上卷)》,上海大学出版社2013年版,第719页。

问题。他指出:"'两课'必须改革,改革的关键是理论联系实际。"对于马克思主义理论课教育,他提出:"主要要开好两门课,一门是'邓小平文选'课。《邓小平文选》每一篇都有一个背景,都说明一个问题,这就是当前最大的实际。另一门就是时事课,时事课题目很多,例如'两会'(全国人民代表大会和全国政治协商会议)提出'分税制',还通过了《预算法》。《预算法》也好,'分税制'也好,为什么这样提,而不是那样提,都是有讲究的,都是国家的大事情,学生应该知道。"他还说:"我们的教师如果不学好《邓小平文选》,社会主义市场经济理论不懂,是教不好马列理论课的。"① 另外,他还指出,马克思主义理论课要加强国情教育,要增强青年人的民族自豪感。就此,他建议中宣部选出100部优秀电影,推荐给大学生看,要让学生了解中国历史与传统,"要有自豪的东西"。对于思想品德课教育,他提出,重点应该是道德教育,因为"在当前理论发展的进程中,随着形势的变化,西方腐朽思想和生活方式的侵蚀,内部剥削阶级思想残余的泛起,一部分青年学生也受到了拜金主义、享乐主义、极端个人主义等错误思想的影响,在人生观、价值观和道德传统方面出现了一些不良的倾向,有的甚至走上了犯罪的道路。青少年是国家和民族的未来,在学生中加强和改进德育工作,特别是加强道德教育,目前显得尤为紧迫"② 。他对"两课"建设也提出了一些具体看法,他提出必须抓好教材建设,教材要结合实际,能解决实际问题,不要再提全国统一的、千篇一律的统编教材,要抓案例教学,案例经常要改,而且每个案例都要有点评、有剖析,来启发学生思考。上海工大和上海大学从未放松过对"两课"建设的探索与实践,一直把"两课"作为学校重点建设课程之一,在1996年开始的国家"211工程"一期建设中,也把"德育"作为学校基础课程重点建设内容之一。学校的"两课"建设特别注重两点:一是以

---

① 钱伟长:《加强和改进"两课"教育的问题》,载《钱伟长文集(下卷)》,上海大学出版社2013年版,第1022页。
② 钱伟长:《解放思想 实事求是 切实解决教育发展中的几个紧迫问题》,载《钱伟长文集(下卷)》,上海大学出版社2013年版,第1092页。

五、 他创导培养"全面的人"

爱国主义教育为主线,紧密结合思想政治工作实际;二是以马克思主义哲学为基础,加强思想政治教育学科点建设。上海工大1982年成立德育教研室,1992年将马克思主义理论教研室、人文理论教研室、中文教研室与德育教研室合并起来,成立了人文社会科学学院。1994年上海大学成立了社会科学学院,旨在以面向全校的"两课"教育为主,并加强学科建设。2001年社会科学学院获准马克思主义理论与思想政治教育硕士培养资格,2003年再获哲学硕士培养资格,2007年获批思想政治教育博士学位授权点。学校的"两课"教师一直在摸索更符合当代青年学生思想实际的契合点,努力完善教学内容与教学方法,涌现了一批受学生欢迎的"两课"教师。

几十年来,钱伟长关于教育问题发表了那么多真知灼见,而他定义"失败的教育"就两条:一条就是假若学生"不教不会",教育是失败的;还有一条就是,假若学生对国家、社会、民族没有责任感,教育是失败的。简而言之,他认为成功的教育不外乎两点,一是教会学生掌握正确的"武器"——自学,二是教会学生把握"方向"——爱国。

辩证唯物主义教育

钱伟长这一辈子的社会贡献是多方面的,毋庸置疑,所有的贡献中,他的科学活动及其获取的科学成就并由此而养成的科学精神与科学方法是具有突出地位的,而他具有的科学精神与科学方法也是他乐于、善于参与教育活动和社会活动的行动基础。那么,在他的科学活动背后,又有什么科学方法论的支撑呢? 也许,我们很难复制出与他相当的成就,但可以从他的科学方法论中受益无穷。①

---

① 周丽昀:《钱伟长科学方法论研究》,载《2007年教育部规划课题专题报告》(内部资料),2008年。

167

钱伟长是一个彻底的辩证唯物主义者。作为一位教育家，他一直强调："通过学校的教育，要求学生能掌握一种正确的学习方法、工作方法和思想方法，也就是辩证唯物主义的方法，所学的课程、专业只是一种载体，学生通过这些载体来掌握这种方法。"[①]他又说："把知识作为一个载体，培养学生分析矛盾、解决矛盾的能力，这是我们教学的目的。"[②]通过对他诸多思想的整理和归纳，我们可以总结出他所讲的辩证唯物主义的方法有如下几条：其一，强调实践导向对科学认识的基础作用；其二，强调问题意识和创新精神是科学活动的动力；其三，在科研、教育活动中，要用系统方法进行协调。当然，这几个方面既有各自独立的丰富的内涵，同时又相互联系、相互映衬、相互论证、相互支撑，是一个有机整体。

钱伟长认为科研就是要解决实际问题。"什么叫科研？科研就是解决学问发展和生产需要、社会变革所产生的问题。"[③]"我们是需要理论，同时更重要的是向我们国家建设工作中发生的问题进军，去解决它。"[④]他在一次研究生奖学金颁奖大会上对学生们说："不管对口不对口，只要有志气按国家需要的工作去做，就会出成绩。现在你们学的可能以后工作中用不到，但工作方法和基础是一样的。"[⑤]他还举了好多具体的例子来说明数学、物理、力学等基础理论学科与实践的关系。他说："做应用数学的人重点还是希望解决实际问题。实际问题包括两个方面，一个是物理和工程理论发展所发现的问题，力学、物理甚至工程方面的问题；还有一个就是生产上发生的问题，现在已经包括社会管理上发生的问题，比如人口问

[①] 周哲玮：《建设研究型大学，培养创新性人才》，载《科技中国人》2006年第11期。
[②] 钱伟长：《师资队伍建设和研究生培养》，载《钱伟长文集（下卷）》，上海大学出版社2013年版，第1141页。
[③] 钱伟长：《大学教师必须搞科研》，载《钱伟长文集（下卷）》，上海大学出版社2013年版，第960页。
[④] 钱伟长：《关于非线性科学》，载《钱伟长文集（下卷）》，上海大学出版社2013年版，第1064页。
[⑤] 钱伟长：《没有一个独立富强的国家就没有个人的一切》，载《钱伟长文集（下卷）》，上海大学出版社2013年版，第849页。

五、他创导培养"全面的人"

题,都是这种类型的问题。"①他指出,实际问题总是在实践中产生,所以要特别重视实践对科研的导向作用。早在1979年,他就旗帜鲜明地指出,我们要按照规律办事,以实践为标准来研究规律。"实际上就是这么两个性质,一个是技术上的实践,一个是经济上的实践。你得按规律办事,不能违反这个东西。"②在1985年,他又指出:"要重视联系实际。不联系实际,那我们什么学科都是没有生命力的。"③"科学技术发展史也表明,科学研究的正确道路应该是:从生产实践和人类认识实践中总结经验,提炼问题,经过长期的基础研究和应用基础研究,总结出规律性的东西,上升到理论高度来认识,再到实践中应用和开发,接着进行高一层次的循环。"④因此,他特别强调,我们培养研究生的主要目的,也是使学生们能在众多复杂的环境里、在不同的条件下,有解决问题的能力,有学科开拓的能力,懂得分析矛盾、抓住主要矛盾。"对一个研究生来说,是要到科研的第一线,到实践中去锻炼。只有当他真正懂得了本学科在实践中产生的问题,他才有可能当个好教师,当个好的科技人员。"⑤在关于实践的理解上,他不但强调实践是认识的来源、实践对科研的导向作用,而且坚信实践是检验真理的唯一标准。他说:"'实践是检验真理的唯一标准'是马克思主义的一个科学原则。发展科学要实践,光靠幻想不行,直接的认定也不行,要实践来检验。我们既然承认检验真理的唯一标准是实践,就应该把这个原则真正用到科学上面去。"⑥他认为自然科学和人文社会科学都需要

---

① 钱伟长:《数学、力学与实践的关系》,载《钱伟长文集(下卷)》,上海大学出版社2013年版,第890页。
② 钱伟长:《关于系统工程的报告》,载《钱伟长文集(上卷)》,上海大学出版社2013年版,第286页。
③ 钱伟长:《交叉科学与科学家的社会责任》,载《钱伟长文集(上卷)》,上海大学出版社2013年版,第614页。
④ 钱伟长:《基础研究与应用开发必须宏观综合平衡》,载《钱伟长文集(上卷)》,上海大学出版社2013年版,第668页。
⑤ 钱伟长:《谈本科生与研究生的教与学》,载《钱伟长文集(下卷)》,上海大学出版社2013年版,第1191页。
⑥ 钱伟长:《学科的融合将形成完整的科学体系》,载《钱伟长文集(下卷)》,上海大学出版社2013年版,第1224页。

实践进行检验:"科学的标准是实践。实践在自然科学中叫实验,也可以叫科研。在社会科学中,就是对社会问题的科学思考。什么是科学?科学不仅是狭义的数学、物理、化学,而是指在相同的条件下,能够重复实践的真理。科学是任何人都能做,而不是那些所谓的'天才'的人才能够完成的。因此,人文社会科学作为科学,也要接受实践的检验。"①

钱伟长特别强调"问题意识"的重要性,强调要培养学生发现问题、提出问题、分析问题和解决问题的能力。"所谓问题意识,是指人们在认识活动中,经常意识到一些难以解决或疑惑的实际问题及理论问题,并产生一种怀疑、困惑、焦虑、探索的心理状态,这种心理又驱使个体积极思维,不断提出问题和解决问题。思维的这种问题性心理品质,称为问题意识。"②问题意识在思维过程和科学创新活动中占有非常重要的地位,是培养创新精神的切入点。在钱伟长的讲话中,对什么是好的问题、如何发现问题、如何解决问题以及对待问题的态度等,也都进行过多次阐述。他强调的"问题意识"不仅体现了个体思维品质的活跃性和深刻性,也反映了思维的独立性和创造性。强烈的"问题意识",作为思维的动力,促使人们去发现问题,解决问题。一般来说,显而易见的问题无须发现,难以发现的是蕴含在习以为常现象背后的问题。所以,"发现"表现为意识到某种现象的隐蔽未解之处,意识到寻常现象中的非常之处。从这个意义上说,发现问题是解决问题的关键,发现问题是创新的起点和开端。所以,他特别指出:"培养学生分析问题和解决问题的能力这句话起码是不完整的,因为它没有说要培养学生发现问题和提出问题的能力,在学校里问题都给你规定好了,你只要给出答案,但当你走向社会面对实际工作的时候,你要首先提出问题,正确地提出问题就已经解决了问题的一半,科研工作

---

① 钱伟长:《对学校第十个五年规划及长期发展规划的设想》,载《钱伟长文集(下卷)》,上海大学出版社2013年版,第1372页。
② 姚本先:《问题意识与创新创新精神》,载《北京宣武红旗业余大学学报》2002年第2期。

五、他创导培养"全面的人"

就是要解决这样的问题。"①科学研究找题目就是找问题,他认为科学研究找题目"是一个很大的本事"。"题目的来源不外乎是几个方面:一个是从生产中提出来的,一个是从学科发展中提出来的,有的是两者都有。有的不是从当前生产中提出来的,如国家要研究遗传工程,这是国家提出来的。主要是这三个方面。至于你做什么样的题目,还要考虑学校的设备资金、资源的条件和自己的专长,把两者结合起来。"②除了题目的来源,他还由宏观到微观、由抽象到具体地给出了寻找问题的方式。比如,针对学科发展中出现的问题,他曾指出,我们要在科研活动中学会选课题,尤其要注意培养学生自己找问题。更进一步地,针对一篇论文,他也曾指出寻找问题的方式,他说:"一般情况下,一篇完整的论文,都包括这样几部分:第一段是摘要。……下面接着的是引论,主要包括三方面的内容。第一,讲这个问题是从哪儿提出来的……第二,要讲这个问题以前已经有多少人干过了、处理过了,他们取得了什么结果,达到了什么水平。……第三,要指出作者自己是在什么样的不同观点下面重新处理这个问题的,自己的观点跟前人不同在哪儿。"③发现问题之后,就是如何解决问题了。他认为,我们解决问题需要正确的方法,不能盲目地去做。因此需要寻找最合适的工具来解决实际问题。他常以格丁根学派崇尚应用数学工具解决科学问题为例,他说:"为了解决一个实际问题,有时不惜跳进数学这个海洋,来寻找最合适的工具,甚至于创造新工具。……数学在应用数学者说来,只是求解实际问题的工具,不是问题本身。"④他还借用自己在多伦多大学的导师、应用数学家辛格教授的话说:"你们应该有捏着鼻子跳进海洋的勇气,但更应该懂得避免不要淹入海底。懂得在完成任务后爬上

---

① 周哲玮:《教育家钱伟长》,载《力学进展》2003年第1期。
② 钱伟长:《谈谈研究生的培养和学习问题》,载《钱伟长文集(上卷)》,上海大学出版社2013年版,第425页。
③ 钱伟长:《谈学习方法》,载《钱伟长文集(上卷)》,上海大学出版社2013年版,第417页。
④ 钱伟长:《八十自述》,载《钱伟长文集(下卷)》,上海大学出版社2013年版,第975页。

岸来，寻找新的物质运动的主题。数学本身很美，不要给它迷了路，应用数学的任务是解决实际问题，不是去完善许多数学方法，我们是以解决实际问题为己任的，从这一观点上讲，我们应该是解决实际问题的优秀'屠夫'，而不是制刀的'刀匠'，更不是一辈子欣赏自己制造的刀多么锋利而不去解决实际问题的'刀匠'。"①钱伟长从他所熟知的应用数学解决科学问题引申出正确掌握科学方法的普遍原则，在这一点上，他的方法可以归结为战略性的解决方法和战术性的解决方法。所谓战略性方法，就是先大后小，先易后难，逐步解决。他指出："首先要学会调查研究。因为任何问题过去都会有人做过，在不同水平上做过。你要去总结人家的经验，有的经验是对的，有的是错的，你要去辨别它、分析它，然后汇总，找出它们的矛盾，弄清问题的症结，并排出哪些重要哪些不重要，还要提出解决矛盾的方法。总之三句话：分析矛盾，找出主要矛盾，提出解决矛盾的方法。这就是你们在研究工作中要做的事情。"②他认为研究生教育应是一个培养从已知领域进入未知领域的过程："首先要解决的一个问题是改变过去把一切知识都认为是没问题的观点，你要认识到一切都有问题，到处都会有漏洞，同时你要设法去解决它、克服它。你能不断提出问题你就会变成一个自觉的科学家，你能不断去解决问题你就成了一个自觉改造世界的人。"③他指出，宇宙无限，问题永远存在，所以任何时候都要有"问题意识"。"应该觉得自己不懂的东西很多很多，那你就是很有学问；你觉得什么东西都懂，你大概是没有学问的。"④培养"问题意识"，培养"有问题"的学生，是他在创新性人才培养中的核心理念。他在很多次讲话中反复强调这个理念。比如，他在1980年就指出："大学教育要培养几个能力，

---

① 钱伟长：《八十自述》，载《钱伟长文集（下卷）》，上海大学出版社2013年版，第975页。
② 钱伟长：《和青年朋友们谈学习问题》，载《钱伟长文集（下卷）》，上海大学出版社2013年版，第1209页。
③ 钱伟长：《和青年朋友们谈学习问题》，载《钱伟长文集（下卷）》，上海大学出版社2013年版，第1209页。
④ 钱伟长：《大学教师必须搞科研》，载《钱伟长文集（下卷）》，上海大学出版社2013年版，第965页。

五、他创导培养"全面的人"

其中包括分析能力、解决问题的能力,这个是最起码的。而最重要的,还是要有获得工作中所需要的知识的能力。自己获得知识是科研工作中的第一要求。要向群众学习,要向过去研究过这问题的人学习,要向现在正在研究这个问题的人学习。"[1]他在1996年一次关于师资队伍建设和研究生培养的讲话中重申,不好的博士生写完论文就没有问题了,一切都解决了,这是不好的学生,而好的学生是他做完了还有好多问题,忙得要死,不管明天你派他到哪儿,他还要解决问题。他说:"我们要培养这种人,满肚子都是问题的人,这种人是我们国家需要的。我们培养的是这种人,懂得自己自学,自己收集资料,自己有分析问题、解决问题的能力。培养博士生就是使一个没有问题的人变成有问题的人,也懂得力所能及地来解决问题。""其实最高明的博士生导师就是能提出最远最深的问题。"[2]他在1997年一次谈到本科生与研究生的教学问题时再次提道,培养博士生的目的是要使一个没有问题的人变成能发现问题的人,而且问题越多越好,离开导师以后还能不断地做。"什么是毕业?怎样才算毕业?我说应该把我的学生培养到满肚子都是问题才算毕业。……所以博士生、硕士生怎么培养,关键是要有发现问题的能力。"[3]他在2002年一次全校中层以上干部会议上,在讲到人才培养问题时再次强调:"硕士研究生要学会找资料,发现研究方向,它是博士研究生阶段的基础;而博士则必须具有独立提出问题、解决问题、验证问题的能力。"[4]在他的辩证唯物主义教育观中,关于"问题意识"的强调次数最多,分量最重。上海大学师生始终不会忘记他的一句肺腑之言:"我希望你们将来都是生龙活虎的人,有满肚子问题的

---

[1] 钱伟长:《教学与科研》,载《钱伟长文集(上卷)》,上海大学出版社2013年版,第356页。
[2] 钱伟长:《师资队伍建设和研究生培养》,载《钱伟长文集(下卷)》,上海大学出版社2013年版,第1143页。
[3] 钱伟长:《谈本科生与研究生的教与学》,载《钱伟长文集(下卷)》,上海大学出版社2013年版,第1192页。
[4] 钱伟长:《对学校第十个五年规划及长期发展规划的设想》,载《钱伟长文集(下卷)》,上海大学出版社2013年版,第1374页。

人,能上战场的人。"①

钱伟长总是把培养创新精神和培养"问题意识"联系在一起,他说:"我主张探索新问题,要有所发现、有所创新,发现和创新是科学发展的根本动力。"②他有关创新的理论非常丰富,对创新的内涵、特点和创新人才的培养都有很多精辟的论述。首先,他指出创新要有科学性:"什么叫创新精神?创新首先要有科学性。……创新精神不是拍脑袋,科学创新要搞清有什么局限性。科学实践告诉我们,真理有普遍性,也有局限性,超过这个局限,这条真理就成了谬误。……某些条件变了,把从前的科学真理加以改造,突破原有的局限这叫进步、叫创新。创新是生产和实验,自然界经验的总结,这总结是有条件的,社会在发展,生产在发展,实践也在发展。发展就是不断地创新。"③他认为科学的创新是在不同条件下达到我们所要求的目的,要看见我们有落后性、不完备性,然后去充实它、完备它,使之得到更往前走一步的条件。其次,他还说创新也要重视方法论:"现代科学知识中方法论的地位愈来愈高,作用也愈来愈大。如果没有新的科学方法和新的研究手段,那就很难创造新的科学理论。"④归纳言之:"创新主要有三个方面:一是思想的创新,革新某个学科的根本思想;二是方法的创新,包括数学方法和实验方法;三是开拓已有思想和方法的新应用领域。不管做什么研究,都应该努力在这三个方面有所创新。"⑤

钱伟长辩证唯物主义教育观中的一个重要方面就是关于系统工程理论的应用。系统工程是一门在20世纪40年代开始发展起来的融合自然科学

---

① 钱伟长:《谈学习方法》,载《钱伟长文集(上卷)》,上海大学出版社2013年版,第420页。
② 钱伟长:《学科的融合将形成完整的科学体系》,载《钱伟长文集(下卷)》,上海大学出版社2013年版,第1223页。
③ 钱伟长:《培养有创新精神的人》,载《钱伟长文集(下卷)》,上海大学出版社2013年版,第1452页。
④ 钱伟长:《学科的融合将形成完整的科学体系》,载《钱伟长文集(下卷)》,上海大学出版社2013年版,第1224页。
⑤ 苏克勤:《院士世家 钱穆·钱伟长·钱易》,河南科学技术出版社2014年版,第187—188页。

和社会科学的一门新兴学科、交叉学科，系统工程最著名的实例就是美国的"曼哈顿计划"和"阿波罗登月计划"，我国科学家钱学森、华罗庚、钱伟长等人在1978年后将系统工程理论引入国内。上文曾提到钱伟长在1978年以后在全国各地宣讲"实现四个现代化"，他也同时宣讲系统工程，因为他敏锐地察觉在改革开放之际，科学发展突飞猛进，各个领域的管理也出现了很多新情况、新问题，因此需要进一步增强科学研究和管理的整体性和综合性。他在学校讲到要对学生加强辩证唯物主义教育的时候，也会经常阐述关于系统工程的观点，他主张要在科学研究领域更加广泛地运用系统论、控制论、信息论、协同论、突变论等横断学科。系统方法，就是从系统观点出发，着眼于整体与部分、整体与环境的相关联系和相互作用综合地考察对象，求得整体的最佳功能的科学方法。系统方法与传统方法相比有最优化、定量与定性相结合等优点。他曾多次明确谈到系统方法的内涵及其重要性。他指出，系统工程不是新鲜的东西，无非就是在一定的资源、人力、物力的条件下，在一定的时间里，完成一个任务。"所谓系统工程，是我们在为完成某一种任务或者某一个目的所从事的工作中，要求能够用最好的办法、最少的花费、最轻的劳动达到这个目的。"[1] "系统工程说清楚了就是组织和管理的科学。"[2] 他在《关于组织和管理的近代科学——系统工程》一文中指出，系统工程大概在三个方面用得最多。第一个方面是科研技术的管理。在国外都把这种管理叫作计划，就是用系统工程管理某个项目的一套办法，如"曼哈顿计划"中的科研管理。第二个方面是用在军事管理中。第三个方面则是用在社会活动的管理方面。他认为系统工程具有两个理论基础：其一是辩证唯物主义的理论基础；其二则是定量的数学技术，也就是运筹学。[3] 运筹

---

[1] 钱伟长：《关于组织和管理的近代科学——系统工程》，载《钱伟长文集（上卷）》，上海大学出版社2013年版，第239页。
[2] 钱伟长：《关于系统工程的报告》，载《钱伟长文集（上卷）》，上海大学出版社2013年版，第270页。
[3] 钱伟长：《关于组织和管理的近代科学——系统工程》，载《钱伟长文集（上卷）》，上海大学出版社2013年版，第251—253页。

学的内容很广,他主要讲了八种,分别是线性规划(就是人员、设备、材料、资金、时间的变动对于整个系统的运动产生的影响,这些变动产生的影响和变动的多少成正比)、目标函数、博弈论、排队论、搜索论、库存论、决策论、可靠性理论。他认为,系统工程有六个要素,"第一个要素是'人',人是从两个方面来研究的,一个是数量,就是工作需要的数量,一个是质量,就是需要什么样的人;第二个要素是'物',包括物资、原材料和设备;第三个要素是'财务';第四、第五个要素分别是'任务'和'信息';第六个要素是信息有'反馈'作用"[①]。他指出,搞任何工作一定要考虑这六个要素。这六个要素可以概括为三类,即人、物、事,其中信息和管理,也就是各级领导的决策非常重要,是传统的科学方法容易忽略的因素。他还指出:"这六个方面不是一成不变的,是永远在变化的。在变动的过程中有个名词,叫流(flow)。人有人流,物有物流,信息有信息流。所有的流动得畅通,这是完成工作最关键的一个问题。"[②]钱伟长非常善于运用系统工程的理念与方法处理各种问题,他的"拆四堵墙"的思想、"培养全面的人"的思想以及他所倡导的诸项体制机制改革都凸显了他在这方面的智慧,所以他的这些思想和改革举措具有很强的创新性、科学性和可操作性,影响广泛而深远。

科学与人文相结合的教育

钱伟长办大学,立足于培养"全面的人",反对学科间的人为界限和过分强调专业教育,重视科学教育与人文教育的结合。1983年5月,他直指我国理工科大学依然普遍存在的弊端,明白无误地指出:"作为社会主

---

① 钱伟长:《关于组织和管理的近代科学——系统工程》,载《钱伟长文集(上卷)》,上海大学出版社2013年版,第247—250页。
② 钱伟长:《关于系统工程的报告》,载《钱伟长文集(上卷)》,上海大学出版社2013年版,第284页。

五、他创导培养"全面的人"

义中国的科技工作者,首先是一个爱国者、辩证唯物主义者,一个有文化修养、心灵美好的人,其次才是一个有专业知识的人。所以,我认为应迅速改变理工科大学某种'重理轻文'的倾向,要创造理工科大学生学点文史知识的良好条件和氛围,以把他们造就成有用之才、一代新人。"① 他深刻地认识到自然科学和社会科学两者本身是相互联系、不可割裂的。"用科学的眼光来看,从无生命的宏观行为(运动)到微观行为(运动),再从微观行为逐渐过渡到有生命的个体行为,最后是有生命的群体行为,这个连续体的前半部分行为由自然科学研究,而后面的群体行为则是由社会科学研究的。"② 可见,宇宙间自然界的变迁、人类社会和人的思维活动是一个广泛而又普遍联系的连续体,这就决定了对这个连续体进行探索的科学认识也应该是连续的。因此,科技工作者如果只有"专业"知识面而无"社会"与"人"的知识的话,势必会影响到他对整个世界的看法,也会影响甚至限制他的某个专业领域方面的发展。换言之,科技工作者即便是从自己专业发展的角度出发,也应关注到人类社会和人的问题,这就是现在我们所讲的,科技发展也要建立在人与社会、人与自然和谐发展这个基础之上。他敏锐地意识到自然科学和社会科学的交叉和渗透已成为现代科学发展的一个特征。马克思早在《1844年经济学哲学手稿》中就明确指出:"自然科学往后将包括关于人的科学,正像关于人的科学包括自然科学一样,这将是一门科学。"③ 对此,钱伟长给予高度认同,他说:"马克思的预言已变成现实。……我认为自然科学、技术科学与人文科学传统的学科分割界即将消除,它们将会结合成一个完整的科学知识体系。在不同学科之间不再是'隔行如隔山',而是相互'取长补短'。"④ "我一

---

① 钱伟长:《理工科大学生应学点文史知识》,载《文汇报》1983年5月27日。
② 钱伟长:《交叉科学与科学家的社会责任》,载《钱伟长文集(上卷)》,上海大学出版社2013年版,第613页。
③ 马克思、恩格斯:《马克思恩格斯全集(第42卷)》,人民出版社1979年版,第128页。
④ 钱伟长:《学科的融合将形成完整的科学体系》,载《钱伟长文集(下卷)》,上海大学出版社2013年版,第1223页。

贯认为,文理渗透,中西应该贯通,必须重视修读文史哲基础理论课程,如此一来,可以开拓学生视野,提高学生认识世界、分辨事物的能力。其效果或许短时间内难以显现,然而着眼将来,其功必显。"[1]因此,科技工作者不能仅仅满足于研究自己的专业领域,而必须学习相关的社会科学。

科学与人文的结合也是人类认识深化的结果,人类对客观世界的认识是一个否定之否定的辩证发展过程。在远古时代,人类对自然的驾驭能力非常有限,因此产生了对自然界的敬畏和崇拜。通过与自然的较量和观察,人类逐渐形成了一种朴素的整体知识观。在我国古代,这种整体知识观表现为以"天人合一"为核心的哲学观点,这种知识观反映在教育上,就是对"博""通"人才的崇尚。我国战国末期思想家、教育家荀子曾把儒生分为三等,即俗儒、雅儒和大儒,大儒者,"学贯古今,博通天人",认为唯有大儒才能够"以浅持博,以古持今,以一持万。"(《荀子·儒效》)因此,我国古代的教育以培养人的完善人格为主要目的,重视道德教育,而轻视有关生产和生活实用知识的学习。在古代西方,持这种朴素的整体知识观的代表是古希腊哲学家亚里士多德的形而上学知识观。客观性和逻辑性是亚里士多德形而上学世界观的灵魂,他关于形式的思想在哲学、科学、逻辑、数理之间具有一种超越性关联,使他的实体理论和逻辑学取得了一致,从而使哲学与科学的统一成为西方哲学的传统。亚里士多德的教育观是"自由教育"(liberal education),他认为,最值得人去追求的生活是在免于生机劳碌的闲暇中自由地进行纯理论的沉思,沉思事物的本质及其发展的起因和终极目的,发展人的理性和德行是"自由教育"的最高目的,正以为如此,亚里士多德反对任何狭隘的、功利性的专门训练。到了近代社会,工业的发展要求知识越来越专门化和精确化。人类进入了以分化研究为主的认识阶段,这种认识方法大大推进了人们对客观事

---

[1] 钱伟长:《付出终究有收获》,载《钱伟长文集(下卷)》,上海大学出版社2013年版,第1366页。

五、他创导培养"全面的人"

物的内部认识。人们把科学分成了名目繁多的门类进行分化研究。体现在教育上,就是高度分化的专业教育的产生。科学的高度专门化、专业化与教育的专业化相互推波助澜,促使教育的专业化予以规范性和合理性。于是,科学教育和人文教育就拉开了距离,最终造成了相互分离。起始于19世纪70年代的第二次工业革命加剧了两者的分离,加强了科学与教育的专门化,与此对应的大学逐渐从纽曼(19世纪英国著名教育家、古典自由主义教育思想代表人物)称为的"传授普遍知识的地方"演变成为培养专业人才的场所,大学的功利化倾向越来越严重。近代以来以培养专业人才为目标的高等教育在世界范围内迅速发展,其虽是时代进步的产物,但各种过分强化专业教育疏离人文教育的思想与体制则是由人类认识的局限性所致。

新中国成立初期,一方面如火如荼的社会主义建设事业急需大批工程技术人才,另一方面许多人文社会科学专业被贴上资本主义、旧时代的标签而予以取消。1958年以后有所转机。毛泽东主席在1957年提出:"我们的教育方针,应该是使受教育者在德育、智育、体育几方面都得到发展,成为有社会主义觉悟的有文化的劳动者。"他在1958年又提出:"教育必须为无产阶级政治服务,教育必须与生产劳动相结合。"由此,1958—1960年,我国高等教育掀起新一轮改革与发展高潮,建立起一大批地方院校,也建立了既开设基础学科,又开设应用技术学科的新型大学,与美国的理工学院有点相似,如中国科学技术大学、上海科学技术大学等,而在1952年院系调整中,基础学科和应用技术学科两者是被分割开的。同期,大多数省份也纷纷成立综合性大学,增设了一些人文社会科学学科、专业,并希望它们成为当地文化和知识的先导。尽管在这一时期,我国高等教育布局以及高等院校学科结构已有所变革,但文、理、工分校,专业过多过细,重视工程技术教育、轻视人文社科教育的总体状况并没有大的改观,尤其是因为三年自然灾害及大跃进时期经济衰退所造成的国家经济困难,无奈关停了一批大学,其中大多是一些人文社科类院校或专业,其中就有1959年刚刚创办的上海市美术专科学校,尽管当时它是上海唯一的一所美术本科院校。1961年,教育部颁发"高教60条",文件总结了自新中国成立以来,尤其是1958年以来高等教育改革的经验与教训,文件在强调提高教学质量的同时指出,决不能恢复模仿苏联时期过于狭窄的专业设置和教学内容,然而在几年以后,"文革"彻底打碎了"高教60条"所期望的目标,以至于正规大学几乎没有生存的余地,受伤最重的还是人文社科类院校。1978年开始的改革开放,让中国的大学校长体会到了越来越多的自主权,一系列的教育教学改革迅速引入和铺开,涉及人才培养方面的改革都朝着知识的综合化方向而努力,竭力告别过窄的专业设置。综合性大学从1952年以来只允许开设纯理论的文理学科,1978年以后除恢复诸如社会学和人类学这些从20世纪50年代初就一直被禁止的学科专业以外,还开设了一系列应用性文科。照搬苏联模式建立起来的工业大学,历来只有应用性的工程学科,此时不仅开设了相关的基础学科,而是设立了诸如管理学、科技新闻学及统计学之类的人文社科专业。农、医专科学院开设了生物学、医学社会学、农业管理学和其他相关专业。大学生思想政治教育也发生了重大改变,人文社科领域中出现的新思想、新观点、新思潮,逐渐出现在思想政治教育的新教材中。就整个高等教育的专业结构与课程结构而言,大大增加了应用性人文社科类的比例,喻示我国对各专业人才需求量平衡后所作出的重新估计,也表明"软科学"的重要性在改革的过程中得到越来越多的承认。总之,改革开放以来,中国的大学所进行的改革,都建立在两个基础之上,一是繁荣学术,二是适应经济改革对人才培养的需求。

钱伟长家学渊源深远,自小浸染中国文化,从小学起接受"新学"教育,是在盛行科学教育的时代长大成人,尤其是进入大学以后,正值国难,他成为科学救国的热情追随者,其一生主攻应用数学和力学,然而这都不影响他对于中国文学、历史、地理、艺术一直保持着浓厚的兴趣并怀有一种发自内心的尊重。他所具备的深厚的人文底蕴不但造就了他忧国忧

民、宠辱不惊的个性,而且让他在学习和工作中都受益匪浅。在科研工作中,他往往能够另辟蹊径、融会贯通,出其不意地使难题出现破解转机,这跟他谙熟中国文化不无关系。1983年5月,他应福建省委书记项南邀请访问福建,在参观马尾港时,项南说到治理港口的烦恼,由于港址选择不当,建港不久即被淤沙堵塞,致使耗资6亿元建成的港口一直无法正常使用,他听后,顿时想到中国明代人们束水攻沙治理黄河的典故,于是提出了相应治理港口的具体措施,福建方面根据他的建议只花费了100多万元,就彻底解决了港口淤沙问题,港口恢复正常使用。这是钱伟长的"灵机一动"换得巨大社会效益和经济效益的一个典型事例。还有一个典型事例,就是在20世纪80年代,他曾创造一种"汉字宏观字形编码"(简称"钱码")计算机汉字输入法,成为当时国内最佳的输入法之一,在全国得到推广应用。他能获得这一跨学科的成果,与其深厚的汉字家学功底不无关系。他曾经在回忆钱穆的文章中说起过,他幼年时识字尚少,为大人记账本往往错字连篇,钱穆不仅逐字改正,并且详细讲述这些字的偏旁部首、笔画和含义,由此,他不仅学到了汉字的结构特点,更主要的是在潜移默化中熟悉了汉字所反映的中国人的思维方式。上海大学教授、我国著名现当代文学专家王晓明在2004年上海大学校庆大会上作为教师代表发言,他在发言中有一段话:"记得有一次我和文学院的几位同事一起去和钱伟长校长座谈。听钱老侃侃而谈,我一边想,这才是一个大学的校长,现在的中国,实在是太需要钱老这样视野开阔、能纵论文史和理工、又有自己的思路、对大学教育有独特的追求的大学校长了。上大能有这样的校长,或者说,钱老和他的其他校长同事们,能在这种追求上保持共识,真是很难得。"

钱伟长有关科学教育与人文教育相结合的思想源自其爱国为民的使命感。他提出要加强人文教育,首先是为了培养学生健全的人格,他指出:"工程学院出去是当工程师的,专门搞技术的。我认为他首先是社会的人,要适应社会上人与人之间的关系,懂社会学、经济学、心理学,还有国家的历史、地理、文学、美术,要有一定的素养。"①因为他确定,只有先"成人",才能后"成才","教育工作首先应该培养怎样做人,探索如何把德育工作的着力点放在教育青年学生怎样做人上"。他坚持认为:"一个对我们的祖国、民族负有深深的责任感的科学家,必须要考虑社会科学和自然科学的交叉关系领域里的问题。"②"搞自然科学技术的人要懂得一点社会科学,搞社会科学的人也要懂得一点自然科学,这样才能把我们的国家建设成最先进的社会主义国家。"③他在1985年10月接受《文汇报》记者采访时说:"理工科学生必须懂人文科学,必须具备一定的文学艺术方面的素养,否则他们就可能给四化建设造成不应有的损失。"从以上一系列论述可知,"科学教育与人文教育的结合—人的全面培养—国家建设需要",就是贯串其教育思想且几十年未曾改变的思维逻辑。上文曾说过的1957年的《对于有关我国科学体制问题的几点意见》,在这份向国务院提出的意见书中建议要发展社会科学,"应当恢复的就应重视起来",要恢复的学科包括社会学以及恢复研究资本主义国家的政治制度、国际关系、国际法等政治学的主要课程。他们的这些意见,在当时的政治气候下当然是无法实现的。我国改革开放为实现他们的愿望带来了契机,原上大文学院(前身是1978年成立的复旦大学分校)在全国高校中率先恢复社会学系,著名社会学家、教育家费孝通闻讯非常高兴,欣然接受学校邀请,受聘为上海大学名誉教授。1994年,钱伟长聘请费孝通为上海大学上海社会发展研究中心主任,这一对诤友又在为繁荣我国社会科学的发展而并肩奋斗。

钱伟长在上海工大和上海大学一方面推进人文社科学科的建设,另

---

① 钱伟长:《培养全面发展的人》,载《钱伟长文集(上卷)》,上海大学出版社2013年版,第710页。
② 钱伟长:《交叉科学与科学家的社会责任》,载《钱伟长文集(上卷)》,上海大学出版社2013年版,第614页。
③ 钱伟长:《20世纪末自然科学发展总趋势》,载《钱伟长文集(上卷)》,上海大学出版社2013年版,第662页。

五、他创导培养"全面的人"

一方面推进自然科学、工程科学与社会科学、人文科学各学科之间的融合渗透,并创建体现这种融合渗透的新学科。如由他力主促成的于1994年9月成立的上海大学知识产权学院,融合科技与法律,其前身是创建于1988年的上海工大科技法与知识产权法教学与研究中心。2005年4月,国务院新闻办公室发表了《中国知识产权保护的新进展》白皮书。国家知识产权局负责人在白皮书新闻发布会上,专门提到北京大学知识产权学院、上海大学知识产权学院和中国社会科学院知识产权中心的成立"是中国知识产权保护新进展的重要例证"。又如1995年成立的上海大学影视艺术技术学院是国内高校首个融影视艺术与影视技术的学科阵地,当时教育部公布的专业目录中还没有学院中所设立的这些新型学科专业。

1994年以来,上海大学根据钱伟长关于科学教育与人文教育相结合的思想,一直在加强人文社科学科的建设。截至2009年,上海大学人文社科学科专业点的本科生、硕士生及招生规模都已占全校"半壁江山",博士点已近全校三分之一的规模;社会学已在国内处于领先水平,美术学、电影学、传播学、档案学等在国内处于先进水平,在上海处于领先水平;学校人文社科学科整体实力在上海高校仅次于复旦大学和华东师范大学。高水平的人文社科学科建设为在全校贯彻与实践钱伟长关于科学教育与人文教育相结合的教育思想打下了坚实基础。

体育和艺术教育

1999年6月,上海大学新校区还在建设之中,钱伟长就抓紧时机召集了一个全校分管艺术、体育教育的干部、教师会议。他在会上说:"对学生进行艺术和体育方面的培养和教育,是我多年来的心愿,过去没有条件,现在可以这样来培养了。"他又说:"培养学生更多是在课外,不是在课内,更重要的也是在课外。"^①后面这句话非常重要,表明体育精神和艺术修养是一个"全面的人"不可或缺的素质,加强体育和艺术教育也是钱伟长教育思想的题中之意。

钱伟长在清华大学求学的六年间,在恩师马约翰的热情鼓励和悉心指导下,他刻苦锻炼,顽强拼搏,不断超越自我,从一个羸弱的书生成长为运动场上的一员骁将。体育练就了他健康的体魄和灵活的大脑,更重要的是锤炼了他坚强的意志、塑造了他自强不息的人格。1999年,他在《深切怀念我的老师马约翰教授》一文中深情地回忆道:"六十多年来,在漫漫的人生道路上,我有勇气承担风雨,有毅力克服困难,有意志不断战胜自我,今天还能坚持为祖国服务,战斗在教育科研岗位上,缅怀马老师的教诲,铭心不忘!"^②

从清华大学到上海工大,再到现在的上海大学,钱伟长一方面继承他当年从母校获得的一切最珍贵的东西,教导着他的学生"锻炼身体,争取为祖国健康工作五十年""体育不及格不能毕业",另一方面他凭借自身经验对大学体育教育有着更深刻的理解。在他看来,学校的体育教育是"不能仅仅作为体育问题来抓的","很多培养是通过体育教育来做的,是一个培养合格的社会栋梁的重要部分,体育教育是高校培养全面发展的主要载体和手段之一,体育教师肩负的工作责任与其他学科的教师一样任重而道远"。他强调:"学校体育很重要。好处之一是自身健康,另外运动也可以培养人,培养人的分析能力、决策能力。运动场上情况瞬息万变,要应付环境,就要有分析、决策的本事。"^③他还特别强调,可以通过体育竞赛,培养学生的团队精神,"运动是培养人的体力,增强体魄,激发拼搏争先的斗志,形成合作的团队精神的最好形式","体育不仅是为了拿锦标,

---

① 周哲玮2005年9月接受香港《大公报》记者采访时的回忆叙述。
② 钱伟长:《深切怀念我的老师马约翰教授》,载《钱伟长文集(下卷)》,上海大学出版社2013年版,第1241页。
③ 钱伟长:《体育与全民素质的提高》,载《钱伟长文集(下卷)》,上海大学出版社2013年版,第1195页。

五、 他创导培养"全面的人"

拿锦标的人不光是体格好,要培养工作态度,这是体育必须要做的事。个人的行为,作用不够,要团结精神,必须要很多人合作才行。……团队精神是具体训练的,只有团体才能培养团队精神,这是原则问题"。①

2002年5月,钱伟长发函邀请上海市教委、高教局的领导,到上海大学参加"体育教育与素质工作恳谈会"。他到会并站着讲了40分钟的话,第一句话是:"今天我请大家来共商国是,如果高校还要培养国家栋梁之材的话,就必须重视体育,体育教育是贯彻党的教育方针'三育'之一。"寥寥数语,表明了体育在他心目中的地位。基于这样的体育教育理念,他一直非常重视大学体育的发展,根据他的规划设想,上海大学新校区建设资金的六分之一(超过2亿元)用于体育场馆与设施建设。2002年落成的上海大学体育中心是当时国内高校中场馆条件最完备、设施最先进的运动场馆,拥有体育馆、温水游泳馆、训练馆、标准灯光比赛用田径场和练习用田径场。投入使用以后,成功举办了多项国际、国内重大赛事,包括在2004年作为第七届全国大学生运动会的主赛场之一。截至2008年,上海大学体育场馆与设施总资产已超过3亿元。

钱伟长对学校体育的关心是身体力行的。2002年,他主持策划了上海市普通大学生足球联赛,执笔拟定了竞赛章程,并自己出资制作了足球赛的奖杯。联赛章程规定,运动员应是普通大学生或研究生,而不是在校学习的专业运动员。他策划这个联赛旨在传递一个思想:他不反对专业运动员进入大学深造,也不反对这些"运动员大学生"代表学校参加各种赛事,但他秉承马约翰老师的体育理念,更关注"大学生运动员"的培养,就是说,学校体育工作的重点应是提高全体学生的素质,应放在群众体育活动方面。他多次召集体育教师进行座谈,就如何上好体育课、建设好大学生运动队、组织好群众竞赛等问题发表意见。当然,他也非常关心大学

---

① 钱伟长:《在校长体育论坛会上的讲话》,载《钱伟长文集(下卷)》,上海大学出版社2013年版,第1382页。

生运动队的建设与成绩,常常到赛场为运动员加油,为获奖运动员颁发荣誉证书与奖章,他希望通过运动队的拼搏精神及获得的荣誉来带动全校的群众性体育运动和激励学生的集体荣誉感。2005年10月,身体状况已不容钱伟长久站,但他还是坚持坐着轮椅来到体育场看望正在锻炼的师生,并叮嘱:"把体育的宣传工作融入学校宣传工作里面,把热心体育运动的学生组织起来,让他们在自己的刊物上发表各种体育比赛的通讯,公布各类体育活动的信息,从而吸引更多的学生参与到体育运动中来,让更多学生培养关心集体的习惯,树立集体荣誉感。"[1]

在钱伟长体育教育思想的激励下,上海大学体育工作取得突出成绩。学校于2002年被评为上海市"体教结合"先进单位,于2004年被评为全国群众体育先进单位;学校获准建立了国家体育总局体育社会科学重点研究基地和国家体育总局体育文化研究基地,充分发挥多学科综合优势,在体育科学、体育教学研究、体育文化、体育产业等方面承接了多项国家级研究课题,发表了多篇研究报告与论文,业已成为国内重要的体育学术活动基地之一;为了进一步搞好体育教学、群众竞赛、体育科研和体育管理工作,加快筹办体育专业步伐,上海大学于2007年正式组建了体育学院。

钱伟长这一代科学家,不但有着同样炽热的爱国热情,还有着同样追求美的情操和眼光。2005年,国务院总理温家宝看望钱学森,钱学森当面向总理提出了两条意见:一是大学要培养杰出人才,二是教育要把科学技术和文学艺术结合起来。2007年,温总理再次看望钱学森,并告诉他:"您上次说的两条意见,引起了社会广泛关注和认同。我每到一个学校,都和老师、同学们讲,搞科学的要学点文学艺术,对启发思路有好处。学校和科研院所都要很重视这个观点,都朝这个方向努力。"钱学森很有信

---

[1] 陆小聪:《钱伟长体育和艺术教育思想研究》,载《2007年教育部规划课题专题报告》(内部资料),2008年。

五、他创导培养"全面的人"

心地说:"处理好科学和艺术的关系,就能够创新,中国人就一定能赛过外国人。"①钱学森不仅拥有一个广阔无限的科学世界,而且拥有一个绚丽多彩的艺术世界,他从青少年时期就在父亲的影响下对文学艺术有了广泛兴趣,在小学、中学时期喜好书法、绘画、看古典小说、听中外音乐,在上海交通大学读书时,还是学校乐队的一名圆号手,有着很高的艺术修养。后来,与著名女高音歌唱家蒋英结为伉俪,俨然也是他追求科学与艺术完美结合的一个最美丽的结晶。钱伟长出身于书香门第,从小喜好读书写字自不必多说,而接受良好的艺术熏陶就很特别。他在晚年回忆少年光景时说:"暑假时,父亲和叔父们都在一间屋子里谈话、下围棋和演丝竹。父亲是玩笙的,四叔玩笛,六叔玩箫,八叔拉得一手二胡,我和祖母有时给他们打碗起拍子。那几年家里虽然贫寒,但的确是其乐融融。"②钱家虽陋室简屋,然而清音绕梁,在少年钱伟长脑海里留下美好的印象,也萌生他艺术教育思想的幼芽。后来他也说过,虽说小时候未能学得一两手奏乐技能,但他对音乐倒是一直十分喜好。

钱伟长很早就主张在学生中普遍开展文化艺术教育,并一直想在综合性大学中设立美术学院和音乐学院。他刚到上海工大不久,就力促学校成立文化艺术中心,为的是让"工科学生也应该接触美育和艺术"。由他出面邀请剧作家与导演黄佐临,作曲家与音乐教育家贺绿汀,中国书画艺术家钱君匋、胡问遂、王个簃、吴青霞、陈佩秋、朱屺瞻、赵冷月、曹简楼、方增先、谢稚柳,油画家俞云阶,作曲家沈传薪,剧作家沙叶新,美术设计家任意,摄影家黄绍芬,舞蹈家白水,工艺美术家王子淦,雕塑家陈道坦,作家杜宣,美术家丁浩,美学理论家蒋孔阳等海上名家一一到学校做客,其中大部分人还被聘请为学校文化艺术中心的顾问,钱君匋、胡问遂、王

---

① 李斌:《"中华民族大有前途"——温家宝亲切看望朱光亚、何泽慧、钱学森和季羡林》,载《人民日报》2007年8月5日。
② 钱伟长:《怀念钱穆先叔——钱穆宾四先叔逝世十周年忆养育之恩》,载《钱伟长文集(下卷)》,上海大学出版社2013年版,第1256页。

个簃、吴青霞、陈佩秋、朱屺瞻、赵冷月、丁浩、曹简楼、谢稚柳、俞云阶等人还为上海工大留下墨宝。这么多的艺术界大师级人物频频到校讲学授艺,让广大师生大饱眼福耳福、大开眼界,至今令人难以忘怀。

1994年上海大学成立时,校内有了一所高水平的美术学院,这是上海唯一的一所多学科综合性高等美术学府。该院前身是于1959年成立的上海市美术专科学校,是一所名为"专科"实为"本科"的院校,后来几度周折,终于在1983年以上海市美术学校的名义并入原上大,成为上海大学美术学院。新上海大学刚成立时,上海市也有领导提出,把美术学院从上海大学"拉出来",单独建立上海美术学院,遭到钱伟长拒绝。2000年8月,美术学院新院址在上海大学新校区落成,钱伟长会见前来祝贺的全国11所美术院校的校(院)长,对于为什么坚持要把一所高水平的、多学科的、综合性美术学院置放在综合性大学内,他说,这样做至少有两方面的好处,一方面是对学校来说,美术学院有两项基本任务,一是培养高级美术专业人才,二是对全校师生进行美术素质普及工作;另一方面是对美术学院自身而言,可以充分借助综合性大学多学科优势,拓展学科领域,提升传统学科水平,发展艺术与技术结合的新兴学科、交叉学科。他的这一席话令在座的校(院)长们无不拍手称赞,纷纷向上海大学美术学院的领导表示祝贺:"你们能有这样一位好校长,真是幸福!"继上海大学之后,一些老牌大学也纷纷吸纳或新建美术学院、美术系,成为一种潮流。在大学内成立美术学院或艺术学院,都是本着"人文内涵与艺术技能并重,理论性与应用并重"的办学方针。融艺术与技术为一体的上海大学影视艺术技术学院的成立,再创我国高等学校同类新兴学科建设之先河。该学院首位副院长(主持工作)金冠军回忆说,影视艺术技术学院就是钱伟长校长亲力亲为筹划建立的。新上海大学刚成立,钱伟长到嘉定东校区(原上海科专)看到了那儿的音响实验室,觉得很好,认为应该发展这一块。后来,他在一次和上海市副市长龚学平的会晤中,在谈到人才培养时,提出要为上海培养艺术和技术结合的复合型人才,龚学平

五、他创导培养"全面的人"

曾经主管过上海的广播、电视、文化系统,对于钱伟长提出的这个设想可谓"一拍即合",龚学平对他说,在内地既懂艺术又懂技术的专业人才很少,连举办一场大型演出的录音师、灯光师往往都要从香港或国外请来,因此,他赞同上海大学发挥学科综合优势,成立影视艺术技术学院。这个学院一开始取名"影视艺术与技术学院",龚学平提议说,我们办这个学院旨在艺术和技术的结合,是个整体,是没有缝隙的结合,是"艺术的技术",中间有了一个"与"字,则往往演变为艺术一块、技术一块,所以就应该叫"影视艺术技术学院"。按照钱伟长和龚学平的意见,上海大学合并原有的电视编辑、电子工程、无线电技术、检测技术与仪表、新闻、新闻与传播等专业,于1995年4月正式成立影视艺术技术学院,并聘请著名电影艺术家谢晋为院长,龚学平也欣然接受钱伟长的邀请,担任该学院的名誉院长。接着,国内一些高水平的艺术院校也相继迈出了这一步,成立了类似的院系和专业。例如:中央戏剧学院于1999年成立了电影电视系,并强调该系的教学方针是"艺术创作与技术动手能力双管齐下";中国传媒大学(原北京广播学院)于2002年成立了影视艺术学院,设置了15个专业,"涵盖了'编、导、演、摄、录、美'广播影视节目创作链条中的每一个环节";北京电影学院于2005年成立了影视技术系,目标是"培养有数字媒体技术知识和技能,同时了解影视创作知识,具备艺术修养的复合型人才。"2004年,钱伟长写信给江苏省委书记李源潮,经他的帮助,从南京艺术学院引进原副院长、博士生导师、国务院学位委员会美术学科评议组成员、国画家阮荣春教授,在上海大学组建了艺术研究院。2005年1月,上海大学又从南京艺术学院引进了一个学科团队,组建了数码艺术学院。截至2009年,上海大学已建有美术学院(内含建筑系)、影视艺术技术学院(内含广告系)、数码艺术学院和艺术研究院等一批艺术类专业学院、研究院。

1994年以后,上海大学有了美术学院,又建起了影视艺术技术学院,但在钱伟长眼里,这还不够。根据他的心愿,学校于1999年成立了上海大学艺术中心。艺术中心聘请了一批专职从事文化艺术教育的教师,还聘请了一批著名艺术家担任兼职教授,他们中有钢琴家刘诗昆、指挥家陈燮阳、指挥家曹鹏、画家林曦明等。艺术中心的主要职责是组织大学生课外文化艺术活动、指导大学生文化艺术社团建设。截至2008年,上海大学已成立了交响乐团、室内吹奏乐团、合唱团、舞蹈团、民乐团、打击乐团、钢琴协会、书画篆刻研究会、"采萍"戏剧社等大学生文化艺术社团。在学校领导的支持和专业教师的悉心指导下,这些社团的文化艺术水准提高得很快,在2005年至2008年期间,这些社团在参加全国或上海市高校展演活动中已获得各类奖项40多项,其中交响乐团、室内吹奏乐团、合唱团在全国或上海市(非专业)比赛中屡获金奖。另外,这些音乐社团还在校内举办专场音乐会50多场,包括创办了校园文化品牌之一——上海大学新年音乐会,即以交响乐团、室内吹奏乐团、合唱团、钢琴协会为主,每年元旦在学校大礼堂为师生献演。除了本校社团的展演活动以外,艺术中心还经常从校外引入高雅艺术团体来校展演,被邀团体中不乏国内外著名的艺术团和艺术家。充满活力的大学生文化艺术社团、精彩纷呈的高水平展演,在上海大学形成浓郁的校园文化艺术氛围。据不完全统计,上述9个学生艺术社团正式注册团员共600余人,每个社团又建有爱好者协会,共有协会会员近4 000人。又据统计,1999—2005年,艺术中心累计开设文化艺术类选修课120门,每年的选修人数达7 000余人次。钱伟长对艺术中心和大学生文化艺术社团的建设成效十分欣慰,他曾多次莅临艺术中心看望社团的学生和指导教师,勉励大家更加努力工作与学习,殷切希望"无论文科还是理工科同学都应该参加到艺术社团中来,在艺术社团的实践中得到艺术熏陶。"[①]这番话已成为艺术中心努力的方向。2013年6月,上海大学音乐学院正式成立。

[①]《钱伟长视察艺术中心时的讲话》,载《上海大学艺术中心记录稿》(内部资料),2005年。

五、 他创导培养"全面的人"

校训:自强不息

1983年9月,钱伟长首次在上海工大全体干部、教师大会上"亮相",就如何办好上海工大作了"关于办学方向"的报告,报告长达三个多小时。他在报告中向大家提出了八个"怎样办"的思考:"怎样在党的教育方针指导下,直接为改革开放中的上海市的经济建设服务?怎样开拓办学路子?怎样进一步加强教育和生产的联系?怎样消除学校和社会的隔阂?怎样提高基础理论水平?怎样提高实践的能力?怎样提高学生德智体的全面素质?怎样提高每一位教师的业务水平和教学水平,使学生的素质有更快的提高?"这八个问题几乎涵盖了社会主义大学要面对的所有问题,学校要解决好这些问题,固然是个长期的过程,但他认为,百事待举,首先是"一个学校要有点精神,我们用以治学、治教、治校,建设和形成我们自己的工大精神。"① 他还说:"我们在学校中要为学生创造一种积极好学、奋发向上的气氛,让他们在这种自强不息的气氛中成长,将来到社会上就有勇气去竞争、去拼搏,去创造成绩为国家多作贡献。"② 所以,他明确提出,广大师生员工要树立起自强不息的精神。1987年12月25日,上海工大党政领导班子联席会议讨论决定,确定以"自强不息"为校训。在此以前,上海工大同我国大多数高校一样,尚没有校训之说。钱伟长也于当月为学校手书条幅"自强不息",1990年上海工大在建校30周年校庆之际,校长办公室按照手书字样,将这四个字复制放大并做成铜字,树立于学校进门处的花坛中。上海工大前身上海工学院刚建成那几年,曾在这处花坛中有用瓜子黄杨修剪成"勤俭办学"四个字,这几个字浓缩了上海工学院创办时的艰辛与广大师生的一种精神,但从没有被说成是校训。

---

① 《校长的话》,载《上海工业大学建校30周年纪念画册》(内部资料)。
② 钱伟长:《废除学时制,实行学分制》,载《钱伟长文集(下卷)》,上海大学出版社2013年版,第957页。

1993年，钱伟长又为新落成的上海工大教学综合楼题名"行健楼"，与"自强不息"相呼应，并邀请著名书画家王蘧常题写。1994年新上海大学成立以后，学校继续以"自强不息"为校训，并在各校区大门处勒石永铭，成为上海大学校园的文化符号、文化印记。

"自强不息"这个中国的传世格言源自《周易·乾》，既是中华民族的先哲通过观察宇宙万物提出的重要思想，也深刻揭示了中华民族亘古不变的民族精神，有了这样的精神，华夏文明才在世界历史上得以源远流长，强盛不衰。

钱伟长从现实意义的角度解释自强不息："'天行健，君子以自强不息'，这句话是很有道理的，与我们党的要求也是符合的。中国古代'天'是代表客观，天道就是客观规律，你按客观规律来办事。'行'就是办事，'健'就是这个事情总是能办好的。光凭客观规律自己发展不行，人还要努力地创造条件，克服困难，自强不息。主观符合客观，假如没有客观条件，主观再努力，即主观能动性有限。要符合客观规律，要自己努力才行。要求将来的学生能够不断进取，能够懂得主观努力是按客观规律办事，主观上一定要努力，不努力就成不了事，也办不到。"[①]这段话富有哲理，意味深长。他讲"自强不息"，会讲"自强"的前提，也会讲"不息"的含义，讲得更多的是关于自强不息的精神内核，讲得既深刻又生动，令人终生难忘。

关于"自强"的前提，他讲到了"与时偕行"。与时偕行也出自《周易》，其意为审时度势，变通趋时。自强不息最重要的是"趋时"，即：一是要充分把握发展机遇，二是要遵循事物发展规律，三是要能忍受一时得失，经受人生沉浮，最终才能实现主客体的高度统一。钱伟长对于"趋时"有着深刻的理解，1984年他在一篇文章中讲到科技工作者的责任时说："我们科技工作者应该跟上时代的步伐前进，而且这个时代是我们自己创

---

① 钱伟长：《教育改革的五年目标》，载《钱伟长文集（下卷）》，上海大学出版社2013年版，第1051页。

造的。我们要做前人没有做过的工作,要超越时代的水平。"①他的这种"跟上时代又要超越时代"的"趋时"观既让他屡创科研成果、培养出一批批德才出众的人才,又使他和周围的环境时不时地有一点不协调,就是由于顾虑少,讲真话,不趋炎附势,在错综复杂的环境下,他的那些"不合时宜"的话往往显得更有科学价值,更有警示作用。

关于"自强"的前提,他又讲到了"居安思危"和"天道酬勤"。他常说,一个人最大的智慧在于自知,而且要用发展的眼光不断审视自己,居安思危,时刻知道自身处于什么样的状态和地位,这是主动进取、积极有为的内在动力,是主体发挥其能动性、创造性的前提,从而从自知变为自觉,进而构成自强的前提。流传数千年的中国古典神话故事,如夸父追日、女娲补天、后羿射日、精卫填海、愚公移山等,讲的都是这个道理。他在学校总是现身说法,给师生们讲"天道酬勤"。在他18岁考入清华大学时,他的中文、历史答卷能让文学大师朱自清和史学巨擘陈寅恪拍案叫好,他27岁时写的一篇论文已和爱因斯坦等一批科坛巨匠的文章合编于同一本科学文集中,他在30岁就已扬名国际应用数学和力学界,然而他在与青年学生的对话中不止一次地说过:"我不是天才,我的学习是非常勤奋的,我发现很多东西我还不懂,需要,我就学。"②他还说,他不是什么"神童",连"牛顿、爱因斯坦、爱迪生都不是'神童'","可能有人说我这个钱伟长是有才能的,其实不然。我愿意不隐讳地告诉青年朋友们,如果我曾作出了一点成绩的话,那么这点成绩也确确实实是用艰苦学习、不懈努力取得的"。他告诫学生:"你们不要相信天才论,关键是在于刻苦和努力。"③他不容置疑地说:"生而知之者是不存在的,'天才'也是不存在的。人们的才能虽有差别,但主要来自勤奋学习。学习也是实践,不断地学习

---

① 钱伟长:《科技人员的工作与进修》,载《钱伟长文集(上卷)》,上海大学出版社2013年版,第550页。
② 钱伟长:《学习之路》,载《钱伟长文集(上卷)》,上海大学出版社2013年版,第706页。
③ 钱伟长:《积累知识 学以致用》,载《钱伟长文集(下卷)》,上海大学出版社2013年版,第1121页。

实践是人们才能的基础和源泉。没有学不会的东西,问题在于你肯不肯学,敢不敢学。"①"我就不相信天下有天才。我们都是'后才',都是从社会里头培养出来的,学习里头成才的,只要有条件,谁都可以达到高的标准的。"②当然,"求知是艰苦的,何况还要越出前人范围开创知识的领域,必须比一般人还要艰苦才行"③。不过,"无论谁,也无论有什么样的条件,要想学得好,要想搞出成就,最先和最后必不可少的都是勤奋。这就是说,始终都必须不辞劳苦、勤奋努力,都必须有孜孜不倦、锲而不舍的顽强精神和踏踏实实的学习态度"④。

关于"不息"的含义,他讲到了"革故鼎新"。2002年,他为新落成的上海大学钢铁冶金实验楼题名"日新楼"。"日新"一词引自中国先哲荀子所倡导的"苟日新,日日新,又日新"。他认为,自强不息表现为善于根据变化了的环境条件,不断发明,创造新的应对措施,以求在不断变化的社会历史条件下始终立于不败之地,这就是"日新"精神,换句话说,就是通过改革、创新以图自强的进取精神。他担任上海工大和上海大学校长27年,始终强调的是:"我们学校的工作是培养一代跨世纪的新人,这样的人一定是富于创造性的,而不是人云亦云、墨守成规的,一定是个具有独立人格的人,搞科学是这样,做人做事也都要这样。"他还说:"我们需要有观点的教师,才能引导学生像小老虎似的学会去斗争,千万不能培养没有观点的青年。这也是我们大学教育、研究院教育的一个很重要的问题。"⑤他曾说:"我26岁学力学,44岁学俄语,58岁学电池知识。不要以为年纪大了不能

---

① 钱伟长:《才能来自勤奋学习》,载《钱伟长文集(上卷)》,上海大学出版社2013年版,第334页。
② 钱伟长:《从"七五"计划谈智力开发》,载《钱伟长文集(上卷)》,上海大学出版社2013年版,第686页。
③ 钱伟长:《掌握武器,坚定方向,承担历史任务》,载《钱伟长文集(下卷)》,上海大学出版社2013年版,第901页。
④ 钱伟长:《天才出于勤奋》,载《钱伟长文集(上卷)》,上海大学出版社2013年版,第336页。
⑤ 钱伟长:《教学与科研》,载《钱伟长文集(上卷)》,上海大学出版社2013年版,第362页。

五、他创导培养"全面的人"

学东西,我学计算机是在64岁以后,我现在也搞计算机了,当然不像年轻人那么好,不过也吓不倒我。真理只有一条,国家需要你干,你就学。""我做工作一切从实际出发,有需要,我就干,有不懂的,我就学,边干边学,摸着石头过河,只要对岸有果子要摘,再宽的河也要过。我敢于过河,不怕摔跟头,不怕呛水。"林家翘就曾经追思说:"钱伟长是个非常聪明的一个人,而且很能努力。创新的本领、掌握新东西的本领相当高。"钱伟长的一生真可以套用唐朝诗人刘禹锡在《问大钧赋》中一句名言——"以不息为体,以日新为道"。

关于"自强不息"的精神内核,他说得很透彻。他说:"我们的'自强不息'不是指为自己的利益不息,而是要承认我们民族目前在很多地方还是落后的前提下奋力赶上去。"自强不息的精神是在中华传统文化土壤中孕育而成的,君子之道一向强调个体的社会责任感和历史使命感,强调个人对他人和社会的奉献精神。人生所具有的不朽的价值,集中的体现就是对自己、对他人、对社会的责任感,也就是爱民族、爱国家、爱人民。1987年5月,他在上海工大教学工作会上充满感情地说:"我不是党员,不过我还是拿党的事业作为我的终身事业。为了我们的民族,我们个人吃点亏不要后悔,不值得后悔。我们历史上有很多英雄人物靠这么点精神,为我们中华民族立了大功绩!这就是公而忘私。""我们的先哲对我们的教育是很多的,譬如像范仲淹那句'先天下之忧而忧,后天下之乐而乐'的名言就是很精彩的!换句话说,就是我们要为天下着想,也就是为中华民族、为党的事业着想。"1997年5月,他在上海大学"迎接香港回归,走向灿烂明天"学生演讲会上说:"'自强不息'是我们的精神,要求大家努力。我们要看到自己的差距,因而要奋发努力,为国家争光,为国家建设和强盛添砖加瓦。""我们每个中国人应该自强不息。我们承认现在不如人家,可是我们不甘于永远这样承认下去,因此我们需要自强不息,就是在承认我们不如人家的基础上赶上去。人人如此,这个国家就强盛了。"他在这次讲话中特别提到了20世纪20年代上海大学及其为革命献身的学生李硕勋、何挺颖的事迹，他说："我们学校的历史上，1922至1927年期间里有过一个上海大学。这是我们党最早建立的一个大学……没有他们（李硕勋、何挺颖）的牺牲，没有那么多革命志士的奉献，我们上海大学提不出那么响亮的名字，这是我们上海大学的光荣。"他接着说："他们是在一种自强不息的精神下牺牲一切的，这种思想是崇高的。""希望寄托在你们身上，你们要继承这些先烈为国家牺牲一切的精神，为我们民族、为我们国家作出贡献。"

综上所言，上海大学广大师生能够深切体会到钱伟长校长倡导以"自强不息"作为校训的良苦用心，这不仅是为了激励师生个人树立起不畏艰险、奋发向上的意志力和进取心，更重要的是倡导个人奋斗要建立在为国为民的根基之上。基于这样的道理，上海大学广大师生非常理解为什么他说到"自强不息"时就会引用先哲所言"先天下之忧而忧，后天下之乐而乐"，也非常理解为什么他会在2005年研究生毕业典礼上大声疾呼"上海大学的校训光'自强不息'四个字还不够，还要加上'先天下之忧而忧，后天下之乐而乐'"。这是他在学校所作的最后一次大会讲话，是他生前对青年学子最庄重的嘱托！

钱伟长在他80岁的时候，曾自书条幅自勉："厚德载物，自强不息，为人民服务。"这句话正是他的人生写照。他一辈子自强不息，一辈子"先天下之忧而忧，后天下之乐而乐"，在他的言传身教下，他的个性品质已经融入上海大学的经脉中，从各个方面影响着上海大学的每一个人，使之朝着既定目标而不懈努力！

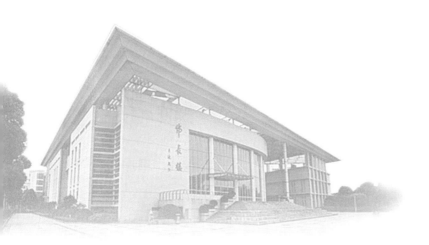

六、他是一位心系祖国的"斗士"

钱伟长一生大节昭然，襟怀坦荡，有着敢于斗争的鲜明品格。于人、于事，敢说真话，从不效法中庸，无所作为；于己，则勇于面对各种磨难，从不怨天尤人，消极沉沦。他的师长、同窗都知道他具备这种品格。1947年4月27日，《清华周刊》复刊第10期上有一篇时任清华大学中文系主任朱自清撰写的文章《我所见的清华精神》。在该篇文章中，朱自清写道："这半年来同事们和同学们常常谈到'清华精神'。……后来和钱伟长先生谈起，他似乎觉得清华精神是'独立的、批评的'，例如清华人到一个机关服务，往往喜欢表示自己的意见，不甘心苟同。我承认钱先生的看法，连带着他的例子，是有理由的。"朱自清说他承认钱伟长关于清华精神的看法，还说钱伟长自身就连带着这样的例子，自有道理。在朱自清这篇文章发表前不久就有过这样的例子。1946年8月，钱伟长刚刚回清华大学任教，9月，校长梅贻琦自重庆飞抵北京，住北池子骑河楼清华同学会会所并会见了许多清华校友，包括钱伟长。梅贻琦于10月3日的日记中有这样一段记载："晚饭李剑秋备馔，仍在何（汝楫）家，马约翰偕其二女已搬住校内，相见甚欢。钱伟长似颇能饮，但稍嫌少年气盛耳。"出席此次聚会的清华大学中文系教授浦江清也曾在日记中记载："下午出席教授会……钱伟长提出责询学校美金账目……词锋犀利，冯公大窘。"冯公即冯友兰教授，时任清华大学校务委员会主任,当时负责管理清华大学的美国庚款。梅贻琦、浦江清日记中关于钱伟长"少年气盛""词锋犀利"的记述,印证了朱自清对钱伟长的认同。2010年钱伟长去世后,国际著名应用数学和力学家、美国科学院院士、中国科学院外籍院士林家翘做客新浪网,追思钱伟长,谈到同在加拿大多伦多大学留学的日子时说:"在加拿大时候的同学里头,他是一个带头性质的人。……我们如果有大的决定,如要处理什么事情,恐怕钱伟长的主意我们总是采纳得多一点。他做事很有把握,敢做决定;我们就是有点试探性质的,不敢做决定。总觉得他好像很有领导天才。""就是他办事情,他能够把握前头的事情,能看清走这个方向是不是会成功,像这种事情他很能干的。""他对于事情有整体观,有整体观才会有带头的作用。钱伟长他在这方面的确是很好的人才,非常好的人才。"林家翘和钱伟长惺惺相惜,一生引为至交。1939年林家翘与钱伟长、郭永怀在西南联大以同等成绩考取中英庚款公派留学,1940年8月乘同一艘邮轮从上海出发赴加拿大,在多伦多大学都师承应用数学系辛格教授;1941年6月三人均获硕士学位,林、郭二人遂去美国读博,钱则留在多伦多大学继续读博;1943年1月,钱到美国加利福尼亚理工学院喷射推进实验室工作,与已在该所的林、郭二人还有钱学森不期而遇,朝夕相处至1946年钱伟长回国。1972年以后,林、钱重又建立起密切的联系。2002年林家翘回国定居,出任清华大学周培源应用数学研究中心名誉主任,2013年在北京逝世。钱伟长留给林家翘的一个突出印象就是他遇事"有主意""敢出头""有领导天才"。

钱伟长自己也说,他做事只要认准了目标,就会有种不达目的决不罢休的劲头。他说:"我这个经验是值得向大家介绍的,希望大家能很好地思考这个问题,来确定自己的斗争目标。只要你有这个斗争目标,千千万万的人都有各种各样的斗争目标,加在一起就是我们四化建设最基本的动力,要不然我们的四化建设就没有能动的、向上的东西。"他在这里,把我们通常所说的"奋斗目标",反复地说成是"斗争目标",活脱脱地

六、他是一位心系祖国的"斗士"

刻画了一个"斗士"模样。

钱伟长一向强调个体的社会责任感和历史使命感,强调个人对他人和社会的奉献精神,在人生抉择的十字路口,他总是认准一条对民族、对国家有利的道路,即使这一条道路历经风雨,但他绝不退却,一条道走到底。

1931年9月,钱伟长考入清华大学时,原本想读的是中文系或历史系,中文系主任朱自清、历史系主任陈寅恪也都有意收他为弟子。但他跨入清华园没几天,就爆发了日本军队一夜之间占领我国东北三省的九一八事变,他义愤填膺,誓志科学救国,决定"弃文学理",一心要转到物理系就读,这是他人生的一个惊人之举,是他成年后将个人命运与国家兴亡紧密相连的第一个重要抉择。但他的转系要求遭到物理系主任吴有训教授的拒绝,因为他的数学、物理、化学还有英语入学成绩实在太差。可是,他的倔强劲上来了,接连一个星期,天天缠着吴有训,搞得吴有训没办法,答应让他试读,规定一学年以后,数学、物理、化学考试必须都过70分才能转入物理系。从这天起,他每天清晨五六点钟就到清华图书馆或校园中晨读,那时的理科教材是全英文的,他就拿着一本英汉字典,对照着一个单词一个单词地研究。吴有训也有意想帮助这位倔强的有志青年,特地为他找了一本中文版的物理参考书。一学年下来,他的数学、物理、化学考试都过了70分,正式成为物理系的学生。1935年,他已成了班上最好的学生,考上了清华大学研究院,成为吴有训的研究生。1997年他在上海大学的一次报告中,跟学生们解释当年他舍弃擅长的中文和历史而去改学物理,是因为"我是受国耻纪念日对我的灵魂上的冲击长大的,因此最后我从学文改学物理,因为当时我认为没有强大的国力是没有办法对付帝国主义的。"1940—1945年,他在加拿大、美国的那段日子,在科学的海洋里可谓如鱼得水、声名鹊起,生活也很安定,但他心头时刻惦念着苦难中的祖国、惦念着家人。1945年8月,终于从太平洋彼岸传来了日本侵略者投降、中国人民取得抗战胜利的喜讯,他再也无法安心在美国的工作,最后以探亲为由获得研究所所长冯·卡门的同情,带了一些简单的行李和书籍,于1946年5月搭乘一艘从洛杉矶驶往上海的货轮,踏上了归国的旅程。他回国后,怀着一个很大的抱负,要把应用数学和力学这门学科在中国成长起来,但是这样的理想在反动统治下是无法实现的,他只能在当时的清华大学、北京大学和燕京大学讲授应用力学和材料力学。他也曾为实现这个理想而努力过,每年都要开一门比较专门的课程,开始的时候,还有十几个学生听,到后来愈来愈少,只有一两个学生在听,真有"曲高和寡"之感,虽则在这样的局面下,这些课每次都是坚持上完的,同时他还要坚持搞科研,继续他在北美尚未完成的工作。那时候的中国积贫积弱、国力衰微,工作环境和家庭生活都很艰苦,但他对回国这件事并不后悔。他在1997年与中国科学技术大学的研究生见面时,回想当初他从美国义无反顾回归祖国的情形,他说:"我并不是那儿'没饭吃',我'饭吃得很好',待遇也很高,但我还是回来了。我觉得作为一个中国人我有责任回来致力于发展我们国家的科教事业。我早就认识到,一个国家的教育不发达,那是没希望的。"1948年11月上旬,人民解放军取得了辽沈战役的胜利,北平解放指日可待,南京当局策划强迫清华大学"迁校",企图拉拢一些教授,把清华大学这块牌子迁到南方。在清华大学党的地下组织的引导下,广大师生为迎接解放做了大量准备工作,绝大多数教授也都反对"迁校"。最终,除了几人离校外,全校269位教师全部留校等待解放。12月23日,钱伟长就迫不及待地和一位同事骑上自行车,去北平城外见了解放军负责人叶剑英、陶铸和钱俊瑞,表达了迎接解放的急迫心情。从城外回来,又闻小女呱呱坠地,欣然为她起名"歌放",他为新生命的诞生歌唱,为迎接解放而歌唱。1949年1月10日,北平区军事管制委员会文化接管委员会主任钱俊瑞到校,正式宣布接管清华大学。1月24日,清华大学张奚若、费孝通、钱伟长等37名教授与部分燕京大学教授联合发表《对时局宣言》,称:"我们清华、燕京两大学的教育工作者,终于在长夜渴望中获得了解放,我们对人民解放军进行革命的英勇和坚决,感觉无限的振

六、他是一位心系祖国的"斗士"

奋,……我们为中华民族的光明前途而鼓舞,我们为中国人民的新曙光而欢腾。"

钱伟长在涉及民族大义与国家声誉的问题上,从来是毫不含糊、绝不退让的。

1939年,钱伟长在西南联大考取中英庚款公派留学。因第二次世界大战突然爆发导致航线中断,这批留学生无法赴英国,被改派加拿大留学。1940年1月,他们在上海登船出发,上船之后发现护照上竟然有日本国签证,邮轮需要在横滨逗留三天,留学生可以登陆游览。留学生们认为在日本侵略者侵占大半个中国期间,接受敌国签证是一种耻辱,愤然将护照丢在船上负责留学事务的英国代表脚下,全体决定携行李下船,宁可放弃留学机会也不能忍受民族的屈辱。当时,英国代表非常不理解,急得跳脚,但留学生们不为所动,集体返回昆明。直到1940年8月,这批留学生再次在上海登船出发,满载着科学救国的理想前往加拿大。1947年以后,国民党在前线节节败退,在统治区加紧压迫民主进步力量,在清华大学任教授的钱伟长不为所惧,不但在"反饥饿,反内战""反美扶日"等公开示威活动中挺身而出,而且在清华大学党的地下组织的感召下,经常聚在一起收听延安广播。当时在国民党统治区,物价飞涨,民不聊生,他虽然兼任了三所大学的教职,每个月的薪水也只够买两只热水瓶,一家妻儿老小实在难以为继,有一位在美国的老朋友回国探亲,跟他说美国的研究所还留着他的位置,希望他回去。迫于生计,他到美国驻华大使馆申请赴美,美方给他的一张申请表中有一栏要求填写:"当中美开战的时候,你是否能站在美国一方?"他毫不含糊地填了一个大大的"No"!出国之事自然不了了之。1972年他作为我国科学家代表团成员之一访问欧美四国,在美国举行的一次记者招待会上,有一名记者提出了一个富有挑衅性的问题:"中国在解放以来有什么科学发明可以算作是对人类的贡献?"钱伟长作为代表团的发言人,当即严正答复:"解放以来,中国人在重建家园中认识到任何一个国家、任何一个民族,不论它曾经多么落后、多么贫困,只要国家独立、民族团结、万众一心、努力建设,就一定能自力更生建设自己的工业、农业,逐步赶上世界最富有的发达国家,这就是中国人民最重要的科学发明和对人类的贡献。"听众中一片掌声,许多在场的老华侨、老教授都流下了热泪。1980年,他率团参加了在香港举行的国际中文计算机会议,当时IBM公司的中文输入计算机是日本人设计的,有着一个很大的中文汉字输入键盘,王安公司把IBM的中文计算机键盘做了简化,但偏旁部首仍有100个,还是一块大大的输入键盘。这些公司向钱伟长推介这些产品,可他毫不客气地说:"你们这个是落后的,那么大的键盘,我们受不了。我们走我们自己的道路,两年后我再和你们见面。"外国人对他所说持怀疑态度,国内有些语言学、文字学方面的专家也持悲观态度。1980年,国内刊物《语文现代化》丛刊第一期居然载文宣告:"方块汉字在电子计算机上遇到的困难,好像一个行将就木的衰老病人。历史将证明,电子计算机是方块汉字的掘墓人,也是汉语拼音文字的助产士。"钱伟长从来不服输的劲头被这些"汉字落后"论"刺激"起来,1981年7月,他在为天津人民广播电台科学普及节目写的讲稿中指出:"中文是联合国规定的五种使用文字之一,全世界大约有11亿人口使用汉字。实现中文信息处理的现代化,对于促进我国发展的世界文化交流都极为重要。中国是汉字的故乡,有着五千年的悠久历史。中文信息现代化的工作应该由我国人民来完成。我们相信,依靠我国人民的力量和才智是能够实现这一目标的。"1981年6月,他发起成立了中国中文信息研究会并当选为理事长,而且他再一次兑现"国家的需要就是我的专业",投身计算机汉字输入法的研究,几年后发明了上文说到的计算机汉字输入法——"钱码"。

钱伟长于人、于事,是非分明,从不搞一团和气,但绝不孤芳自赏,更不愿意独善其身,他急切地希望他的学生、他的助手个个成为能独立工作的科学工作者,组成浩浩荡荡的科学大军,同心同德,群策群力,把祖国社会主义物质文明和精神文明的丰碑树立起来。

钱伟长回国以后,把很多时间花在培养青年身上,凡是他的学生,都

六、他是一位心系祖国的"斗士"

会感到他花了很大的精力来培养他们，使他们成为能独立工作的科学工作者。著名力学家郑哲敏当年就是钱伟长回国以后所教的第一批学生中的佼佼者。1946年，郑哲敏从西南联大回到清华大学就读机械系四年级，在钱伟长的课上，郑哲敏首次接触到弹性力学、流体力学等近代力学理论，钱伟长严密而生动的理论分析引起了郑哲敏的极大兴趣，对他产生了深刻的影响。郑哲敏毕业前的研究论文也是在钱伟长的指导下完成，并被钱伟长推荐给清华大学校刊发表的。郑哲敏于1947年毕业后留在清华大学做钱伟长的助教，1948年经钱伟长等人的推荐赴美国加利福尼亚理工学院留学，成为钱学森的研究生，1952年获得博士学位。1955年从美国归来后，郑哲敏进入中国科学院数学研究所力学研究室工作，又成了钱伟长的助手。这一年钱学森也从美国回来了，他协助这两位老师创建了力学研究所。1980年，郑哲敏被选为中国科学院学部委员，1994年，又当选为中国工程院院士。同为著名力学家的叶开沅和胡海昌均是钱伟长培养的第一批研究生。叶开沅于1951年从清华大学电机系毕业后就成为钱伟长的力学研究生，研究生毕业后在北京大学数学力学系任教。钱伟长帮助北京大学筹建力学系时，叶开沅是他的助手。钱伟长于1954年在北京为各高等学校部分教师开设弹性力学讲座，其讲稿由叶开沅整理后，于1956年在科学出版社出版，作者署名钱伟长、叶开沅，这是我国第一本弹性力学专著。1956年元月，钱伟长的研究成果论文《关于弹性圆薄板大挠度问题》获得中国科学院颁发的1956年度科学奖金（自然科学部分）二等奖，合作者是胡海昌、叶开沅。1959年，叶开沅离开北京大学，调入兰州大学，在兰州大学创办力学系，中国工程院院士刘人怀、中国科学院院士郑晓静、中国科学院院士周又和都是他的亲传弟子。胡海昌于1950年从浙江大学土木工程系毕业，在学时很得浙江大学教授钱令希的赏识并给予特别指导，毕业后，钱令希特地把他推荐给钱伟长。于是胡海昌就到了中国科学院数学研究所力学研究室，成为钱伟长的学生与助手。钱伟长给予胡海昌很好的学术环境和很大的发展空间，胡海昌在短短的几年

205

内就在弹性力学、板壳理论等领域发表了约30篇论著,其中发表于《物理学报》上的《论弹性体力学和受范性体力学中的一般变分原理》就是经钱伟长推荐发表的,这篇论文被称为"胡海昌的扛鼎之作"。钱伟长的研究工作给胡海昌的启发是很大的,但钱伟长从不居功自傲,1956年当钱伟长和胡海昌、叶开沅合作的研究成果获得中国科学院颁发的自然科学奖以后,《中国青年报》的记者采访钱伟长,钱伟长开口就说:"关于我个人得奖的事,没有什么值得多谈的,还是先谈青年科学工作者胡海昌得奖的事吧!"钱伟长在记者面前说起自己的学生时如数家珍。钱伟长在指导胡海昌的研究工作时,特别强调的就是要把自己的研究工作指向国民经济发展需要,这一重要学术思想被胡海昌奉为圭臬。1981年,胡海昌当选为中国科学院学部委员。在他晚年时,提起钱伟长当年对他的提携,泪流满面。1956年12月,胡海昌、叶开沅联名在《光明日报》上写过一篇文章——《我们的老师钱伟长先生为什么能在百忙中坚持科学研究》,其中写道:"在我国科学研究的园地里,有许多令人尊敬的长辈,他们一直辛勤地工作着,使得这块园地愈来愈富饶。我们的老师钱伟长先生就是这样的人。"钱伟长几乎把研究工作的各个环节都教给学生,教导他们如何搜集资料,如何进行数学计算,如何整理数据,如何发现问题,等等。他经常告诫学生,在科学工作中,要注意品格的修养,要尊重别人的劳动,要勇于表达自己的见解。在讨论问题时,因为他从来不把他的学生当作说教的对象,而是当作讨论的对象,所以学生们在他的面前,敢于发表自己的意见,乐于把自己的收获告诉他的老师,而钱伟长从来也不吝惜他自己的心得,有机会一定会都谈出来。1957年1月,钱伟长在接受《文汇报》驻京记者专访时说:"我喜欢主动的青年人,应当让青年人在老师面前有平等的感觉,要诱导他们勇于表达自己在学术上的见解。我教育学生的方法是:把问题提出来,把学生'吊在半空中',逼得他们非想不可。教师如果先把结论告诉学生,那么他们就无事可做了。当然,学生如果遭遇到困难,教师应当点他一下,帮助他解开难点。总之,不应该代替学生去做结论,应该让他们自己去想,这样得来的结论是牢固的,甚至可能会超过老师的结论。"因此,他从来不把学生和青年助手当作说教的对象,而是把他们当作讨论的对象。《文汇报》记者在这篇《钱伟长先生谈科学》专访稿中,不由写道:"这样的师生关系是迷人的!"1957年2月,《文汇报》发表了一篇署名通讯,报道了一周前在北京召开的首次全国力学学术报告会上的一些花絮。文章中第一个小标题是"四代同堂",内容是:"年逾花甲的老学者、壮年的科学家和刚满二十岁的年青力学工作者都欢聚在一起。在一组讨论会上代表们的年龄相差无几,但是在学术研究上他们却已经是四代同堂。钱伟长早年是周培源的学生,胡海昌、叶开沅是钱伟长的学生,最年轻的要算北京大学的助教黄文彬,他又是胡海昌、叶开沅的学生。今天他们像同志和朋友一样讨论问题,长一辈的喜悦心情是可以想象的。"以"迷人的"关系建立起来的"四代同堂",这样的师生之谊,当如学术的承传,泽被后世。钱伟长的指导并不局限于几个人身上,他常说,要发展中国的力学,有一个很大的困难就是工作的人太少,因此当前应大力培养干部。他从来就把跟他一起工作的年轻助手和其他院校的青年力学教师当作培养对象。1956年下半年,国务院科学规划委员会根据我国"十二年科技规划"提出"关于力学学科的规划的建议",责成高教部与中国科学院合作开设工程力学研究班,由钱学森、钱伟长负责筹办。1957年2月,首届工程力学研究班在清华大学正式开班,由钱伟长担任班主任。1958年、1959年又招了两届,三届学员共逾300人。学员们大多是来自工科院校的应届毕业生、科研或设计单位的青年科技人员以及工科院校的青年力学教师,授课教师除了钱伟长、郭永怀、钱学森以外,还有郑哲敏、胡海昌等。钱伟长讲授"应用数学",这是一门在我国首次开设的课程,由他自主设计教案、自编讲义,讲授内容与传统的数学课大不一样。据当年的学员沈季敏回忆:"钱伟长教授讲课深入浅出,娓娓道来,推导出整个黑板的数学公式。清晨每次从清华园冒寒来授课,一开始讲应用数学就从工程实际应用出发,是一个崭新的应用数学体系。"这门课程让学员在后来的教学和科研工作中,越来越体会到讲授内容的重要价值。[①]反右运动以后,钱伟长不再担任工程力学研究班的班主任,但还是继续为该班讲课,除了"应用数学"以外,还讲授"空气弹性力学""颤振理论""工程流体力学"等。这个班的学员毕业以后,以钱学森、钱伟长、郭永怀等为榜样,经过几十年的锤炼,其中绝大多数成为我国力学学科的科研和教学的骨干。他们大多从事以工程应用为背景的应用力学研究工作,为我国力学、航空、航天及国防工业的发展作出了重要贡献,并成为力学科学的后续播种者。其中,俞鸿儒、朱仁芳、范本尧、张涵信、何友声、谢友柏等当选为中国科学院或中国工程院院士。

从1957年反右运动开始,直至1976年"文化大革命"结束,钱伟长被甩到了人生的谷底。这位名扬九州的"三钱"骄子,这位忠诚于社会主义建设事业的有心人,20年间已经没有万事俱备的工作条件,也没有万事顺遂的社会关系,全然一介书生,只凭"亦余心之所善兮,虽九死其犹未悔",毅然以自己的全部思虑、全部精力,运用自己的分分秒秒,一如既往专注于祖国的社会主义建设事业,即便坐在"冷板凳"上也绝不泄气,照样干得出热气蒸腾的成果来。

1983年,钱伟长"高寿犹抱兴国志,皓首未改赤子心"[②]。他来到上海,当了上海工大校长,决意要将这所地方大学改造成为一所与上海地位相匹配的一流大学。1994年5月27日,他在上海大学成立大会上的致辞更是掷地有声:"我们上海大学作为一所以'上海'这样一座世界东方大都市和中国最大的经济中心城市的名字命名的大学,应该在这场跨世纪的伟大变革中作出我们应有的贡献。这是我们全体师生员工的崇高责任,也是我们的无上光荣。当今世界的大城市中,以城市的名字命名的大学

---

① 姜玉平:《清华大学工程力学研究班对我国力学教育的贡献——纪念清华大学工程力学研究班创办60周年》,https://xsg.tsinghua.edu.cn/info/1003/1322.htm。
② 2002年9月23日,中国工程院党组书记、院长徐匡迪院士为恭祝钱伟长校长90华诞题词。

六、他是一位心系祖国的"斗士"

有不少,其中也不乏佼佼者。我们上海大学的奋斗目标就是:经过若干年的努力,达到这些优秀大学的水平,与他们并驾齐驱!"于是乎,他那"只要认准了目标,不达目的决不罢休"的劲头,垂暮之年依然没有丝毫减退:他拔新领异创立以"拆四堵墙"为核心思想的教育思想,他亲力亲为推出以学分制、选课制和短学期制为抓手的人才培养新模式,他细针密缕营造一座崭新的现代化校园,他呕心沥血擘画综合性研究型大学学科布局,在高等教育界和社会各界惊叹的目光中,带领上海大学广大师生推动学校发生了历史性变革,实现跨越式发展。

钱伟长敢于斗争的品格当然不是生而有之,与他青少年时期家境有关。钱家数代书生、家道式微,却颇具中国士大夫遗风,安贫乐道,淡泊名利,"天下兴亡,匹夫有责"。钱伟长的祖父是前清秀才,在无锡荡口镇上设私塾谋生,在他的记忆中,祖父秉性公正,热心公益,经常去知府衙门为贫困农民申诉。他的父亲钱挚从常州中学师范班毕业,谢绝校长推荐到南京高师学堂深造,回乡呼吁义庄出资办学,并获钱氏各家支持,凑得200亩耕地为学田,在七房桥创办了第一所"洋学堂"——私立又新小学,并任校长。翌年,他的叔叔钱穆也从常州中学停学返乡任教,恰逢辛亥革命,钱挚、钱穆兄弟俩在家乡主持革命民团,举旗反清。因为父亲早逝,因此在钱伟长的成长道路上,身后总有着叔叔钱穆的影子。当年,吴有训把钱伟长执意弃文从理的那股子执拗劲说给中文系王力教授听,王力听后连连称道:"真烈士也!"吴有训也不禁感叹:"都知道钱穆倔,想不到他的侄子比他还倔!"说起钱穆的倔劲在北平的大学间流传甚广。钱穆于1930年经燕京大学历史系教授顾颉刚推荐,到燕京大学担任国文讲师,并在清华大学兼课,翌年被北京大学聘请为历史系副教授,讲授中国通史。当时在北大,中国通史由胡适和钱穆同时开讲,一个是每周二、四上午讲,一个是每周三、五下午讲,两人都不发讲义,各讲各的,胡适时任北大文学院院长,是一位学贯中西的名教授,而钱穆初来乍到,土生土长的乡村教师出身,但几周下来,前者的听课学生越来越少,后者的听课学生却越来越多，半年过后，胡、钱两位的"对台戏"变成了钱的"独脚戏"，钱的课堂因学生人数众多转到了北大红楼里的礼堂。胡、钱学术之争成了当时北大的一道风景，如关于老子（聃）年代之争，胡适认为老子年代早至春秋末年，早于孔子，而钱穆认为老子年代晚至战国时期，晚于孔子。两人各持己见，互不相让，钱穆在不同场合找胡适辩论。一次相遇于教授会，钱丝毫不给胡的面子，"起兵而攻之"："胡先生，老子年代晚，证据确凿，你不要再坚持了。"胡答："钱先生，你举的证据还不能使我心服，如果能使我心服，我连我的'老子'也不要了。"钱穆在学术上的这份自信或者说不以出身论高低的这股倔强劲，钱伟长是知晓的，在他晚年回忆钱穆的文章里也曾提起过这些事。当然，钱穆对这位侄儿的"好斗"性格一定也是清楚的。1981年，钱伟长和钱穆在离别40载后于香港初遇，钱伟长叙述了自己多年来的情况，钱穆听完后未加评论，只是说："你不莽撞，我就放心了。"在这位长辈的眼里，"好斗"近乎莽撞，其担忧也就很自然了。

钱伟长敢于斗争的品格的养成，除了家庭影响以外，也离不开诸多名师的教诲，尤其有两位老师对的影响特别大。一位是他在清华大学就读时的体育老师马约翰教授，还有一位就是他在加拿大多伦多大学留学时的导师辛格教授。

钱伟长的倔劲在体育比赛中也表现得淋漓尽致。他出身贫寒，自幼体格羸弱，在清华大学一次校运会上，他偶然被拉去凑数，顶替一位临时缺阵的同学参加5 000米越野跑比赛，这是他生平第一次参加这样的竞技项目，只能强忍着百般困苦拼着命地奔跑，坚持跑到底，还争了个中游名次，为他所在的年级组夺得了团体冠军。正在场边的清华体育部主任马约翰教授感受到这个矮小瘦弱的青年人骨子里有种不服输的劲头，他对身边的助手说："这个人很好，很能拼命。"此后，马约翰特地挑选钱伟长加入清华越野长跑队。钱伟长经过刻苦锻炼，成为运动场上的一位骁将。钱伟长把自己拼搏精神的养成归功于马约翰的培养，他说："我拼搏了一辈子，拼搏精神的培养要归功于我的清华老师马约翰，是他把我培养成有

拼搏精神的人。"①钱伟长到加拿大多伦多大学留学,导师辛格教授鼓励他要善于把数学作为工具解决实际问题:"你们应该有捏着鼻子跳进海洋的勇气,但更应该懂得避免不要淹入海底。"②辛格讲的是科学方法问题,是格丁根学派的重要理念,钱伟长遵循老师的教导,在"应用数学"这个汪洋大海中勇敢搏斗,一年后获得硕士学位,又过了一年就发表了足以奠定其在国际应用数学和力学界学术地位的博士论文。发人深省的是,钱伟长把这个运用于解决科学问题的道理拓展为用于解决一切物质生产活动和社会活动难题的道理,他说:"我们既要利用一切已知的数学工具,去解决那些人们在物质生产活动和社会活动中出现的定量规律问题。同时,我们也应该努力创造新的数学工具,去探索那些现有数学工具所无法解决的问题。数学领域是汪洋大海,人们的物质生产活动和社会活动也是汪洋大海。搞应用数学的人必须要有勇气面对这两个汪洋大海,有时还得有大智大勇,敢于跳进这两个大海,才有可能勇敢搏斗,抵达彼岸!"③钱伟长这辈子经历过那么多的大风大浪,他说:"只要对岸有果实,我就不怕呛水。"

钱伟长的一生自然不能用一个"斗"字来概括,尽管他的这种"好斗"的性格几乎与生共存,并由此而在世人面前勾勒出他那与众不同的形象。

因为"好斗",他在人生抉择的十字路口,认准对民族、对国家有利的一条道,历经风雨绝不回头;因为"好斗",在涉及民族大义与国家声誉的问题上,从来毫不含糊、绝不退让;因为"好斗",他即便坐在"冷板凳"上也绝不泄气,照样干得出热气蒸腾的成果来;因为"好斗",他在科学领域登上了大多数人无法企及的高度;因为"好斗",他的办学思想和治教方略常给人以醍醐灌顶之顿悟;因为"好斗",他有时也会被误解,受人责

---

① 钱伟长:《在校长体育论坛会上的讲话》,载《钱伟长文集(下卷)》,上海大学出版社2013年版,第1381页。
② 钱伟长:《八十自述》,载《钱伟长文集(下卷)》,上海大学出版社2013年版,第975页。
③ 钱伟长:《勇敢搏斗 抵达彼岸》,载《钱伟长文集(下卷)》,上海大学出版社2013年版,第747页。

难,但他的这种性格从未改变。究其缘由,其一,他的"好斗",不是为了一己私利而斗争,在涉及国家前途、民族命运的大是大非面前他从不模棱两可、明哲保身,作为一位坚定的爱国主义者,他始终怀有一种振兴中华的抱负,不管国内外时势如何变化,不管个人处在什么样的境地,都没有减少他为国家前途、民族命运的担忧。其二,他的"好斗",是因为他视"自强不息"为人生信条,一生可谓志坚行苦,宠辱不惊,生命不息、奋斗不止。其三,他一直很自信,仗义执言从来都是底气十足的,是斗志昂扬的。这不仅归结于他心中博大的抱负和人格魅力,还归结于他兼融中西的学养。他自幼在优秀华夏文化环境中得到熏陶,不仅培养了他对中国文学和历史的好奇和热爱,更主要的是建立起他强烈的文化自信和历史自觉,养成他一生爱国家、爱民族的真情实意;他留学北美,在崇尚科学创新精神的环境中不断求索,对西方的学术思想和治学理念进行深入研究,有了更宽广的视野和更厚实的积累,使他对中国科技和教育的症结有了更清醒的认识。

当前,我国正处于实现中华民族伟大复兴的关键时期,来自国际、国内的风险考验也会越来越复杂,要应对这越来越复杂的局面,就必须遵循党的二十大所要求的——坚持发扬斗争精神,这是前进道路上必须牢牢把握的重大原则之一。党的二十大号召我们:"增强全党全国各族人民的志气、骨气、底气,不信邪、不怕鬼、不怕压,知难而进、迎难而上,统筹发展和安全,全力战胜前进道路上各种困难和挑战,依靠顽强斗争打开事业发展新天地。"在这些方面,钱伟长老校长确实是我们学习的榜样!